KB151345

이해하기 쉬운
교육평가

강태훈 · 김명연

박영story

머리말

이 책은 각종 교원양성기관에서 공부하고 있는 예비교사와 일반 학부 및 대학원 학생이 교육측정 및 평가 분야를 공부하고자 할 때 입문 수준에서 알기 쉽게 읽을 수 있도록 작성되었다. 교육학에 속하는 다양한 분야 중 『교육평가』는 통계학적 지식을 요구하기 때문에 사범대학 학생들 및 교직이수를 하고자 하는 예비교사들이 적지 않은 부담을 갖고 대하는 경우가 흔하다. 이 책에서는 독자들이 통계에 대한 사전 지식이 없는 것을 전제로 직관적이며 다양한 예시를 사용하는 방식으로 교육평가의 개념에 접근하고자 하였다.

수학적 지식이나 통계학적 개념은 교육평가 지식의 활용을 위하여 꼭 필요한 경우에만 소개하였고 계산 자체보다는 해석에 중점을 두었다. 또한 기본적 통계 지식을 우선 이해하고 싶은 사람들을 위해 2장을 할애하여 해당 내용을 자세히 다루었다.

학습에 대한 평가는 교수 과정에서 중요한 역할을 하며 그 효과는 교사가 학습 결과를 양호하게 측정하기 위한 적절한 평가도구를 제작 및 선택하고 활용하는 능력에 크게 의존한다. 이 책의 주요 목적은 장차 교육 분야의 다양한 영역에서 활동하게 될 예비교사들이 교육평가의 의미와 가치에 대한 명확한 이해를 바탕으로 학습 결과를 양호하게 평가하고 해석하기 위한 능력을 갖추도록 하는 데에 있다. 본 책에서 다루고 있는 주요 사항을 정리하면 다음과 같다.

- 교육이 무엇인지에 대한 이해를 바탕으로 교육평가의 의미 탐색(1장)
- 교육평가 자료 분석과 활용을 위한 기초 통계학적 지식 갖추기(2장)
- 다양한 교육평가 유형에 대한 이해(3장)
- 인지적 · 정의적 영역의 다양한 평가방법 익히기(4장)
- 양호한 평가도구의 의미를 이해하기 위한 신뢰도, 타당도 그리고 문항분

석의 개념 익히기(5,6,7장)
- 다양한 문항 유형을 이해하고 직접 제작하기 위한 역량 갖추기(8장)
- 평가 결과를 보고하고 해석하는 방법에 대한 이해(9장)
- 검사동등화의 개념을 이해하고 관련 기법 익히기(10장)
- 수행평가의 개념과 적용 방법 익히기(11장)
- 에듀테크를 활용한 교육평가 방법 탐색(12장)

입시, 사교육, 중도 탈락 등 다양한 교육 분야 문제들을 해결하기 위한 하나의 방안으로 '평가 개선 우선 전략'이 제안되기도 하며 교육과정−수업−평가−기록의 일체화 및 과정중심평가가 강조되는 등 교육 이론적 측면에서뿐만 아니라 실제적으로도 교육평가의 중요성은 매우 크다고 할 수 있다. 저자의 입장에서, 이 책을 접하게 된 독자들이 여기에서 쌓은 지식을 바탕으로 평가 분야에 대한 추가적 학습과 다양한 경험을 쌓아가는 데에 조금이나마 도움이 될 수 있기를 기대한다.

이 저서를 집필하는 데에 여러 사람의 도움을 받았다. 먼저 교육평가를 전공 분야로 정하고 전문적 학자가 될 수 있도록 이끌어 주신 석사학위 지도교수 황정규 교수님 그리고 박사 과정 동안 지도해 주신 Allan S. Cohen 교수님과 Daniel M. Bolt 교수님께 감사의 마음을 전하고 싶다. 또한 2009년 성신여대에서 교수 생활을 시작하며 처음 지도하게 된 대학원 학생들 중 한 명이었으며 본 책의 공저자로 참여해 준 김명연 박사님에게 감사한다. 그리고 이 책의 여러 내용상의 부족함에도 불구하고 점잖고 깔끔해 보이는 책을 만들기 위해 많은 정성을 쏟아주신 박영스토리의 여러분에게 깊은 감사의 뜻을 전하고 싶다.

2023년 7월
성신여대 수정캠퍼스의 연구실에서
저자를 대표하여 강태훈

목차

1장 교육과 교육평가

1. 교육평가의 가치 3
2. 교육평가의 의미 5
    1) 교육평가의 개념 7
    2) 학생평가에 대한 관점: 측정관, 평가관, 그리고 총평관 7
    3) 교육평가의 기본 신념 9
3. 교육평가의 향후 지향점 10

2장 평가 자료 이해를 위한 기초통계

1. 원점수 분석을 위한 통계 맛보기 19
2. 중앙경향치 22
3. 변산도 24
4. 정규분포 및 백분위 29
5. 기타 사항 31

5장

신뢰도

6장

검사 타당도

12장

에듀테크를 활용한 교육평가

1장

—

교육과 교육평가

1장

교육과 교육평가

 학습목표

✓ 교육평가를 공부하는 주요 이유를 이해한다.
✓ 교육평가의 정의 및 학생평가에 대한 다양한 관점을 익힌다.
✓ 교육평가의 향후 지향점에 대해서 파악한다.

1 교육평가의 가치

사범대학, 교육대학원 혹은 일반교직 과정 등 교원양성기관에서 공부하고 있는 예비교사들은 학생들을 잘 가르치며 지도하는 전문가가 되려는 목표 아래 다양한 노력을 하고 있다. 장차 교사가 되어 만나게 될 학생들을 대상으로 전문지식 전달, 생활지도 그리고 인성교육 등을 잘할 수 있으려면, 당연히 선택 교과에 대한 다양한 지식과 교육 방법뿐만 아니라 교육과정, 교육심리, 교육상담, 교육공학, 교육행정, 교육평가 등을 폭넓게 공부해야 한다. 이 중 교육평가를 공부해야 하는 이유는 다음과 같다.

교육평가의 중요성은 무엇보다도 학생들을 잘 평가할 수 있는 교사가 더 효과적·효율적으로 가르칠 수 있다는 사실에서 찾을 수 있다. 즉 적절한 평가 없이 이루어지는 교수·학습은 학생에게 무가치하거나 비효율적 노력을 강요하는 방향으로 흐르기 쉽다. 검사나 시험 혹은 평가적 관찰을 통하여 개별 학생의 학습 상황에 대한 정보를 얻고 이에 관한 판단을 제대로 할 수 있을 때 각 학생에게 알맞은 교육적 처방을 할 수 있다. 다시 말하여, 교수·학습이 얼마나 효과적으로 이루어질 수 있는지는 관련 의사결정이 이루어진 정보의 정확도와 질에 상당 부분 좌우된다고 할 수 있다. 학생의 학업성취도를 제대로 평가하려면 시험 및 검사와 같은 평가도구의 제작과 활용에 관한 다양한 기법을 익히는 것이 중요하다. 그러나 효과적인 교수 활동 속에서 평가를 제대로 활용하려면 학습목표의 확인, 학생이 목표를 향해 발전하는 정도의 점검 및 지원, 성취 정도에 대한 최종적 의사결정 등 체계적 절차로서 교육평가를 이해해야 한다.

학생을 평가한다고 할 때 우리는 흔히 중간고사나 기말고사와 같은 선다형 문항 위주의 학년별 평가를 떠올린다. 하지만 근래에는 교사의 평가권이 강조되면서 수행평가 형태의 질적 평가나 교실에서의 지속적 관찰을 통한 판단이 강조되는 경향이 나타나고 있다. 이와 관련하여 교육평가를 공부하는 예비교사는 어느 한 가지 형태의 평가방식만이 옳다는 식의 접근은 바람직하지 않음을 유념할 필요가 있다. 교사는 중간고사나 기말고사 응시 결과를 분석함으로써 전체 혹은 개별 학생의 학업성취도를 파악할 수 있고 학생들이 맞힌 문항과 틀린 문항들을 자세히 살펴 보면서 반 전체 학생들의 장단점뿐만 아니라 개별 학생의 학업적 수요를 어느 정도 이해할 수 있다. 하지만 교사는 학생들이 참여한 프로젝트, 과제 수행, 수업 시간에 보이는 다양한 행동 등을 통해서도 교수적 의사결정을 위한 다양하고 소중한 정보를 얻을 수 있다. 학생들을 가르치는 과정에서 이러한 의사결정은 지속해서 이루어질 수밖에 없기 때문에 정기적 시험 및 수시로 이루어지는 관찰 등을 통하여 다양한 교육평가적 정보를 획득하는 것은 교사의 효과적 교수 활동을 위한 필수적 요소라고 할 수 있다.

각 교사가 자신의 학생들을 어떻게 가르치고 어떤 방식의 학습을 권유할지 등에 대한 의사결정을 내리는 데 필요한 모든 평가 활동들의 완벽한 목록을 작성하는 것은 거의 불가능하다. 다만 아래처럼 어떤 평가적 정보가 필요할지에 대한 고민을 도와줄 수 있는 핵심적 질문들을 대략 정리해 보는 것은 가능할 것이다. 교육평가는 이러한 각 질문에 효과적으로 답해 주거나 관련 정보를 제공해 줄 수 있을 때 그 가치를 드러낼 수 있다. 특정 과목을 한 학기 동안 가르치게 된 교수자의 관점에서 아래의 각 질문에 대하여 어떤 평가도구나 활동이 도움이 될 수 있을지 생각해 보자. 또한 각 질문에 더하여 필요한 추가 질문이 있다면 어떤 것들이 있을지 고민해 보자.

- 교사로서 내가 세운 교수 계획은 교실 안의 각 학생들에게 얼마나 현실적으로 도움이 될 수 있는가?
- 보다 효과적 학습을 위해서 학생들을 몇 개의 집단으로 구분하여 묶는 것이 더 나을까?
- 지금 막 다루려는 단계의 교육과정에 대해 각 학생은 어느 정도 준비가 되어 있을까?
- 우리 반 학생들은 내가 세운 교수 목표를 학기 말에 어느 정도 달성할 수 있을까?
- 한 학기 수업을 진행하면서 교사가 진행하는 복습 활동은 얼마나 자주 그리고 어느 시점에 하는 것이 효과적일까?
- 학생들이 겪는 학습상의 어려움은 어떤 것들이 있을까?
- 학습 목표를 달성하는 데에 어려움을 겪는 학생들을 위해서 어떤 조처를 해야 할까?
- 학기 말에 각 학생에게 어떤 점수 혹은 등급을 부여해야 할까?
- 학부모를 만난다면 학생의 학업성취 정도에 대하여 무엇을 근거로 상담해야 할까?
- 내가 준비하고 있는 교수 활동은 얼마나 효과적일 수 있을까?

2 교육평가의 의미

교육평가의 정의에 대해서 생각해 보기 전에 먼저 교육(education)은 무엇인가를 생각해 보자. 교육에 대한 사전적 정의는 '사람이 살아가는 데 필요한 지식이나 기술 등을 가르치고 배우는 활동' 정도로 볼 수 있다. 이홍우(2009)는 교육에 대해 고민하는 사람이라면 이러한 사전적 의미보다는 '어떻게 교육하는 것이 올바르게 교육하는 것인가'의 관점에서 숙고할 필요가 있다고 하면서 다음과 같은 세 가지 교육의 개념을 제시하였다.

첫째, 교육에 대한 공학적 개념으로서 교육은 '인간 행동의 계획적 변화'로 정의된다. 여기서 행동은 인지적, 정의적, 심동적 등 인간의 모든 심리적 특성과 외현적 동작 등을 모두 포함하는 의미로 사용되고 있다. 이러한 정의하에서 교육은 말 그대로 인간 행동의 변화를 일으키는 계획적 활동이기 때문에, 변화가 일어나지 않는다면 혹은 일어나더라도 의도적 노력이나 활동 없이 변화가 일어난다면 교육이라고 보기 어렵다. 다시 말하여, 교육은 인간 행동의 실질적 변화를 일으켜야 하고 또 일으킨 변화를 명백히 확인할 수 있어야 한다.

그림 1-1 　교육에 대한 공학적 개념

　둘째, 성년식 개념으로서 교육은 '내재적으로 가치 있는 내용을 도덕적으로 온당한 방법으로 전달하는 과정 또는 전달 받은 상태'를 의미한다. 여기서 내재적으로 가치 있는 내용이란 '지식의 형식'으로서 제시되는데 학습자는 여러 학문 분야에서 존재하는 지식의 습득과 이를 통한 지적 안목의 형성을 통해 문명된 사고와 행동 양식에 입문하게 된다는 것이다.

　셋째, 사회화 개념으로서 교육은 '어린 세대를 대상으로 하는 체계적 사회화'로 볼 수 있다. Durkheim은 특정한 사회적 맥락을 염두에 두고서야 비로소 교육을 의미 있게 규정할 수 있다고 보았으며 특정한 시대나 지역에 구애받지 않는 보편적 인간성에 의해 규정되는 교육은 관념적 허구일 뿐이라고 말하였다. 이러한 사회화를 담당하는 주체는 부모나 교사가 되는데 이들의 교육적 권위는 각자의 개인적 업적이나 자질에 의해서 보장되는 것이 아니라 이러한 업무를 위임한 사회에 의하여 보장된다. 따라서 부모나 교사의 권위는 성격상 성직자의 그것과 유사하다고 볼 수 있다.

　이하에서는 교육을 통한 변화 여부나 정도의 확인으로써 평가를 바라보기에 용이한 공학적 개념을 중심으로 교육평가의 의미를 살펴보고 추가로 고려할 사항에 대하여 살펴보기로 한다.

1) 교육평가의 개념

교육을 인간 행동의 계획적 변화로 이해한다면 교육이란 학습자를 교육받지 못한 상태에서 교육받은 상태로 변화시킬 때 성립하는 것으로 볼 수 있다. 즉 교육이란 미성숙한 상태의 인간을 보다 성숙한 인격체로 변화시키는 것이 교육이기 때문에, 교육평가는 '인간 행동의 계획적 변화 정도나 여부를 확인하는 활동'으로 정의될 수 있다. 계획적 변화가 일어났다는 것을 일정한 교육과정을 통하여 교육목표가 달성되었다는 것으로 이해한다면, 교육평가를 '교육과정과 수업 활동을 통해 교육목표가 실제로 어느 정도 실현되었는지를 밝히는 과정'으로 이해하는 것도 가능하다. 이는 1930년대에 미국의 교육학자인 Tyler가 제안한 교육과정 개발 모형 맥락 속에서 도출된 개념으로서, 아직까지도 학교 교육 현장에 지속적인 영향을 미치고 있다.

교육목표 도달 정도나 여부의 확인이라는 측면에서 교육평가를 규정하게 되면 일정한 교육 프로그램이 완료된 이후 실시되는 총합평가 기능을 강조한 셈이 된다. 그러나 교육평가는 인간 행동의 계획적 변화 과정 혹은 교육목표 달성을 위한 교육과정 도중 이를 지원하는 기능 또한 수행해야 한다. 이러한 두 가지 기능을 모두 아울러서 볼 때, 교육평가는 다음과 같은 두 가지 추가적 측면을 갖는다. 하나는 '교육과 관련된 의사결정을 내리는 데 필요한 정보를 수집하는 활동 또는 그 과정'이며 다른 하나는 '교육과 관련된 어떤 대상의 장점, 질, 가치 등을 판단하는 과정과 그 산물'이다. 이를 학교 교육의 차원에서 종합하면 교육평가란 교사가 학생의 현재 학습 상태에 대한 정보를 수집하고 이에 대한 가치를 판단하여 교육적 의사결정에 이용하는 것이 된다. 여기서 교육적 의사결정이란 학생의 학습과 교사의 교수 활동 모두에 적용된다. 즉 개별 학생이 향후 어떤 학습을 해야 할지에 대한 피드백과 함께 교사 자신의 교수 내용이나 방법에 대해서 어떤 변화가 필요한지에 대한 판단을 모두 포함한다.

2) 학생평가에 대한 관점: 측정관, 평가관, 그리고 총평관

본 절에서는 우선 평가와 유사한 용어인 측정과 총평에 대해서 알아본다. 이어서 각각이 학생에 대한 판단을 하는 하나의 독립적 관점으로 기능한다면 어떤 차이가 있는지 그리고 이는 어떠한 교육관과 연관되어 있는지 살펴본다.

측정(measurement)이란 넓게 이해하여 어떤 물리적 대상에 대한 속성을 규정하는 과정으로 볼 수 있다. Stevens(1946)에 따르면 측정은 '대상, 사건, 사람들에게 어떤 규칙에 따라서 숫자를 부여하는 것'이라고 정의된다. 어떤 사람의 키를 잰다거나 몸무게를 측정하는 상황을 생각하면 이와 같은 정의가 명확하게 이해될 수 있을 것이다. 그런데 교육 현장에서 우리가 관심을 갖는 학업성취도, 지능, 자기효능감 등과 같은 학생의 특성은 많은 경우 직접적 관찰이 어려운 심리적 구인(psychological constructs)이다. 따라서 이와 같은 구인을 측정하여 숫자 혹은 양적 정보를 얻으려면 학업성취도 시험 혹은 심리검사와 같은 외현화 도구가 필요하게 된다. 부정확한 저울을 사용하면 우리의 몸무게를 정확히 알 수 없듯이 시험이나 검사 도구가 제공하는 양적정보 혹은 점수는 그 도구의 양호도 정도에 따라서 유용할 수도 있고 그렇지 않을 수도 있다. 따라서 검사 도구의 신뢰도 및 정확도 등에 대한 검토는 교육측정 분야에서 매우 중요한 이슈라고 할 수 있다.

평가(evaluation)는 필수적으로 정보의 수집과 가치판단이라는 두 가지 요소를 포함한다고 볼 수 있다. 다시 말하여 우리가 무엇인가를 평가한다는 것은 관련 정보를 확보하기 위한 모종의 과정을 거쳐서 이를 바탕으로 대상에 대한 최종 판단에 이름을 의미한다. 예를 들어, 학생들의 지능지수를 알기 위하여 IQ 검사를 실시하는 상황을 생각해 보자. 이를 통하여 어떤 학생의 IQ는 95이고 다른 학생의 IQ는 120임을 알게 되었다면 이는 양적 정보수집 혹은 측정을 수행한 것이라고 할 수 있다. 만약 교내 동아리 중 특정 지능지수 이상의 학생만 가입할 수 있는 멘사 형태의 모임이 있다면 이는 점수 준거에 따른 의사결정 혹은 가치판단이 이루어지는 셈이다. 이러한 정보수집에 이은 가치판단 행위는 평가라고 할 수 있을 것이다.

총평(assessment)은 기본적으로 평가의 일종이기 때문에 정보수집과 가치판단의 요소를 포함한다. 하지만 자료 수집 방법과 자료 해석 방법에 있어서 보다 다양하고 폭넓은 정보의 수집 및 전인적 특성의 파악을 강조한다는 점에서 차이가 존재한다. 총평의 대표적 예시로는 의사가 환자에 대한 다양한 정보수집과 이에 바탕한 진단 및 처방을 실시하는 경우를 들 수 있다. 교육적 맥락에서 총평은 인간의 특성을 하나의 검사나 도구로 측정하기보다는 관찰, 구술, 면접 등과 같은 다양한 방법을 동원하여 정보를 수집하고 이를 통해 해당 학생의 장단점을 진단하여 종합적·전인적 평가를 실시한다.

학생평가에 대한 각각의 관점으로서 측정관, 평가관, 총평관은 다음과 같은 차이를 가지게 된다. 우선 측정관은 다분히 '선발적 교육관'에 토대를 두고 있다. 여기에서는 측정 결과 나타나는 학생의 성적은 전적으로 학습자 본인의 책임이며 평가의 목적이 선발 즉 뛰어난 학생을 골라내는 데에 있다고 본다. 이에 반해 평가관은 '발달적 교육관'에 토대를 두고 있고 학생의 성적이 학습자 본인에게 달려 있다기보다는 기본적으로 교사의 책임이며 누구나 적절한 학습 환경을 제공하면 주어진 교육목표를 충분히 달성할 수 있다고 본다. 총평관은 학생의 성적이 학습자와 교사의 공동책임이라고 보며 교육은 학생의 인성적 성장과 자아실현의 과정이 되어야 한다고 보는 '인본주의적 교육관'에 토대를 두고 있다.

표 1-1 측정관, 평가관, 총평관 비교

관점	측정관	평가관	총평관
교육관	선발적 교육관	발달적 교육관	인본주의적 교육관
인간 행동 특성	유전적으로 타고나며 불변 혹은 고정(유전론)	환경적 개입을 통해 변화 가능(환경론)	환경과 개인의 역동적 관계에서 변화 가능
평가목적	우수자 선발	학생에 대한 이해 및 교수방법의 적절성 파악과 개선	전인적 특성의 파악
주된 평가방법	규준지향적 평가 강조	준거지향적 평가 강조	학생에 대한 이해를 도모할 수 있는 모든 평가방법
교육실패의 원인	학습자에게 주로 있음	교사에게 주로 있음	학습자와 교사

3) 교육평가의 기본 신념

학교교육에서 교사가 교육평가를 수행함에 있어서 학생의 학습을 지원하고 각 학생에 대한 맞춤형 교육 제공을 뒷받침하려면 다음과 같은 네 가지 기본 신념을 전제로 하는 것이 필요하다.

첫째, 모든 학습자는 무한히 개발 가능한 잠재능력이 있다는 것이다. 교육적 성취를 결정하는 요인으로서 유전을 우선한다면 각 개인이 도달할 수 있는 정도나 달성할 수 있는 교육적 목표는 타고난 능력에 의해서 제한된다고 보게 된다. 하지만 교사는 학습자의 발전 가능성이 기본적으로 무한하다는 가정을 염두에 두어야 한다. 즉 교사는 환경적 개입과 적절한 교육적 조치를 통하여 모든 학생이 교육목표를 달성하는 것이 가능하다는 신념을 가져야 한다.

둘째, 교육평가의 대상과 자료는 무한하다는 점이다. 본 교재에서는 평가의 주체를 교사 그리고 평가의 대상을 학생으로 보는 관점에서 주로 교육평가를 다루고 있다. 하지만 평가의 대상은 학생뿐만 아니라 교사, 교육과정, 학교, 교육청 등 모든 교육 관련자나 기관 등으로 확장될 수 있다. 이러한 추세에 따라서 교원업적평가, 대학에서의 강의평가와 같은 교수자에 대한 평가뿐만 아니라 대학역량평가나 시도교육청평가 등과 같은 기관 대상의 평가도 가능함을 염두에 둘 필요가 있다.

셋째, 평가는 일시적인 것이 아니라 연속적으로 이루어져야 한다는 점이다. 교육과정 속에서 학생들을 지속적으로 관찰하고 교육적 판단을 해야 하는 교사는 특정 시점에서 학생을 분류하고 선발하는 관점을 넘어서 학습자가 지속적으로 발전하고 성장할 수 있도록 지원하는 차원에서 수시평가 및 교수·학습 과정과 일체화된 평가를 수행해야 한다.

넷째, 평가는 단편적 정보에 의존하기보다는 종합적 정보에 기반해야 한다. 전통적으로 선다형 문항 위주의 지필평가를 통하 학생평가가 주로 실시되어 왔다. 하지만 평상시의 관찰, 구술, 프로젝트 수행, 포트폴리오 작성 등 다양한 방법을 통하여 학생에 대한 정보를 수집하고 이에 바탕한 총평을 실시할 필요가 있다.

3   교육평가의 향후 지향점

스스로 학습 및 판단할 수 있는 인공지능의 출현으로 제4차 산업혁명을 맞

이하고 있는 현시점에서, 우리나라의 학교 교육이 국제 경쟁력을 갖추기 위해
서는 1) 학생들이 스스로 느끼고 생각하며 표현하게 하고, 2) 함께 협력하여 주
어진 문제를 해결할 수 있도록 하며, 나아가 3) 각자가 지닌 소질과 잠재력을
극대화할 수 있도록 지원하는 역할을 지향해야 한다. 이러한 교육을 실현하기
위해서는 문제풀이 위주, 암기 위주의 학습에서 벗어나 폭넓은 대상에 대하여
자유롭게 탐구하고 학습할 수 있는 여건을 조성해야 한다. 또한 수업 방식은 교
사가 주도하는 '지식 전달형'에서 학생 참여를 강조하는 '협력 학습형'으로 변화
될 필요가 있으며, 학교에서의 학생에 대한 평가는 '경쟁'보다는 '협력'과 '인성'
을 강조하면서 서로 도우며 학습하는 과정과 결과를 함께 반영할 수 있어야 한
다. 이하에서는 향후 학교 현장에서의 학생평가 방식이 지향해야 할 바에 대해
서 정리해 본다.

기본적으로, 미래 학교에서의 교육평가는 학생들을 성적순으로 줄 세우는
도구가 아니라, 1) 개별 학생의 필요와 흥미를 파악하고 각자의 소질과 잠재력
에 맞는 학습 내용과 방향을 제시하며 2) 학습 과정을 중시하여 각 학생의 성장
을 직접적으로 지원하면서 변화 정도를 측정하며 3) 학습 목표의 달성을 확인하
고 이를 다시 새로운 성장을 위한 피드백으로 활용하는 역할을 수행하며 4) 이
러한 활동에 대한 양적 · 질적 기록 자체가 성적 산출물이 될 필요가 있다.

전통적 평가방법	대안적 방법
선택형 문항 위주	수행평가, 참평가, 포트폴리오
학습 결과에 관심	학습 과정과 결과에 관심
일회적 평가	지속적 평가: 형성평가와 개별 피드백
지식의 이해, 기억, 재생 평가	지식을 수행하는 정도 평가
평가 편리성, 객관성	고등정신능력 신장
단일 속성	다원적 속성(복잡한 능력, 기술)
양적 평가(선발, 배치, 분류의 목적으로 학습 결과를 양적으로 측정)	질적 평가(교수 및 학습 과정을 개선하기 위한 목적으로 각종 정보를 수집하고 전문적으로 판단하는 방식)

그림 1-2 새로운 교육 패러다임을 위한 학생평가 방향

　　교육평가 패러다임의 변화는 [그림 1-2]와 같이 요약할 수 있다. 이러한 이해에 바탕하여, 미래 학교에서의 교육평가 지향점은 다음과 같이 네 가지로 정리할 수 있다.

　　첫째, 교사 평가권 보장을 전제로 중간고사와 기말고사 위주의 학년별 평가에서 교사가 자신이 직접 가르친 학생들을 학급별로 평가할 수 있는 학급별 평가를 실시해야 한다.

　　둘째, 획일적 수업을 전제로 하는 지필고사 위주의 양적 평가를 지양하고 질적 평가와 조화를 이루는 내신 산출을 지향해야 한다. 이를 위하여 현직 교사에 대한 평가 전문성 향상 연수 및 예비 교사를 위한 질적 평가 관련 과목 수강과 실습 기회 확대가 필요하다.

　　셋째, 점수 및 등수로 학생들을 상호 비교하고 줄 세우는 상대평가 관행에서 탈피하여 교육과정상의 성취기준에 비추어 평가하는 절대평가를 지향해야 한다.

　　넷째, 교수학습 과정이 종료된 후 최종 선발 및 분류 목적으로 실시하는 총합평가에 중점을 두기보다는 교수학습 과정에서 교사와 학생 간의 활발한 피드백을 바탕으로 실질적인 도움을 제공할 수 있는 과정중심평가를 지향해야 한다.

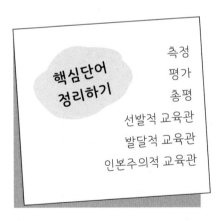

핵심단어
정리하기

측정
평가
총평
선발적 교육관
발달적 교육관
인본주의적 교육관

연습 문제

1 다음 중 총평과 측정에 관해 옳지 <u>못한</u> 진술은?

① 등위를 부여하는 평가에서 사용된 척도는 서열 척도이다.

② Stevens(1946)의 측정의 정의에 의하면, "그녀의 공감능력은 상당히 부족하다."라는 말은 측정의 예시로 볼 수 있다.

③ 측정은 정보를 수집한다는 점에서 평가와 공통점을 가지지만, 가치판단을 하지 않는다는 점에서 평가와 차이가 있다.

④ 총평은 정보를 수집하고 가치를 판단한다는 점에서 평가와 공통점을 갖지만, 수집 가능한 모든 정보를 수집하고 전체적이며 직관적인 판단을 한다는 점에서 평가와 차이가 있다.

2 총평관(assessment)의 입장을 가장 적절하게 표현한 것은?(97 초등)

① 구인타당도를 중시하는 평가다.

② 인간의 능력은 변함이 없는 것이다.

③ 평가의 신뢰도가 주된 관심거리다.

④ 모든 사람에게 똑같은 평가도구를 이용한다.

2022학년도 중등학교교사 교육학 논술형

다음은 ○○중학교에서 학교 자체 특강을 실시한 교사가 교내 동료 교사와 나눈 대화의 일부이다. 이 내용을 읽고 '학교 내 교사 간 활발한 정보 공유를 통한 교육의 내실화'라는 주제로 교육과정, 교육평가, 교수전략, 교원연수에 대한 내용을 구성 요소로 하여 서론, 본론, 결론을 갖추어 논하시오. [20점]

김 교사: 송 선생님, 제 특강에 관심을 가져 주셔서 감사합니다. 선생님은 올해 우리 학교에 발령받아 오셨으니 도움이 필요하시면 말씀하세요.

송 교사: 정말 감사합니다. 그동안은 교과 간 통합에 주로 관심을 가져왔는데, 김 선생님의 특강을 들어 보니 이전 학습 내용과 다음 학습 내용이 자연스럽게 연결되어야 한다는 수직적 연계성도 중요한 것 같더군요. 그래서 이번 학기에는 교과 내 단원의 범위와 계열을 조정할 계획입니다. 선생님께서는 교육과정을 어떻게 재구성하시는지 함께 이야기할 수 있을까요?

김 교사: 그럼요. 제가 교육과정 재구성한 것을 보내 드릴 테니 보시고 다음에 이야기해요. 그런데 교육 활동에서는 학생에 대한 이해가 중요하잖아요. 학기 초에 진단은 어떤 방식으로 하려고 하시나요?

송 교사: 이번 학기에는 선생님께서 특강에서 말씀하신 총평(assessment)의 관점에서 진단을 해 보려 합니다.

김 교사: 좋은 생각입니다. 그리고 우리 학교에서는 평가 결과로 학생 간 비교를 하지 않으니 학기 말 평가에서는 다양한 기준을 활용해 평가 결과를 해석해 보실 것을 제안합니다.

송 교사: 네, 알겠습니다. 이제 교실 수업에서 사용할 교수전략을 개발해야 하는데 딕과 캐리(W. Dick & L. Carey)의 체제적 교수설계모형을 적용하려고 해요. 이 모형의 교수전략개발 단계에서 개발해야 할 교수전략이 무엇인지 생각 중이에요.

김 교사: 네, 좋은 전략을 찾으면 제게도 알려 주세요. 그런데 우리 학교는 온라인 수업을 해야 될 상황이 생길 수도 있어요. 제가 온라인 수업을 해 보니 일부 학생들이 고립감을 느끼더군요. 선생님들이 온라인 수업을 하는 데 필요한 정보를 공유하는 학교 게시판이 있어요. 거기에 학생의 고립감을 해소하는 데 효과를 본 테크놀로지 기반의 교수·학습 활동을 정리해 올려 두었어요.

송 교사: 네, 온라인 수업을 하게 되면 활용할게요. 선생님 덕분에 좋은 정보를 많이 얻을 수 있어 좋네요. 선생님들 간 활발한 정보 공유의 기회가 더 많아지길 바랍니다.

김 교사: 네, 앞으로는 정보 공유뿐만 아니라 교사들 간 실질적인 협력도 있었으면 해요. 이를 위해 학교 중심 연수가 활성화되면 좋겠어요.

<배 점>

○ 논술의 내용 [총 15점]
- 송 교사가 언급한 교육과정의 수직적 연계성이 학습자 측면에서 갖는 의의 2가지, 송 교사가 계획하는 교육과정 재구성의 구체적인 방법 2가지 [4점]
- 송 교사가 총평의 관점에서 학생을 진단할 수 있는 실행 방안 2가지 제시, 송 교사가 활용할 수 있는 평가 결과의 해석 기준 2가지를 각각 그 이유와 함께 제시 [4점]
- 송 교사가 교실 수업을 위해 개발해야 할 교수전략 2가지 제시, 송 교사가 온라인 수업에서 학생의 고립감 해소를 위해 활용할 수 있는 구체적인 교수·학습 활동 2가지를 각각 그에 적합한 테크놀로지와 함께 제시 [4점]
- 김 교수가 언급한 학교 중심 연수의 종류 1가지, 학교 중심 연수를 활성화하기 위해 학교 차원에서 지원할 수 있는 구체적인 방안 2가지 [3점]

○ 논술의 구성 및 표현 [총 5점]
- 논술의 내용과 '학교 내 교사 간 활발한 정보 공유를 통한 교육의 내실화'의 연계 및 논리적 형식 [3점]
- 표현의 적절성 [2점]

논의해 보기

- 미래의 교사로서 교육이란 무엇인지 또한 교육평가의 목적은 어떠한지에 대해 논의해 봅시다.
- 교육평가를 실시하는 평가자가 갖추어야 할 소양은 무엇인지 논의해 봅시다.

? FAQ

? 교육평가의 발전 방향 중에서 참평가를 지향하며 실제 상황을 중시한다고 할 때, 여기서 '실제 상황'이라는 것이 어떤 의미로 쓰인 것인지 궁금합니다.

기존의 시험이 지필고사 위주라고 볼 때, 어떻게 보면 인위적 상황하에서 평가를 하고 있다고 볼 수 있다는 것이죠. 예를 들어서, 환경보호에 대해서 배울 때 이를 지필고사에서 다루다 보면 많은 경우 환경 관련 지식 등을 ('실제' 환경보호 상황이 아니라) 교실에서 간접적으로 다루게 됩니다. 다른 예로, 농구에 대해서 배우고 평가할 때 농구에 대한 지식을 배우는 것도 중요하지만 대안을 생각해 보자는 것입니다. 그리고 체육 시간에 농구 관련 평가를 할 때 슛을 5개 던져서 몇 개 들어가는지를 가지고 평가한다면 이는 지필고사보다는 좀 더 실제에 가깝지만 여전히 실제 상황이라고 볼 수는 없겠지요. 실제 농구 시합을 20분 정도 뛰게 하면서 학생의 농구 역량을 평가한다면 아마도 농구에 대한 '실제 상황'이라고 볼 수 있을 것입니다. 물론 모든 것을 실제 상황 속에서 배우고 평가할 수는 없을 것입니다. 하지만, 우리가 지향해 나가야 할 발전 방향 속에서 가급적 그런 실제적 요소를 많이 포함해 나갔으면 합니다.

? 왜 평가가 총평보다 더 넓은 개념인가요? 평가는 필요한 정보만 수집하고 총평은 가능한 정보를 모두 수집하는 것이니까 총평이 더 넓은 개념 아닌가요?

개념을 생각하실 때 조건이 적을수록 더 넓은 개념입니다. 정사각형보다 직사각형이 넓은 개념인 것은, 정사각형의 조건(모든 네 변의 길이가 같고, 마주 보는 변은 평행해야 하며, 두 변이 만나는 곳의 각도는 항상 직각이다)보다 직사각형의 조건(마주 보는 변은 평행해야 하며, 두 변이 만나는 곳의 각도는 항상 직각이다)의 수가 더 적기 때문입니다. 평가가 총평보다 더 적은 조건을 가지기 때문에 더 넓은 개념입니다.

2장

평가 자료 이해를 위한 기초통계

2장

평가 자료 이해를 위한 기초통계

 학습목표

✓ 원점수 분석을 위한 기초통계를 익히고 기술통계와 추리통계의 차이점을 파악한다.

✓ 중앙경향치 및 변산도에 대해서 이해한다.

✓ 정규분포와 백분위의 개념을 이해한다.

시험을 통한 평가 결과는 양적 정보 즉 점수 형태로 제시되는 것이 일반적이다. 학생 개인에게 주어진 특정 숫자로서의 점수를 제대로 이해하려면 통계적 분석 결과가 함께 제공되어야 한다. 본 장에서는 시험 점수를 제대로 이해하고 분석하는 데 필요한 기초 통계학적 지식에 대해서 다루며, 보다 구체적으로 말하여 중앙경향치(central tendency), 변산도(variability), 그리고 정규분포(normal distribution) 각각에 대해서 살펴볼 예정이다. 예비교사나 교육학을 공부하는 학생 입장에서 이러한 수학적·통계학적 내용이 공부하기에 부담스러울 수도 있으나 여기에서는 시험 결과를 이해하고 산출하기 위한 최소한의 통계적 지식을 다루기 때문에 반복 학습 등을 통하여 최대한 익힐 필요가 있다.

1 원점수 분석을 위한 통계 맛보기

가상의 중학교 1학년 1반 학생들(N=30)에게 선다형 100문항으로 구성된 수학 시험을 실시해서 〈표 2-1〉과 같은 결과를 얻었다고 가정해 보자. 맞는 반응을 한 문항에 1점 그리고 틀린 반응을 한 문항에 0점을 부여하여 채점하였다면 한 학생이 획득 가능한 점수의 범위는 0점(모두 틀림)에서 100점(모두 맞음)이 될 것이다. 이렇게 하나의 검사나 시험 결과로서 각 문항의 배점에 따른 문항 점수들을 모두 합하여 얻게 되는 양적 정보를 원점수(raw score)라고 부른다. 원점수는 그대로 성적표에 제시될 수도 있지만 평가목적에 따라서 다양한 형태로 변환될 수 있는데 보통 이를 척도점수(scale score)라고 한다.

　검사 자료를 바탕으로 일차적으로 검사 실시자 혹은 교사가 할 일은 학생 개개인과 그 결과에 대해서 의사소통할 때 유용하도록 분석을 하는 일이다. 예를 들어, 한 학생은 자신의 수행 정도가 어떠한지 혹은 다른 학생에 비해서 성취 정도는 어떠한지에 대해서 궁금해할 수 있다. 해당 학생의 등수가 궁금하다면 점수를 가장 높은 값에서 낮은 값으로 정렬할 수가 있을 것이다. 혹은 빈도분석을 실시하여 [그림 2-1]에서와 같이 빈도표(frequency table)를 작성하거나 빈도분포(frequency distribution)를 그려보는 것도 유용하다. 이러한 분석을 통하여 우선 최저점수가 52점, 최고점수가 87점임을 간단히 파악할 수 있으며, 가장 높은 점수와 가장 낮은 점수의 차이를 의미하는 점수의 범위(range)가 35(=87-52)라는 것을 알 수 있다. 또한 전체 30명 학생 중에 76점을 받은 학생들이 가장 많다는 것을 직관적으로 알 수 있다. 이러한 통계적 분석은 SPSS 혹은 JAMOVI와 같은 통계 전용 소프트웨어를 이용하여 실시할 수 있으며 EXCEL 프로그램을 활용하는 것도 가능하다.

 표 2-1 가상의 수학 성취도 검사의 원점수 자료(N=30명)

학생	원점수	학생	원점수
철수	79	태섭	72
영희	76	현미	78
혜진	65	재은	76
소희	80	제영	76
현호	63	주형	72
기석	79	성식	87
형석	81	민아	78
정우	76	성창	76

재웅	69	성준	78
아름	72	영호	77
서영	79	민지	78
준영	76	준우	80
덕정	52	홍석	79
승주	77	현우	83
윤주	72	동신	79

(a) 빈도표   (b) 빈도분포(막대도표)

원점수	빈도	비율
52	1	3.3%
63	1	3.3%
65	1	3.3%
69	1	3.3%
72	4	13.3%
76	6	20.0%
77	2	6.7%
78	4	13.3%
79	5	16.7%
80	2	6.7%
81	1	3.3%
83	1	3.3%
87	1	3.3%
합계	30	100%

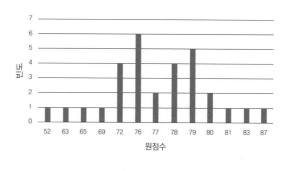

그림 2-1 수학 검사 자료(N=30)에 대한 빈도표와 빈도분포

앞에서 살펴본 검사 자료와 같이 통계적 분석을 위한 양적 자료가 주어졌을
때 그 특징을 요약하여 파악하기 위한 작업을 보통 기술통계(descriptive statistics)라

고 한다. 보통 빈도표와 빈도분포를 그리는 빈도분석이라든가 다음 절에서 다룰 중앙경향치(평균, 중앙값, 최빈값)나 변산도 등은 기술통계에 속한다. 기술통계는 우리가 관심을 가지고 있는 전체 대상 즉 모집단(polulation)에 대한 자료를 가지고 있든 아니면, 모집단을 대표하는 표본(sample)을 가지고 있을 때 적용할 수 있다. 사회과학 분야에서 우리가 양적 자료를 수집하여 통계적 분석을 하고자 할 때 모집단 수준의 자료를 확보하는 것은 시간과 비용 측면에서 불가능한 경우가 많기 때문에 대개 표본 자료를 가지고 통계적 분석을 실시하게 된다. 이때 표본에 대한 분석을 통해서 모집단 수준에서의 현상을 추정하거나 미래에 대한 어떤 추측을 시도하는 경우 이러한 통계 분야를 추리통계(inferential statistics)라고 부른다. 다시 말하여 추리통계는 모집단을 대표하는 표본으로부터 얻어진 통계치 혹은 추정치로부터 모집단의 속성이 모수치를 추정하는 통계 분야를 말한다.

2 중앙경향치

중앙경향치는 앞의 수학 검사를 생각해 볼 때 30명이 받은 다양한 점수들 가운데 이들을 대표하는 값을 의미한다. 예를 들어, 1학년 1반 학생들과 1학년 2반 학생들의 수학 실력을 비교하여 어느 반이 더 수학을 잘하는지 얘기하려면 각 반의 학생들이 받은 점수들의 대푯값을 비교해야 할 것이다. 이러한 목적으로 사용될 수 있는 것이 바로 중앙경향치이다. 본 장에서 살펴볼 중앙경향치의 종류는 세 가지인데, 이 중 가장 흔하게 사용되는 것은 바로 산술적 평균(mean)이다. 잘 알려져 있다시피, 한 반의 수학 점수 평균은 모든 반 구성원의 수학 점수를 모두 더하여 합을 구한 뒤 이를 구성원의 수로 나누어 구할 수 있다. 중앙경향치로서 평균이 사용되는 것이 가장 일반적이긴 하지만, 평균은 모든 구성원의 점수를 고려한다는 점에서 약간의 문제가 발생할 여지가 있다. 말하자면, 한두 명의 점수가 다른 학생들의 점수보다 극단적으로 크거나 작을 때 이들의 포함 여부에 따라서 평균 계산 결과가 크게 달라질 수 있기 때문이다. 예를 들어, 위의 두 반 비교에서 각 반 대부분의 학생이 50점에서 90점 사이의 점수를 받았지만 2반 학생 중 두 명이 0점이라면 2반의 평균을 구할 때 이들 두 명을 포함하는 것이 타당할지에는 논란의 여지가 있을 것이다. 이런 경우 대안으로서 중앙값(median)이나 최빈값(mode)이 중앙경향치로 활용될 수 있다.

평균의 계산을 수학적으로 적으려면 모두 더한다는 뜻을 가진 그리스 대문자 Σ(sigma라고 읽음)를 이해할 필요가 있다. 또한 평균을 의미하는 표기는 모집단 수준의 자료에 대해서 그리스 문자인 μ(mu)를 사용한다. 표본 수준의 자료에 대해서는 평균을 표기할 때 $\hat{\mu}$(mu hat) 혹은 $\overline{X}$(X bar)를 사용한다. 평균 공식을 적어보면 다음과 같다. 위의 수학 점수 자료를 예로 설명하자면, 편의상 우리가 이 30명에게만 관심이 있는 상황 즉 모집단의 구성원이 30명일 때 이들 모두의 점수를 다 더하여 합(=2,265)을 구한 후 30으로 나눈 것이 평균이라는 의미이다. 〈표 2-1〉에 제시되어 있는 1학년 1반 30명 학생의 평균은 μ=75.5로 계산된다.

$$\mu = \frac{\sum_{i=1}^{N} X_i}{N}$$

중앙값은 점수 분포의 가장 가운데 위치하는 점수를 의미한다. 〈표 2-1〉에서와 같은 N명의 값이 주어졌을 때, 중앙값을 구하려면 다음과 같은 두 가지 단계를 거쳐야 한다. 첫째, 모든 값을 그 크기에 따라서 정렬한다. 이때 오름차순(ascending)이든 내림차순(descending)이든 무관하며 가장 작은 값과 큰 값이 각각 가장 극단에 위치하도록 배열하면 된다. 둘째, 양극단에서 각각 하나씩 값을 지워나간다. 이때 N이 홀수라면 결과적으로 가장 가운데에 위치하는 한 값만 남게 될 것이며 이 값이 바로 중앙값이다. 하지만 만약 N이 짝수라면 가장 가운데 남게 되는 두 값의 평균을 중앙값으로 보게 된다. 예를 들어 1, 2, 3, 5, 7, 9, 13이라는 7개의 점수들 중에서 중앙값은 가운데 있는 5가 된다. 또한 1, 2, 3, 3, 4, 5, 6, 7, 7, 8이라는 10개 점수들 중에서 중앙값은 가운데 있는 두 수 4와 5의 평균인 4.5가 된다. 위의 수학 점수 자료는 N=30이므로 짝수인데 정렬 후 극단값부터 차례로 삭제를 해보면 최종 가운데 남는 두 수가 77과 77 두 개임을 알 수 있다. 따라서 중앙값은 이 둘의 평균인 77이 된다.

최빈값은 점수 분포상에서 볼 때 가장 큰 빈도를 가진 점수라고 보면 된다. 예를 들어, 우리말 의미 맞히기 대회에 참가한 7명의 점수가 41, 34, 35, 45, 34, 33, 34점으로 나타났다면, 여기서 가장 큰 빈도를 갖는 값은 34점이기 때문에 최빈값이라고 볼 수 있다. 만약 중앙경향치보다 큰 점수를 얻은 사람을 최종 결선 대회에 올리기로 한다면 어떻게 될까? 계산해 보면 7개 점수의 평균은 36.57, 중앙값은 34로 나타난다. 만약 평균을 분할점수로 사용한다면 41점과 45점을 받은 두 사람만 결선에 오르겠지만, 중앙값이나 최빈값을 사용한다면 35점을 받은 사람도 역시 결선에 올라 최종 3명이 마지막으로 겨루게 될 것이다.

- 33, 34, 34, 35, 35, 37
- 1, 2, 2, 3, 3, 3, 3, 3, 4, 4, 4, 4, 6, 6, 7, 8, 9, 10
- 15, 16, 17, 17, 17, 17, 12, 11, 9, 8, 7, 7, 13, 13

위의 예시에서 각각 평균, 중앙값, 최빈값을 구해 본 후, 다음에 제시되는 답과 비교해 보자. 각 예시의 점수들은 각 개인이 다른 값을 가질 수 있는 수치들의 집합이기 때문에 이를 변수(variable)라고 부를 수 있다. 즉 각 변수에 대해서 중앙경향치(평균, 중앙값, 최빈값)를 구하면 다음과 같다. 평균은 세 가지 예시 혹은 변수 차례대로 34.67, 4.56, 12.79이다. 중앙값은 차례대로 34.5, 4, 13인데, 여기서 주의할 것은 세 번째 예시의 경우 정렬 단계를 거쳐야 한다는 점이다. 최빈값의 경우, 첫 번째 예시에서 6개의 점수들 중에서 빈도가 가장 많은 값은 34와 35 두 개이므로 둘 다 최빈값이라고 볼 수 있다. 이와 같이 복수의 최빈값이 존재할 수 있음을 기억해둘 필요가 있다. 두 번째와 세 번째 예시의 최빈값은 각각 3과 17이다.

3 변산도

변산도는 한 변수에서 점수들이 얼마나 넓게 퍼져있는지의 정도를 의미한다. 한 집단에게 실시된 수학 시험의 점수 분포를 생각해 보면, 구성원들의 능력 차이 혹은 개인차(individual difference)가 클 때 점수의 변산도가 크게 나타나고 반대로 개인차가 별로 없을 때 점수 변산도는 작게 나타나게 된다. 예를 들어, 두 개의 다른 중학교 A와 B에 동일한 수학 학업성취도 시험이 실시되었을 때 그 결과로 나타난 점수 분포가 [그림 2-2]처럼 나타났다고 생각해 보자. 두 그림을 비교하여 보면, 얼핏 보기에도 학교 A가 학교 B에 비해서 구성원들의 점수 분포가 더 넓게 퍼져 있다는 점 즉 개인차가 크다는 것을 알 수 있다. 변산도는 이러한 개인차의 정도를 하나의 수치로 표현하여 그 값을 다른 집단 간에 상호 비교할 수 있도록 해주는 역할을 한다. 본 장에서는 범위(range), 사분위편차(quartile deviation), 그리고 분산(variance, $\sqrt{\text{분산}}$ = 표준편차)이라는 세 종류의 변산도에 대해서 공부하고자 한다.

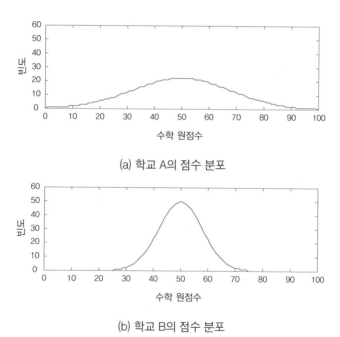

(a) 학교 A의 점수 분포

(b) 학교 B의 점수 분포

그림 2-2 중학교 A와 B의 수학 학업성취도 시험 결과

범위는 앞에서 잠깐 소개한 바와 같이 최고점수와 최저점수 간의 차이를 의미한다. [그림 2-2]의 학교 A의 경우 100점이 최고점수이며 0점이 최저점수이기 때문에 범위가 100(=100-0)이 되고 학교 B의 경우 75점이 최고점수 그리고 25점이 최저점수이기 때문에 범위가 50(=75-25)으로 나타난다. 즉 개인차가 더 큰 집단인 학교 A가 학교 B에 비하여 더 큰 범위를 가지게 되며, 이를 통해 범

위가 하나의 변산도 지표로서 잘 기능하고 있음을 확인할 수 있다. 그러나, 범위의 사용은 일부 예외적인 경우로 인하여 주의해야 할 때가 존재한다. 범위는 한 점수 분포의 최고점수와 최저점수라는 두 가지 정보에만 의존하기 때문에, 극단에 존재하는 이러한 두 개 값이 때로는 범위가 변산도의 지표로서 기능하기에는 왜곡된 정보가 되도록 영향을 미칠 수 있다. 이에 대한 예시로서, 만약 위의 학교 B의 상황에서 0점과 100점을 받는 두 학생이 갑자기 전학 온다면 학교 B의 범위는 100이 되어 학교 A의 범위와 차이가 없게 될 것이다. 이러한 극단적인 점수를 받은 두 학생이 있다고 해도 여전히 학교 B는 학교 A에 비하여 개인차가 적은 집단임이 분명하기 때문에, 이 경우 범위는 적절한 변산도 지표라고 볼 수 없다는 것이다. 따라서 보다 나은 변산도 지표를 모색할 필요가 생긴다.

사분위편차(QD)는 검사 점수의 크기에 따라서 점수 분포를 네 개 부분으로 나눈 뒤 여기서 얻어지는 사분위점수(quartile scores: Q1, Q2, Q3)라는 정보를 이용하여 계산한다. 말하자면 [그림 2-3]에 제시된 바와 같이 하위 25%와 나머지 75% 학생들을 나누는 분할점수를 Q1, 하위 50%와 나머지 50% 학생들을 나누는 분할점수를 Q2(=중앙값), 그리고 상위 25%와 나머지 75%를 나누는 분할점수를 Q3라고 한다. 사분위편차는 이 중 Q1과 Q3를 이용하여 다음과 같이 계산된다. [그림 2-2]에서 각 학교에 대하여 사분위편차를 구하면 학교 B에 0점과 100점을 받은 두 학생이 전학을 온다고 하더라도 여전히 학교 B의 사분위편차가 더 작게 나타날 것으로 짐작할 수 있을 것이다. 따라서 사분위편차는 범위에 비하여 보다 나은 변산도 지표라고 할 수 있다.

$$QD = \frac{Q_3 - Q_1}{2}$$

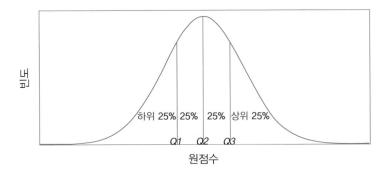

그림 2-3 점수 분포에서 사분위점수의 위치

앞에서 살펴본 범위와 사분위편차는 변산도를 구함에 있어서 매우 제한된 정보를 사용한다는 것을 알 수 있다. 즉 범위는 최고점수와 최저점수 그리고 사분위편차는 Q3와 Q1만을 가지고 구하는 것을 확인하였다. 이와는 달리 분산은 구성원의 모든 점수를 활용하면서 변산도 지표를 계산하기 위한 방안의 하나로 고안되었다. 우선 분산을 구하는 공식은 다음과 같다. 분산을 표시할 때는 모집단 자료를 가지고 있는 경우 그리스 문자(σ^2)를 사용하며 시그마 제곱(sigma square)이라고 읽는다. 이어서, 두 집단 A와 B에 대한 간단한 예시와 함께 왜 분산이 변산도 지표가 될 수 있는지를 살펴보기로 한다.

$$\sigma^2 = \frac{\sum_{i=1}^{N}(X_i - \mu)^2}{N}$$

〈표 2-2〉에서는 5명의 구성원으로 이루어진 집단의 점수 분포에 대하여 각각 분산을 구하는 과정을 제시하고 있다. 각 집단의 점수를 살펴보면 집단 A의 점수들이 집단 B의 점수들에 비하여 훨씬 더 넓게 퍼져있음을 확인할 수 있다. 즉 집단 A가 개인차가 더 큰 집단임을 알 수 있다. 모든 구성원의 점수를 이용하여 변산도를 구하기 위하여 분산에서는 각 개인의 점수가 평균과 얼마나 떨어져 있는지를 먼저 고려하는데 이를 편차점수($x = X - \mu$)라고 한다. 개인차가 큰 집단일수록 각 점수는 평균으로부터 멀리 떨어져 있기 때문에, 편차점수를 하나의 값으로 잘 요약한다면 일종의 변산도 지표로서 기능할 수 있을 것이라는 생각을 해볼 수 있다. 이러한 요약 정보로서 우선 편차점수의 평균을 고려해 볼 수 있을 것이다. 그러나 이러한 이 표에서 확인할 수 있는 바와 같이 편차점수의 합은 언제나 0이기 때문에 편차점수의 평균도 항상 0이 된다. 이는 평균보다 큰 원점수의 편차점수는 양의 값, 그리고 평균보다 작은 원점수의 편차점수는 음의 값이 되어 상호 상쇄되기 때문이다. 분산을 구할 때는 이러한 상쇄 효과를 없애기 위하여 편차점수를 제곱하는 전략을 취하게 된다. 결과적으로, 편차점수 제곱의 평균값이 바로 분산이 된다. 〈표 2-2〉에서 확인할 수 있는 바와 같이, 개인차가 큰 집단은 각 구성원의 편차점수 제곱이 전반적으로 크게 나타

나고 따라서 그 평균이 클 수밖에 없다. 집단 A의 분산은 94, 집단 B의 분산은 2.8로 큰 차이를 보임을 알 수 있다.

 표 2-2 5명의 구성원을 가진 두 집단의 분산

집단 A				집단 B			
학생	원점수(X)	편차점수 ($x = X - \mu$)	x^2	학생	원점수(X)	편차점수 ($x = X - \mu$)	x^2
소희	75	-7	49	성준	87	-3	9
혜진	86	4	16	대경	91	1	1
윤주	94	12	144	형준	90	0	0
재은	67	-15	225	성식	90	0	0
현미	88	6	36	현호	92	2	4
합계	410	0	470	합계	450	0	14

평균: $\overline{X} = \dfrac{410}{5} = 82$ 분산: $\sigma^2 = \dfrac{470}{5} = 94$ 평균: $\overline{X} = \dfrac{450}{5} = 90$ 분산: $\sigma^2 = \dfrac{14}{5} = 2.8$

앞에서 살펴본 범위와 사분위편차는 모두 원점수 수준에서 일종의 길이 혹은 거리 개념(1차원)으로 구해졌음을 생각해 보자. 그러나, 방금 살펴본 분산은 각 점수의 평균으로부터의 거리가 양과 음의 값으로 나타나는 현상을 없애기 위하여 편차점수 제곱을 사용하는 바람에 일종의 넓이 개념(2차원)이 되었다. 따라서, 이를 다시 1차원 개념으로 가져오기 위한 방법으로 제곱근을 적용하게 되면 이를 표준편차라고 부른다. 표준편차의 그리스어 명칭은 시그마(sigma)이며, 공식은 아래와 같다.

$$\sigma = \sqrt{\sigma^2} = \sqrt{\dfrac{\sum\limits_{i=1}^{N}(X_i - \mu)^2}{N}}$$

4 정규분포 및 백분위

연속변수에 대한 확률분포의 일종인 정규분포의 기본적 개념은 18세기 이전부터 정립되어 왔다. 19세기에 들어 가장 위대한 수학자 중 한 사람인 Karl Friedrich Gauss가 정규분포의 이론적 정립 및 실제 활용에 큰 기여를 함에 따라서 가우시안 분포(Gaussian distribution)라는 이름으로도 불리고 있다. [그림 2-4]에서는 평균이 50, 표준편차가 10인 정규분포를 제시하고 있다. 어떤 변수를 구성하는 변수값들 혹은 점수들이 정규분포를 이룬다고 알려져 있다면 우리가 그 관련 분포 모양을 그리는 데 필요한 정보는 오직 평균과 표준편차 두 가지뿐이다. 이를 정규분포의 모수(parameters)가 평균과 표준편차라고 표현하기도 한다.

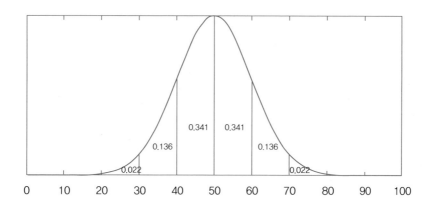

그림 2-4 평균 50, 표준편차 10인 정규분포와 곡선 아래의 넓이

정규분포는 이 그림에서 볼 수 있는 것처럼 종 모양의 매끄러운 곡선 형태를 갖고 있으며 가운데 부분이 가장 높다. 중앙으로부터 양극단에 가까워짐에 따라서 X축에 점점 접근하지만 절대 닿지는 않는다. 이러한 현상을 정규분포 곡선이 X축에 '점근적으로'(asymptotically) 접근한다고 표현하기도 한다. 이론적으로 정규분포는 X축상의 음의 무한대부터 양의 무한대까지 존재하며, 또한 정규분포 곡선은 가장 가운데 부분(이 부분이 평균, 중앙값, 최빈값이 됨)을 중심으로 완벽한 좌우 대칭의 형태를 보인다. 연속변수의 확률변수가 갖는 확률분포에서 곡

선 아래 부분의 넓이는 항상 1이 된다. [그림 2-4]에서는 평균으로부터 한 표준편차 단위씩 이동함에 따라서 해당 부분의 곡선 아래 넓이가 어떠한지를 제시하고 있다. 제시된 6개의 값(0.022, 0.136, 0.341, 0.341, 0.135, 0.022)의 합이 1이 아닌 것은 곡선이 계속 양극단의 무한대까지 점근적으로 접근해 감에 따라서 곡선 아래에 매우 미세한 넓이가 존재하기 때문이다.

교육평가 및 교육통계 등의 분야에서 정규분포가 중시되는 이유는 모집단 수준에서 특정 인간의 속성에 대한 변수값들을 다 모아 보면 그 분포의 모양이 정규분포 형태가 될 것이라고 '가정'하는 것이 가능하기 때문이다. 예를 들어, 우리나라 15세 여학생의 키를 모두 측정한 값들의 분포라든가 우리나라 모든 17세 남학생들의 지능을 측정하여 분포를 그린다든가 하였을 때 정규분포 모양일 것이라고 가정한다는 의미이다. 여기서 중요한 것은 실제 이러한 값을 모두 수집하여 그림을 그렸을 때 그 모양이 반드시 정규분포라는 것이 아니라 다만 가정할 뿐이라는 점이다. 이러한 가정을 통하여 교육평가 분야에서는 많은 편리함을 얻을 수 있는데, 예를 들어 다음 같은 상황을 생각해 볼 수 있다. 어떤 학교에서 수학 시험이 치러졌고 전국 수준에서 이 점수 분포가 정규분포를 이룰 것이라고 가정해 보자. 편의상 그 평균이 50, 표준편차가 10이라고 하면 모집단 수준에서 그 분포 모양은 [그림 2-4]와 동일할 것이다. 정규분포의 특징을 정리하면 아래와 같다.

- 좌우 대칭(symmetrical)
- 가운데 부분에서 Mode = Median = Mean
- 연속변수(범주형 변수가 아님)
- 단봉분포(unimodal distribution)
- 분포 곡선 아래의 면적 = 1
- 분포의 특징을 규정하기 위하여 오직 두 정보만 필요함: μ와 σ
- 커브의 양극단이 점근적으로(asymptotic) x-축을 향해 접근해 감

만약 이 학교의 어떤 학생이 60점을 받았다고 할 때, 우리는 매우 쉽게 이

학생이 전국 수준에서 어느 정도의 위치인지를 파악할 수 있다. 말하자면 평균 50점 이하의 학생은 전국 수준에서 50%일 것이고 50과 60 사이의 비율은 34.1%이기 때문에 이 학생보다 낮은 수학 성취도를 보이는 학생들은 약 84% 정도라는 것이다. 즉 60점 받은 학생은 전국 수준에서 수학 능력 측면에서 상위 16% 정도임을 알 수 있다. 이를 통해 백분위(percentile rank)의 개념을 쉽게 알 수 있다. 즉 백분위란 특정 점수를 받은 학생보다 같거나 낮은 점수를 받은 학생들의 비율을 백분율로 나타낸 것을 말한다. 말하자면 위의 예시에서 60점 받은 학생의 백분위는 84%이다.

5 기타 사항

본 절에서는 앞에서 다룬 중앙경향치, 변산도, 정규분포에 더해서 몇 가지 추가적으로 알아두면 유용한 사항들에 대해서 다룬다. 우선 중앙경향치의 경우 해당 변수가 정규분포를 이룰 때 종 모양의 곡선 한 가운데 부분에 평균, 중앙값, 최빈치가 모두 위치한다는 것을 살펴보았다. 그렇다면 분포의 모양이 좌우 어느 한쪽으로 치우쳐진 경우는 이들의 위치가 어떻게 될까? 이런 분포를 편포(skewed distribution)라고 부르는데, 오른쪽이 눌린 형태를 정적편포 그리고 왼쪽이 눌린 형태를 부적편포라고 한다. 각 편포에서 평균, 중앙값, 최빈값의 위치는 [그림 2-5]에서와 같은 순서로 나타남을 기억할 필요가 있다. 각 편포에서 가장 빈도가 높은 부분이 최빈값이 되며, 극단적인 값의 영향을 받는 평균은 눌린 모양을 가진 부분 쪽으로 치우치게 되고, 마지막으로 중앙값은 그 사이 부분에 존재한다.

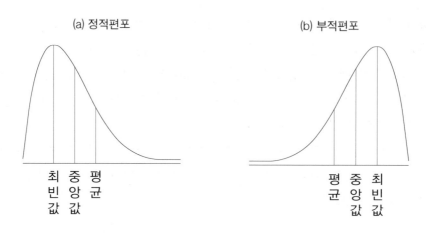

그림 2-5 정적편포 및 부적편포에서 중앙경향치의 위치

앞에서 살펴본 세 종류의 중앙경향치 중에서 가장 안정성(stability)이 높은 것은 평균으로 알려져 있다. 여기서 안정성이란 모집단으로부터 여러 차례 반복해서 일정한 수(n)의 구성원을 가진 표본을 반복해서 표집하였을 때 그 계산된 값이 크게 변하지 않는다는 뜻이다. 앞의 〈표 2−1〉에서 제시된 N=30의 자료를 모집단으로 보고 n=10의 표본을 5번 반복하여 표집했다고 생각해 보자. 〈표 2−3〉은 각 표본에서 계산된 중앙경향치를 제시하고 있다. 물론 이러한 표집은 무선적으로 이루어지기 때문에 이 표에서 제시된 값들은 새로 표집할 때마다 조금씩 달라질 수밖에 없다. 또한 각 중앙경향치의 안정성을 제대로 비교 검증하려면 훨씬 많은 반복 표집이 필요할 것이다. 다만 여기서는 안정성을 쉽게 설명하기 위한 교육 목적으로 5번 반복한 경우를 편의상 상정하고 있을 뿐이다. 이 표에서 볼 수 있는 바와 같이 가장 비슷한 값으로 산출되는 것이 평균이기 때문에 가장 안정적이라고 볼 수 있는데, 이것이 우리가 중앙경향치를 사용할 때 보통 평균을 이용하는 이유라고도 볼 수 있다. 가장 안정성이 떨어지는 중앙경향치는 72에서 79까지 큰 폭의 다른 값을 제시하고 있는 최빈값임을 알 수 있다.

표 2-3 모집단(N=30)으로부터 표본(n=10)을 5번 반복 표집한 경우의 중앙경향치 예시

구분	표본				
	1st	2nd	3rd	4th	5th
평균	75.5	75.4	75.6	75.5	75.7
중앙값	77	77.5	78	77	76.5
최빈값	76	72	79	78	76

　평균이 가장 안정적이기 때문에 흔히 사용되는 중앙경향치라고 하였지만 '평균의 함정'이라고 불리는 단점을 가지고 있는 것도 사실이다. 평균의 함정이란 평균을 계산할 때 구성원 모두의 변수값을 사용하는 것에서 기인하는데 단적으로 말하여 극단적인 값의 영향을 민감하게 받는다는 뜻이다. 예를 들어, 한 중소기업의 월급 구조가 다음과 같다고 하자. 사장님은 연봉이 10억이지만 10명 사원의 연봉은 각각 2천만원이다. 이때 중앙값이나 최빈값은 2천만원이지만 평균은 1억이 넘는 것(=12억/11)을 알 수 있다. 이때, 이 회사의 대표적 월급 수준으로 1억이 넘는다고 진술하는 것이 타당할까? 그렇지 않을 것이다. 따라서 중앙경향치 분석 결과를 제공할 때, 평균만 제공하는 것보다 중앙값이나 최빈값 등을 함께 사용하는 것이 현상을 제대로 이해하는 데 도움을 줄 수 있다.

핵심단어 정리하기

원점수
중앙경향치
평균
중앙값
최빈값
모집단
표본
기술통계

변산도
범위
사분위편차
정규분포
백분위
정적편포
부적편포

연습 문제

 전국 고등학생의 신장을 측정한 결과 평균이 165cm, 표준편차가 5인 것으로 나타났다. 신장 분포가 정규분포라고 가정했을 때, 괄호 안에 알맞은 숫자의 총합을 고른 것은?

> 1. 위 결과에 표준화점수를 적용하면 평균은 (   ), 표준편차는 (   )이다.
> 2. 전국 고등학생의 신장 분포는 대부분 (   )cm와 (   )cm 사이에서 존재한다.
> 3. 155cm에서 160cm 사이의 학생들은 (   )%이다.

① 516   ② 502   ③ 399   ④ 345

 다음은 어느 중학교 학생들의 쪽지 시험 점수를 나타낸 표이다. 표에 대한 해석으로 옳은 것을 고르시오.

이름	영어 점수	도덕 점수
김○○	8	3
박○○	10	6
서○○	9	7
윤○○	2	4
정○○	1	10

① 영어 점수의 평균이 도덕 점수의 평균보다 더 높다.
② 영어 점수의 표준편차가 도덕 점수의 표준편차보다 작다.
③ 도덕 점수보다 영어 점수에서 학생들 사이의 개인차가 더 크다.
④ 영어 점수에서의 중위수는 9이고 도덕 점수에서의 중위수는 4이다.

다음 보기 중 <u>틀린</u> 보기를 모두 고르시오.

ㄱ) 8, 10, 18, 15, 24에 대한 평균은 15이다.
ㄴ) 중앙경향치 중 안정성이 가장 높은 것은 중앙치이다.
ㄷ) 55, 50, 55, 40, 35의 최빈치는 없다.
ㄹ) 44, 48, 53, 57, 60, 65, 70, 73의 중앙치는 58.5이다.

 아래의 그래프는 1반과 2반 학생들의 영어 점수 분포를 나타내는 그래프이다. 두 그래프를 <u>잘못</u> 해석한 학생은 누구인가?

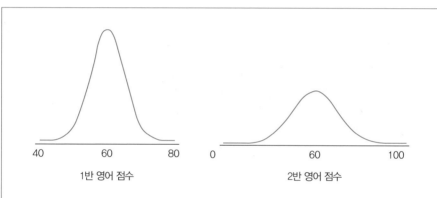

딸기: 두 그래프를 보면 1반의 범위는 40이고 2반의 범위는 100이라는 걸 알 수 있어.
포도: 그러게. 그럼 2반의 범위가 더 크니까 개인차가 더 크고, 학생들이 서로 더 이질적일 거야.
수박: 1반은 60점에 많은 학생들이 몰려있어서 개인차의 정도가 작으니까 변산도의 값이 더 작다고 할 수 있겠다.
홍시: 만약 1반에 점수가 각각 50점, 100점인 학생이 전학 온다면 범위는 50이 될 거야.

① 딸기 ② 포도 ③ 수박 ④ 홍시

다음은 기술통계와 추리통계에 대한 설명이다. 다음 중 옳은 것을 모두 고른 것은?

A. 평균은 다른 중앙경향치보다 극단값의 영향을 많이 받는다.

B. 일반적으로 최빈치가 가장 안정적인 중앙경향치 지표이다.

C. 변산도가 작은 집단은 이질적인 집단이다.

D. 편차점수의 합은 항상 0이다.

E. 담임교사가 반 학생들의 수학 점수의 평균을 구할 때는 기술통계를 사용한다.

① A, B   ② A, D   ③ A, D, E   ④ C, D, E

 <보기>의 정규분포에 관한 설명 중 옳은 것끼리 묶인 것은?(05 중등)

ㄱ. 평균이 중앙값보다 크다.

ㄴ. 평균을 중심으로 좌우대칭이다.

ㄷ. 분포 곡선은 X축과 절대로 만나지 않는다.

ㄹ. 평균을 중심으로 좌우 1표준편차 내에 약 95%가 분포한다.

① ㄱ, ㄷ   ② ㄱ, ㄹ   ③ ㄴ, ㄷ   ④ ㄴ, ㄹ

논의해 보기

• 평가 결과 점수의 분포가 정적편포 또는 부적편포로 나타났을 경우 점수 해석의 유의점에 대해 논의해봅시다.

? FAQ

? 중앙경향치의 안정성에서, 평균이 가장 안정적이고 최빈치가 가장 불안정적이라고 하는데요, 하지만 평균이 극단적인 값의 영향을 많이 받아, 다른 중앙값이나 최빈값 등도 함께 쓰는 것이 좋다고 들었습니다. 두 가지 속성이 모순되게 느껴져서 조금 혼란스러운데요, 이것들을 어떻게 구분해야 하나요?

모집단에서 동일한 크기의 표본을 반복적으로 표집할 때 이들이 보이는 평균, 최빈치, 중앙값 중에서 가장 비슷한 값으로 산출되는 것이 평균입니다. 이로부터 평균이 안정적이라는 말을 하는 것입니다. 극단적인 값의 영향을 받는다는 것은 계산할 때 모든 변수값을 다 고려하는 것이 평균이고, 나머지는 극단적인 값이 계산 자체에 들어가지 않기 때문에 영향을 받지 않는다고 보시면 됩니다.

? 점수분포가 편포의 모양을 가지는 경우 최빈치, 중위수, 평균이 서로 다른 값을 가진다고 배웠습니다. 그럼 최빈치와 중위수는 같은 값이고 평균은 다른 값일 경우 이 또한 편포라고 말할 수 있나요? 그럼 그런 편포는 어떤 모양으로 그려지나요?

우리가 다루는 데이터가 모집단 규모의 매우 큰 사이즈를 가지고 있을 때, 매끈한 곡선 형태의 편포를 가진다면 수업 시간에 말씀드린 대로 순서가 나타날 겁니다. 그런데 표본 자료를 다룰 때는 전체적 형태는 편포라고 할지라도 들쑥날쑥한 모양이 될 수 있겠지요. 즉 특정 변수값이 매우 빈도가 높다거나 이산점이 존재한다거나 등등이요. 따라서, 표본을 다룰 때는 말씀하신 대로 특정 두 통계치가 같다거나 하는 사태도 벌어질 수 있습니다. 이럴 때 이를 토대로 편포냐 아니냐를 규정하는 것이 중요한 것이 아니라, 부적편포 형태를 따른다 식으로 기술하고 의사소통할 수 있는 것에 효용이 있다고 봅니다.

? IQ와 같은 인간의 정신능력을 측정하면 그 점수 분포의 모양이 정규분포일 것이라고 들었습니다. 그렇다면 인간의 지능을 측정하게 되면 무조건 정규분포 모양으로 나오는 것인지 궁금합니다.

인간의 지능 등 다양한 특성들이 정규분포를 이룬다고 '가정'한다는 것입니다. 실제로 구한다면 아마도 정규분포와 비슷하리라 생각됩니다만 반드시 그렇게 된다는 것은 아닙니다. 본 교재에서 다룰 바는 아니지만, 교육통계 관점에서 볼 때 이러한 정규분포 가정을 이용하여 많은 교육자료 분석과 관련한 문제를 해결하고 있으며, 특히 표본들의 평균 수준에서는 중심극한정리라는 개념 덕분에 이러한 가정이 타당함을 인정받고 있습니다.

? 정규분포의 특징을 설명하실 때 정규분포의 그래프가 양극단으로 점근적으로 0에 가까워지지만 수렴하지는 않는다고 들었습니다. 그런데, 정규분포의 면적은 1이라고 하셨습니다. 끝없이 이어지는 그래프의 넓이를 어떻게 계산을 해서 구할 수 있나요? 정규분포의 전체면적은 1이라고 '가정'해서 생각해야 하는 것인가요?

점근적으로 x축에 다가가지만 영원히 닿지 않는다고 했지요. 결과적으로 정규분포 곡선이 양극단으로 계속해서 x축에 끊임없이 다가갈 때 그 분포 아래의 넓이가 1에 계속 가까워진다 혹은 1로 수렴된다고 봐야할 것 같아요. 아마도 질문의 요지는 영원히 x축에 닿지 않는다면 그 넓이가 무한히 커져야지 어떻게 1과 같은 특정한 값으로 수렴할 수 있느냐인 것 같아요. 충분히 가져볼 수 있는 의문점입니다. 그런데, 영원히 목적지에 도달하지 못한다고 해도 목적지까지의 거리가 정해져 있는 경우가 있습니다. 만약 1미터 앞의 목적지에 도달해야 하는데 항상 '남은 거리의 반'만 전진할 수 있다고 해봅시다. 처음에 50센티미터 전진하겠지요. 그다음 25센티미터 더 가서 총 75센티미터 갈 테고요! 계속 반복하다 보면 목적지에 가까워지고는 있지만 결코 도달하지는 못할 것입니다. 이 예에서 알 수 있듯이 '계속 전진하는 것이 가능하다'고 해서 내가 가고 있는 총 거리가 무한대로 늘어나는 것은 아닙니다.

? 정규분포가 아닌 현실적인(실제 자료 조사를 통해 얻은 울퉁불퉁하거나 치우친) 분포에 대해서 따로 부르는 명칭이 있는지 궁금합니다. 그냥 분포표라고 부르면 되나요? 아니면 모양별로 다른 명칭이 또 있나요? 검색해도 명확하게 알 수가 없어서 여쭤봅니다.

정규분포와 같이 이론적(수학적 공식으로 분포 모양을 표현할 수 있는) 분포는 명칭이 있지만(예를 들어, 포아송 분포, 카이제곱 분포, 균일 분포 등등) 그 외는 따로 명칭이 없습니다. 사회과학적 연구를 할 때 표본 자료를 구하고 이러한 표본에 대한 변수가 보이는 분포를 살펴보려면 히스토그램, 막대도표, 빈도분포표 등을 구해보게 됩니다. 현실에서 얻을 수 있는 다양한 형태의 분포에 이름이 하나하나 있는 것도 이상하겠지요! 그저 전반적 형태를 보고, 정규분포를 닮았다 혹은 편포 형태이다 등으로 그 분포 모양을 묘사할 수 있을 것입니다.

? 정규분포 관련된 질문입니다. 고등학교에서 성적을 받을 때 표준편차랑 백분위가 같이 나오잖아요? 그러면 그 값은 정규분포를 그려서 얻어낸 값이겠죠? 근데 또 실질적으로는 정확하게 정규분포가 나오기 어렵다고 하셔서, 이걸 어떻게 이해해야 할지 난감합니다. 완벽한 대칭의 정규분포가 아니더라도 백분위를 계산할 수 있는 건가요? 그러니까 부적편포나 정적편포의 분포 모양을 나타내더라도 정규분포를 표준정규분포로 변환시켜서 어떤 변수값이 전체 모집단에서 차지하는 %를 알아낼 수 있는 것처럼 백분위를 알아낼 수 있는 건가요?

고등학교 기말고사 등에서 나타나는 특정 과목의 분포는 정규분포일 가능성이 없지요. 따라서 이를 가지고 표준편차나 백분위 등을 구할 때는 정규분포와 무관하다고 보셔야 합니다. 내신을 산출할 때는 한 학교 학생들 집단 전체를 모집단으로 봐야 합니다. 즉 한 학교에서 본 기말고사의 특정 과목 점수들이 어떤 모집단에서 온 표본의 변수값들이 아니라는 것입니다. 따라서 표본으로 보면서 모집단 수준에서의 정규분포를 가정한다는 말도 하기 어렵습니다. 기말고사 점수의 표준편차는 수업 시간에 배우신 sigma 공식대로 구하시면 됩니다. 또한 백분위의 경우, 기본적으로 나보다 같거나 못한 학생들의 비율이기 때문에 모든 학생들의 점수를 알면 이를 줄 세워서 구할 수 있는 것입니다. 따라서 이 또한 정규분포와 무관합니다.

? **'완벽한 정규분포의 특징'이 설명되어있는데. 표준정규분포를 포함하여 모든 정규분포가 이러한 특징을 갖는 것인지 아니면 완벽한 정규분포만 이러한 특징을 갖는 것인지 궁금합니다. 저는 정규분포가 이러한 특징을 갖는다고 이해했습니다.**

'정규분포'와 '완벽한 정규분포'가 따로 있는 것은 아니고요, 엄밀히 말하면 '정규분포 모양을 유사하게 따르는 경우'와 '완벽한 정규분포'로 구분이 될 것입니다. 완벽한 정규분포라는 것은 강의노트에 수식으로 표현된 $p(x)$ 공식에 의해서 그려진 것을 의미합니다. 현실에 존재하는 모집단 수준의 어떤 변수(IQ, 키, 몸무게 등)가 보이는 분포가 정규분포 모양을 따른다고 했을 때 사실 완벽하게 이러한 공식을 따르긴 어렵겠지요. 하지만, "정규분포를 따르는 것으로 가정한다"라는 말을 하면서 마치 완벽하게 수식에 따른 정규분포를 따르는 것으로 '가정'하고 이후 논의를 전개하는 것이 일반적입니다. 따라서 이러한 '정규분포 가정'이 전제가 되면, 해당 변수가 보이는 분포는 강의안에 나오는 완벽한 정규분포의 특징을 따른다고 보고 통계 분석 및 이후 논의를 하면 됩니다.

3장

—

평가의 유형

평가의 유형

> **학습목표**
>
> ✓ 평가의 기능에 따른 평가유형에 대해 나열하고 목적 및 기능을 설명할 수 있다.
> ✓ 평가의 해석에 따른 평가유형에 대해 개념, 기능, 장·단점을 이해하고 설명할 수 있다.
> ✓ 개인차에 대한 관점에 대해 평가의 해석적 관점을 비교할 수 있다.

본 장에서는 평가의 유형을 기능과 해석의 관점에 따라 나누어 살펴보고자 한다. 평가의 기능에 따른 분류로는 학습 이전에 실시되는 진단평가, 학습 과정을 평가하는 형성평가, 학습 종료시점을 평가하는 총괄(합)평가로 구분된다. 평가 해석의 관점은 평가 점수를 해석하는 것을 의미하는데, 우리가 흔히 알고 있는 상대평가와 절대평가를 의미하며 상대평가는 규준지향(참조)평가, 절대평가는 준거지향(참조)평가로 불린다. 마지막으로 새로운 평가 유형인 능력참조평가, 성장참조평가와 함께 국가수준 교육과정에서 강조하는 있는 과정중심평가를 다룬다.

1 평가의 기능에 따른 분류

1) 진단평가

평가의 기능에 따른 분류는 평가를 시행하는 목적과 시점에 따라 구분되는

데, 그 첫 번째는 진단평가다. 진단평가(diagnostic evaluation)는 교수 · 학습의 시작 단계 전에 시행될 수 있는데, 새로운 학습을 시작하는 데 있어서 학습자가 가지고 있는 지식과 능력 또는 학습을 저해하는 원인 등을 파악하기 위한 활동을 의미한다. 즉 학습자가 이미 숙달되어 소유하고 있는 능력에 대한 파악을 토대로, 새로운 학습 단계를 보다 효율적으로 나아갈 수 있도록 하기 위한 적절한 교수법 선정 및 교육목표 설정, 평가계획 수립 등이 해당 단계에서 이루어진다. 진단평가는 학습이 시작되기 전 학습자가 소유한 사전학습 정도, 흥미, 동기, 지능 등 학습자의 다양한 특성을 파악하고자 하므로 출발점의 행동을 평가한다고 할 수 있다. 따라서 진단평가는 단순히 인지적 특성에 대한 것을 넘어서 정의적인 영역과 심동적인 영역을 포함하여 결손을 파악하게 되는 것이다. 이러한 진단평가에서 발생한 원인들은 간혹 신체적, 정서적, 환경적인 문제에서 그 이유를 찾을 수 있는데 신체적인 문제는 건강상의 이유, 감각운동기능의 장애에서 비롯될 수 있으며, 또한 정서적인 경우 교우관계, 교사와의 관계, 부모와의 관계에서 비롯해 발생할 수 있다. 마지막으로 환경적인 문제는 가정환경과 같은 경제적인 문제에서 발생할 수 있고 이는 지속적인 학습 장애의 원인이 되므로 진단평가를 토대로 파악하여 교수 · 학습에 활용할 수 있어야 할 것이다.

진단평가의 목적은 새로운 학습을 시작하는 단계에서 학습의 효율성을 높이기 위한 것으로 사전에 결손이 발생한 원인을 제대로 파악하지 못한다면 설정한 교육목표를 달성하지 못할 가능성이 크다. 따라서 사전 지식 또는 결손의 원인, 학습자 특성 등을 정확하게 파악하여 해당 학습자를 도울 수 있는 다양한 처치 활동을 고려할 필요가 있다. 진단평가를 실시하기 위한 방법으로는 형식적인 평가와 비형식적인 평가 모두 가능하다. 그러나 형식적인 평가를 실시하기 어렵다면 학습자의 생활기록부 또는 전 학년의 담임교사 면담 등을 통해서도 가능하다. 또한 수업시작 전 쪽지시험이나 질문을 통해서도 진단평가를 실시할 수 있다. 일반적으로 진단평가는 수업시작 전에 실시하지만 때에 따라서는 수업 중간에 실시될 수도 있다. 진단평가는 지금까지 지속적으로 쌓여 온 문제와 그 원인을 파악하여 적절한 교수법과 교수학습 활동을 제공하는 데 목적이 있다.

진단평가 적용 팁!

💡 정보카드 활용

정보카드는 교과성적과 비교과활동 내역, 담임교사의 종합 의견 및 출결사항이 종합적으로 기록되는 비형식적인 형태의 교사의 기록 카드예요! 이를 학습이전에 활용한다면 교사는 학생의 종합적인 정보를 어느 정도 파악할 수 있어요!

💡💡 학기가 시작되고 교사는 학생의 특성을 며칠간 수집하는 것이 좋습니다. 수업행동을 관찰하고 질문을 통해 학생의 현재 상태를 파악하여 이를 해석하게 되는데 이때 주의할 점은 편파적이지 않아야 한다는 것!

💡💡💡 구조화된 과제나 표준화 검사를 치르는 것도 가능해요! 특정 과제를 수행할 수 있도록 학생들에게 제공하고 이 결과를 토대로 학생 특성의 강점과 약점을 확인할 수 있습니다. 단, 이때 과제는 난이도를 잘 고려해야겠죠? 학습이전 단계임을 고려하여 과제의 난이도가 너무 높으면 안 된다는 것! 또한 교사가 개발한 표준화 검사인 진단 검사를 학기 시작 후 1~2주 안에 실시하여 특성을 파악하거나 표준화 심리검사를 통해 지능지수로 환산된 정보 활용도 가능합니다.

2) 형성평가

형성평가(formative assessment)는 수업 중 진행되고 있는 학습 내용에 대한 이해 정도와 기능 수준을 파악하는 것으로 과정에 대한 평가다. 형성평가는 수업 중 필요할 경우 수시로 실시할 수 있어 수시평가라고도 부른다. 형성평가는 주체에 따라 두 가지 기능을 가지는데, 학습자의 이해 정도를 파악하여 부족한 부분을 보완하거나 더욱 발전할 수 있도록 하기 위한 피드백을 제공해 줄 수 있다. 또한 교사는 현재 상태를 파악하여 교수 · 학습 방법의 개선의 자료로 활용할 수 있다. 형성평가는 원래 교육과정이나 프로그램의 개발과정에서 프로그램 구성 또는 전개방법을 수정, 보완하는 데 필요한 정보를 수집하기 위해 실시하는 평가를 의미하는 용어로 사용되었다(홍세희 외, 2020). 형성평가는 수업 중 쪽지시험을 보거나 질문 등을 통해 이루어질 수 있으며, 교사와 학습자 모두에게 즉각적인 도움이 제공될 수 있다는 점에서 긍정적으로 활용되고 있다.

형성평가는 비공식적인 형성평가와 공식적인 형성평가로 구분하여 나눌 수

있다(McMilan, 2015). 비공식적 형성평가는 교사가 학습자의 표정, 눈맞춤, 신체
언어, 음성 신호 등의 언어적 행위를 읽는 것을 의미하며 학습자의 감정이나 성
향, 태도를 반영하는 모든 비공식적인 행위를 뜻한다. 이때 내용 점검, 토론,
암송, 학습자 개인과 그룹 사이의 상호작용의 네 가지 형식으로 발생할 수 있는
데, 학습자의 관심을 유도하고 수업에 집중하게 하는 데 효과적이며 학습자가
생각하고 자신의 의견을 말로 표현할 수 있게 하여 추론 능력과 이해 능력을 높
여줄 수 있다. 이때 점수는 매기지 않아야 하며 편안한 환경을 조성해야 한다.
반면, 공식적인 형성평가는 글쓰기 숙제, 구술 발표, 그룹별 활동과 같은 모든
활동을 만드는 것으로 이를 통해 학습자의 잘하고 있는 것과 부족한 부분에 대
해 보다 정확하게 파악할 수 있다. 이 경우에도 점수를 매기지 않고 편안한 환
경을 조성하는 것이 좋다. 수업에서 다양한 과제를 사용하여 학습자의 학습에
대한 정보를 얻을 수 있는데, 과제를 수행한 후 교사에게 점검을 받고 피드백을
받아야 한다. 또한 퀴즈와 단원평가, 교실 답변 시스템(전자기기를 활용하여 제시된
자료에 답변) 등을 활용할 수 있다.

   McMilan(2015)은 형성평가의 핵심적인 4요소를 강조하였는데, 학습증거를
수집하고 이를 해석한 후 필요한 피드백을 제공하여 학습 목표 달성 및 향상을
위해 교수학습법 등의 전략의 개선 및 조정하는 과정으로 이루어진다.

그림 3-1   형성평가의 순환 단계

   형성평가는 학습의 방향성을 제시하고 긍정적인 학습동기를 극대화하는 데
그 목적이 있어 점수 해석에 있어서 준거지향(참조)평가를 지향한다. 학습목표
에 적합한 난이도를 선정하여 평가도구를 제작할 필요가 있으며 가급적 성적에
반영하지 않아 학습자의 현재 상태에 대한 파악을 토대로 도움을 줄 수 있는 형
태로 제공되어야 한다.

형성평가 적용 팁!

💡 비형식적 관찰과 질문을 할 수 있어요!

　비형식적 관찰은 교사가 수업 중 학생의 특성과 현 상황을 관찰하고 기록하여 해석하는 것으로 이때 주관적인 교사의 생각이 너무 많이 개입되지 않도록 주의를 기울여야 합니다.

　일화기록법을 사용하는 것도 가능한데, 일화기록은 특별한 양식이나 계획 없이 교사가 학생을 관찰하고 기록하는 것으로 적응상태, 구체적인 행동사례를 상세하게 기록하는 방법입니다. 중요한 행동과 사건을 중심으로 간결하게 기록하므로 많은 시간이 필요하지 않고 여러 번에 걸쳐 기록된 내용은 행동 변화, 흥미 등을 이해하는 데 도움을 줍니다.

일화기록법(예시)	
영역: (　　) 학년 (　　) 반 (　　) 번 성명 (　　　　　)	
일자	**내　용**
0월 0일	· ①의 시에서 비유가 쓰인 표현을 찾고 각각의 공통점을 작성해 보는 과제를 통해 6개의 비유 중 5개의 비유를 정확하게 찾았으며 해당 영역에 이해도가 높음을 알 수 있음 · 비유를 활용하여 자기소개글을 작성해 보고 발표하는 활동을 실시하였음. 시를 활용하여 비유를 찾는 것은 어렵지 않았으나 실제로 적용하여 활용하는 역량이 조금 부족한 것으로 보임. 이를 보완하기 위한 과제를 제시해주고 다음 시간에 별도로 확인하기로 함

　수업목표와 연관된 퀴즈를 통해 현재 이해 정도를 파악할 수 있습니다. 학습목표를 위계적으로 조직해 해당 영역에서 학생들이 어려워하는 것이 무엇인지를 파악하는 것은 적절한 피드백 제공에 매우 중요합니다.

💡💡 체크리스트나 평정척도법을 사용할 수도 있어요!

　체크리스트는 해당 학생의 참여도, 협력도, 열정 등을 구분하여 항목으로 분류하고 해당 항목에 어느 정도 해당하는지를 체크하는 것입니다. 평정척도는 아래와 같이 적용할 수 있어요.

평가 관점	평정 척도				
1. 참여도(부서 활동에 흥미와 관심을 가지고 적극적으로 참여함)	1 그렇지 않다	2	3 보통이다	4	5 그렇다
2. 협력도(조원들을 잘 이끌거나 조화를 이루어 협력함)	1 그렇지 않다	2	3 보통이다	4	5 그렇다

평정척도(예시)

출처: http://contents2.kocw.or.kr/KOCW/document/2018/cnue/josangyeon0228/11.pdf

3) 총괄(합)평가

총괄평가(summative evaluation)는 학습 종료 시점에 이루어지는 종착점의 행동을 파악하는 평가이다. 장기간에 걸쳐 수행된 교수·학습 과정이나 프로그램 종료 후 목표 달성 여부의 파악과 교육적 효과를 확인하기 위해 실시된다. Bloom(1971)은 총괄평가를 과목, 학기, 그리고 교육 프로그램의 끝에 실시하는 평가로 성취 혹은 숙달 정도와 교육목표 획득 여부를 결정하는 행위라 정의하였다. 총괄평가는 학교에서 실시되고 있는 학기말 시험이 대표적인 예시이다. 총괄평가는 학습이 완료된 시점에서 최종 목표의 달성 여부를 종합적으로 평가하기 때문에 형식적인 평가이며, 평가 결과는 학습자들의 성적을 결정하고, 미래의 학업성적을 예측하기 위한 자료로 활용되고 또한 학습집단 간의 성적을 비교하여 학습성과를 확인하는 데도 적용 가능하며, 교육과정수료 등 자격을 인정하는 목적으로도 적용 가능하다. 총괄평가는 학습자, 학급, 학교 등을 상대적으로 비교하여 서열화하는 것에 관심을 둘 경우 규준지향평가가 일반적이지만 목표를 중심으로 도달 확인에 목적을 둘 경우 준거지향평가로도 실시 가능하다. 규준지향으로 평가될 경우 문항의 난이도는 낮음부터 높음까지 고루 출제되어야 한다.

평가의 기능에 따라 분류되는 진단평가와 형성평가, 총괄평가는 다음과 같은 차이점으로 정리하여 볼 수 있다.

 표 3-1 진단평가, 형성평가, 총괄(합)평가 구분

구분	진단평가	형성평가	총괄(합)평가
목적 및 기능	- 출발점 행동 진단 - 선수학습 및 결손 진단 - 학생 특성 파악 - 배치	- 교수·학습 진행 적절성 판단 - 교수법 개선 - 피드백 통한 학습촉진	- 성적평가 및 자격부여 - 교육목표 달성 확인 - 교육 프로그램 선택 결정 - 집단 간 비교
시점	- 학습전 - 필요시 수업 중	- 학습중 - 필요시 수시	- 학습종료

평가방법	- 비형식적 평가 - 형식적 평가	- 수시평가 - 비형식적 평가 - 형식적 평가	- 형식적 평가
평가주체	- 교육내용전문가 - 교사	- 교사	- 교육내용전문가 - 교육평가전문가
평가기준	- 준거참조	- 준거참조	- 규준참조 - 준거참조
평가문항	- 준거에 부합하는 문항 - 난이도 낮음	- 준거에 부합하는 문항 - 목표에 따라 다르게 설정	- 규준참조 시 다양한 난이도 - 준거참조 시 준거에 부합하는 문항

2 평가의 해석에 따른 분류

1) 규준참조(지향)평가

규준참조평가(norm-referenced evaluation)는 학습자의 수준을 규준(norm)에 비추어 상대적인 위치나 서열을 확인하는 평가방법으로 규준지향평가로도 불린다. 여기서 규준이란 비교하고자 하는 집단, 즉 학습자가 속한 집단의 평균 및 표준편차를 의미한다. 규준점수의 대표적인 예시는 백분위, 표준점수라고 말하는 z점수와 T점수 등이 있다. 규준참조평가는 학습자 개인이 무엇을 얼마나 알고 있는지에 대한 초점을 두기보다는 개인의 성취수준이 어디에 위치하고 있는지를 서열화하는 데 관심을 두는 평가 형태로 객관화하는 데 중점을 둔다는 특징이 있다.

규준참조평가의 경우 객관적으로 평가하여 교사의 주관이 반영되지 않는다는 점에서 장점이 있으며 가치의 정도와 각 학생들의 집단 내에서의 상대적 위치가 명확하다는 점 또한 장점이다. 이는 개인차를 변별하는 데 매우 유용하며 학생들의 경쟁을 통하여 동기 유발을 꾀할 수 있어 유리하다는 점도 있다. 반면 단점으로는 지능, 성격, 건강, 환경이나 여러 조건 등의 개인적 상황이 무시되고 결과만으로 평가를 적용하여 개인의 노력 정도에 대한 구체적 확인이 어려우며 성적이 지속적으로 부진한 학생은 자포자기에 빠질 염려가 있다는 것이다. 더욱이 경쟁의식의 조장을 통해 학생들의 외형적 동기 유발에 치중하여 정신건강을 해칠 우려가 있으며 교수학습의 기능을 약화시킬 우려도 있다. 규준참조평가는 학습자 개개인의 능력 수준이 다르다고 보는데 이는 개인차를 극복 불가능하다고 보는 선발적 교육관을 기본가정으로 한다는 단점이 존재한다.

2) 준거참조(지향)평가

준거참조평가(criterion-referenced evaluation)는 학습자가 무엇을 얼마나 알고 있는지에 대해 중점을 두며 학습자가 학습에서 성취해야 할 목표나 과제의 도달 여부를 파악한다. 준거참조평가는 준거지향평가 또는 목표지향평가라고도 한다. 상대적 비교에 초점을 두는 규준참조평가와 달리 미리 정해진 준거 도달 여부를 확인하는데, 준거는 어떤 일을 수행하거나 도달할 수 있는 기준을 의미한다. 이러한 준거를 정하는 것은 매우 중요한데, 준거를 정하는 일을 준거설정(standard setting)이라고 하며, 이를 정하는 것은 해당 교과의 교육내용전문가를 통해서 이루어진다. 교육내용전문가는 해당 교과의 전문성을 토대로 준거를 설정하게 된다.

준거참조평가는 규준참조평가와 같이 개인차를 변별하는 기능이나 외적 동기 유발 요소는 부족한 점과 준거의 설정이 어렵다는 점, 통계적으로 결과를 활용하기 어렵다는 점이 단점으로 지적되고 있으나 인간의 발달 가능성을 전제로 하는 발달적 교육관을 기본가정으로 두며 학습자 개개인의 성취 수준에 대한 파악을 전제로 개인차를 극복 가능하다고 본다. 또한 학습자 모두가 교육목표에 도달할 수 있다고 믿는 전제를 기본으로 부적편포를 지향하는데, 부적편포는 검사 점수의 분포가 상위권에 몰려있는 형태로 개개인의 학습자가 도달 수준에 따라 무엇을 잘하고 부족한지에 대한 기본 정보를 파악하여 이를 개선할 수 있도록 도움을 주는 데 목적이 있다.

규준참조평가와 준거참조평가는 관점에 있어서 차이점이 존재하나 두 개의 평가 관점이 배타적인 것이 아니며, 보완적 위치에 있다고 보는 것이 좋고 어떤 것이 좋고 나쁘고의 이분법적 평가를 내릴 수는 없으며 평가의 목적과 의미에 적합한 평가방법과 기준을 선택해야 한다(박도순, 홍후조, 2008).

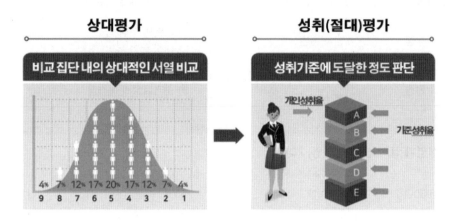

※ 출처: 교육부

학교생활기록부(현행)					학교생활기록부(개선)				
과목	단위 수	원점수/ 과목평균 (표준편차)	성취도 (수강자수)	석차등급	과목	단위 수	원점수/ 과목평균	성취도 (수강자수)	성취수준 학생비율
고전 읽기	4	95/70(10)	A(532)	1	고전 읽기	4	95/70	A(532)	A(32.4%) B(30.9%) C(36.7%)

※출처: 교육부

그림 3-2 규준참조평가, 준거참조평가 비교

표 3-2 규준참조평가, 준거참조평가 비교

구분	규준참조평가	준거참조평가
기본가정 (교육관)	- 선발적 교육관 - 개인차 극복 불가능	- 발달적 교육관 - 개인차 극복 가능
평가목적	- 개인차 변별 - 개인의 점수 규준집단과 비교	- 개인의 성취수준 평가 - 수업목표 도달 여부 파악
개인차	- 개인차 인정	- 개인차 극대화하지 않음 - 완전학습
분포가정	- 정규분포	- 부적편포

구분	규준참조평가	준거참조평가
검사의 강조점	- 신뢰도, 객관성	- 타당도(내용 타당도)
장점	- 객관성 중시 - 개인차 변별 - 외적 동기 유발	- 개인의 성취 강조 - 내적 동기 유발
단점	- 실제 성취 수준 파악의 어려움 - 경쟁 심화	- 준거설정의 어려움

교실평가 결과 변화(김신영, 2017)

1. 1980년 7·30 교육개혁 이후

고교에서의 교실평가 결과가 틀을 갖추고 대학입학 전형 요소로 변형이 시작된 시기로 1981년부터 학교의 소재지, 계열, 주·야간 등 학교특성의 차이를 무시하고 각 학교의 학생기록을 동일한 기준에 평가하는 고교 내신이 전격 도입되었다(정택희, 1991). 학교별로 전 교과성적 및 행동발달 정도를 평가한 평가결과를 단위수 비중으로 총합하여(단위수가 높은 교과에서 좋은 성적을 얻을수록 유리함) 개별학생의 성적을 서열화된 15등급으로 산출 반영하였다.

2. 1995년 5·31 교육개혁 이후

7·30 교육개혁 조치 이후 지나친 점수경쟁, 사교육 증가 등의 문제 발생으로 1995년 5·31 교육개혁 조치에서는 개별 학생의 개성과 적성, 소질을 계발하여 종합적으로 평가하며 자아실현이 가능한 교육을 구현하기 위해 생활기록부를 종합생활기록부로 변경하고 학생의 교육성과 강점과 장점, 약점과 단점 등을 종합적으로 파악하여 교육적 피드백을 부여하였다. 국가 교육과정의 성취기준에 의한 절대평가를 도입하여 수·우·미·양·가 형식의 평어와 과목별, 계열별 석차도 보고되었지만 대입에는 평어만 반영되었다.

3. 2008학년도 이후의 대학입시 개선안 이후

5·31 교육개혁 추진으로 대학입시에서 대학의 학생선발자율권이 확대되고 입시전형의 다양화, 특성화 정책이 실시되어 여러 줄 세우기에 의한 학생선발이 강조되었다. 또한 절대평가 방식의 학생부 교과성적이 대입에 반영됨에 따라 성적이 과대평가되고 학생부 대입 반영비중이 낮아지고 특목고가 대입에서 경쟁력을 지니게 되어 특목고 진학경쟁의 과열과 사교육비가 증가하는 문제가 발생하였다. 이를 해결하기 위해 기존의 절대평가 평어 표기제를 원점수 표기제(과목평균 및 표준편차 기재)로 변경하고 과목별 석차 9등급제의 도입을 주요 내용으로 하는 개선안을 발표했다. 또한 학생부 기재내용으로 학생의 특성, 능력, 발전가능성 등을 평가하는 입학사정관제가 도입되었다.

4. 2011년도 학사관리 선진화 방안 이후

2008학년도 대입제도 개선안 발표로 고교성적의 과대평가 문제는 해결되었으나 상대평가로 인한 학생 간 점수경쟁의 과도한 유발과 입시부담의 문제가 발생하였다. 또한 학생의 특성과 능력, 성장가능성 등을 고려하여 평가하는 질적 평가에 대한 요구가 있었으며 2011년 12월 '학생평가 방법의 질적 혁신'과 '성취평가제 도입'을 주요 내용으로 하는 학사관리 선진화 방안을 발표하고(교육과학기술부, 2011) 이에 따라 절대평가 방식인 성취목표 중심의 성취평가제가 2012년부터 중학교에 전면 도입되고 고등학교 1학년 전문교과부터 도입되었으며 고등학교 보통교과에는 2012년부터 2년간의 시범운영을 거쳐 2014년 1학년부터 도입되었다. 2014년부터 고등학교 보통교과에도 성취평가제의 적용이 시작되었으나 성취평가 결과의 대입반영은 2018학년도까지 유예되었다(교육부, 2013). 현재 고등학교에서는 기존의 상대평가 9등급제와 절대평가인 성취평가제가 병행되고 있지만 교실평가 결과의 대입 활용방식에 대한 정책 방안이 제시되지 않아 대학은 기존의 상대평가 9등급을 입시에 반영하고 있다. 성취평가에 따른 교실평가는 국가교육과정에 근거해 성취기준과 성취수준을 명료하게 진술하는 활동, 성취목표 달성을 지원하기 위한 수시 점검 및 피드백 활동, 성취수준에 따른 성취등급의 평가, 그리고 평가결과의 기록 및 보고, 교수·학습의 개선을 위한 평가결과의 환류 등으로 구성된다. 성취평가제의 5단계 성취등급 산출은 '변동분할점수' 산출방식과 '고정분할점수' 산출방식 중 학교별 혹은 교과별로 선택하도록 하고 있다.

3 새로운 평가 유형

1) 능력참조평가

능력참조평가(ability-referenced evaluation)는 학습자가 지니고 있는 능력에 비추어 얼마나 최선을 다했는지에 대해 초점을 두는 평가로 개인을 위주로 실시되는 평가이다. 즉, 학습자 개인이 지니고 있는 능력을 얼마나 발휘하였는지에 대해 관심을 두기 때문에 학습자가 능력을 최대한 발휘하였다면 결과가 다소 낮더라도 최대한의 능력을 발휘하지 않은 학습자보다 평가 결과가 좋을 수 있다. 결과적으로 능력참조평가는 학습자가 본인의 능력과 더불어 최선을 다할 수 있도록 돕는 평가이며, 학습태도를 바람직한 방향성으로 이끌기 위한 평가로 학습동기를 높이기 위한 목적이 있다. 능력참조평가는 학습자가 지니고 있는 기존 능력과 이후의 성취를 비교하여 노력에 대한 개별적 평가를 실시한다는 데 있어서 개인차를 극복할 수 있는 방안으로 이용될 수 있다는 장점이 있으나 '능력'에 대한 정확한 정보가 존재하지 않을 경우 평가를 적용하기 어렵다는 단점이 있다.

2) 성장참조평가

성장참조평가(growth-referenced evaluation)는 교육과정을 통해 얼마나 성장하였는지에 초점을 두는 평가로 초기 능력 수준에 비추어 학습자 개개인이 얼마만큼의 향상을 보였는지에 관심을 두는 평가이다. 즉, 최종 성취수준 그 자체보다 사전능력 수준과 관찰시점에 측정된 능력 수준 간의 차이를 두고 평가된다. 따라서 성장참조평가는 교육과정을 통해 개인차를 극복할 수 있다는 장점이 있다. Oosterhof(2001)에 의하면 성장참조평가 결과가 타당하기 위해서는 다음의 세 가지 조건이 충족되어야 한다.

첫째, 사전에 측정한 점수가 신뢰할 수 있어야 한다.
둘째, 측정한 측정치가 신뢰할 수 있어야 한다.
셋째, 사전 측정치와 현재의 측정치의 상관이 낮아야 한다.
사전에 측정한 측정치나 현재 측정치가 신뢰할 수 없다면 능력의 변화를 분석할 수 없으며 사전측정치나 현재의 측정치가 본질적으로 상관이 높다면 이는 성장에 의한 것이 아니라 관계에 의한 당연한 결과이므로 두 측정치 간에는 상관이 낮아야 한다.

3) 과정중심평가

교육평가에서도 학습자에게 피드백을 제공하는 역할이 강조되고, 학습 과정 자체에 초점을 맞추면서 학습자의 발달에 도움을 줄 수 있는 평가방법들을 고민하고 있다. 이에 따라 등장한 용어가 바로 과정중심평가이다. 과정중심평가는 자칫 과정을 평가한다는 의미에서 형성평가와 유사한 용어로 사용되는 경우도 있으나 개념적인 측면에서 살펴보면 과정중심평가는 차별점이 존재한다. 그러나 과정중심평가의 정의가 무엇인지 구체적이지 않고, 이를 해석하는 시각이 교사들마다 다양하게 존재하고, 평가를 수행하는 과정에서 혼란스러운 상황이 발생하고 있으며 기존에 사용하고 적용해오던 형성평가, 수행평가와 유사한 점이 많다(이지운, 노지화, 2020).

　형성평가는 학교 현장에서 교수학습 과정에서의 학습자의 성취도를 파악하기 위한 방안으로 활용되고 있다. 형성평가를 통해 자신의 학습성과에 대해 진단하고 피드백을 활용하여 자기주도적 학습자로 기를 수 있는 방안들을 마련하고 있는 것이다. 학습을 위한 평가라는 이름으로 부를 수 있는 형성평가는 투입과 산출 모형에서 교육의 결과를 평가하는 관행에서 벗어나 수업 과정에서 학생의 학습에 초점을 두자는 취지로 이해된다(박정, 2013). 최근 평가에서는 학습 결과보다 학습 과정을 중요하게 다루는 평가의 형성적 기능을 강조하면서 교수·학습 과정 전반에 걸쳐 학습 효과를 극대화하고 학습동기를 높이는 방법으로 그 개념 및 활용 범위가 확대되고 있다(전경희, 2016). 수행평가는 학습 결과의 비교보다는 학습 과정에 관심을 두고, 학습이 끝나고 난 후의 평가라기보다는 학습 과정을 주된 대상으로 학습의 과정을 따라 이루어지는 평가라고 하였다(Gardner, 1993). 백순근 외(1996)는 수행평가를 학생 스스로 자신의 지식과 기능을 나타낼 수 있도록 산출물을 만들거나, 행동으로 나타내거나, 답을 작성하도록 요구하는 평가방식이라고 정의하였다.

　정부는 2015개정교육과정 총론에서 교육과정 구성의 중점을 '학습의 과정을 중시하는 평가를 강화하여 학생이 자신의 학습을 성찰하도록 하고, 평가 결과를 활용하여 교수-학습의 질을 개선한다'로 정의하고 있다(김순남, 2020). 김순남 외(2013)의 연구에서 살펴보면 학생평가는 첫째, 학습 결과에 대한 평가(assessment of learning) 위주에서 학습을 위한 평가로, 둘째, 분리된 평가 실제에서 교육과정 및 수업과 동시에 이루어지는 교육평가, 셋째, 결과 중심의 평가에서 과정중심의 평가, 넷째, 지식 중심 평가에서 창의성, 인성 중심의 교과 평가 등으로의 패러다임 전환의 필요성을 제기하였다. 형성평가가 일정한 수업 실시 후 그러한 교수 활동이 학습자에게 적절하였는지 그리고 학습목표가 어느 정도 달성되었는지를 확인하고 피드백을 제공하기 위한 평가라면(성태제, 2014), 과정중심평가는 수업이 진행되는 과정에 이루어지며 평가 자체가 교육적 경험이 될 수 있다고 본다. 즉 학생이 무엇을 어느 정도 알고 있는지를 중심으로 평가하는 결과 중심적인 평가와 대비하여 학생이 학습 과정에서 어떤 사고나 역할 등을 하였는지에 대한 다각도의 자료를 수집한다. 이를 바탕으로 학생 각자가 자기 반성 및 메타인지 활용을 통해 학습에 대한 성찰을 하도록 유도한다(한국교육과정평가원, 2019).

정리하자면, 학교 수업에서 과정중심평가를 강조하는 이유는 학습 과정을 내실화해서 학생 모두가 교육목표를 달성할 수 있도록 교육과정, 평가, 피드백이 유기적으로 연계되는 질 높은 교수학습이 이루어지도록 하기 위함이다. 교수학습 과정 중에 학생들은 학습의 목표가 무엇이고 현재 자신의 상태는 어느 정도이며 부족한 점은 향후 어떻게 개선해 나가야 하는지 지속적으로 생각할 필요가 있으며, 과정중심평가는 이를 도와 학생의 현재 상태와 목표 사이의 간격을 줄여 성공적 학습에 이르도록 돕고자 한다. 이를 하나의 그림으로 표현하면 [그림 3-3]과 같다(교육부 외, 2021).

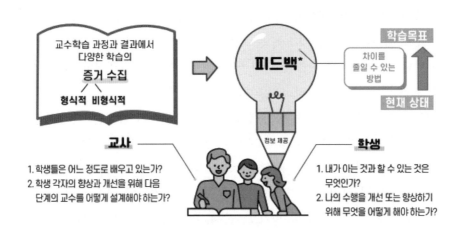

그림 3-3 과정중심평가의 기본 지향점

출처: https://buseo.sen.go.kr/buseo/bu13/user/bbs/BD_selectBbs.do?q_rowPerPage=10&q_
    currPage=1&q_sortName=&q_sortOrder=&q_searchKeyTy2=1005&q_
    searchStartDt=&q_searchEndDt=&q_bbsSn=1288&q_bbsDocNo=20210907133724000&q_
    searchKeyTy=docContsCn___1002&q_searchVal=%EA%

또한 형성평가와 수행평가는 모두 평가유형에 속하지만 과정중심평가는 평가유형의 한 종류가 아닌 교육적 요구에 의해 만들어진 용어라는 점에서 차이가 있다고 할 수 있다(이지운, 노지화, 2020). 박정(2017)의 연구에서 과정중심평가의 정의를 살펴보면 교육현장에서는 수업과 연계된 평가, 수업과 평가 일체화, 형성평가, 학습을 위한 평가, 수행평가를 모두 포괄하는 개념이라고 하였다.

	특징		공통점			
형성평가	교수–학습 과정에 초점	평가유형			수업 중 실시	· 교수–학습 과정에 관심
수행평가	학습과정, 결과에 초점		선택형 지필평가를 제외한 대부분의 평가 방법			· 다수의 평가 방법
과정 중심 평가	학습과정과 결과, 문제해결과정과 결과 모두에 초점	교육적 요구			피드백	

그림 3-4 형성평가, 수행평가, 과정중심평가의 비교

출처: 형성평가, 수행평가, 과정중심평가에 대한 재고찰(이지운, 노지화, 2020)

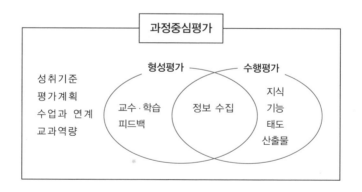

그림 3-5 형성평가, 수행평가, 과정중심평가의 상호 관계

출처: 형성평가, 수행평가, 과정중심평가에 대한 재고찰(이지운, 노지화, 2020)

형성평가와 과정중심평가가 수업 중에 실시하고 교수 · 학습 과정에 초점을 맞추며 피드백을 중요시한다는 점에서 공통점이 존재하지만 형성평가는 교수 · 학습 진행이 적절한지를 판단하기 위한 도구적 성격이 강한 반면, 과정중심평

가는 교육과정의 성취기준을 바탕으로 수업과 평가를 연계한다는 점, 학생의 변화와 성장에 대한 자료를 다각도로 수집하려고 하는 점과 이를 토대로 적절한 피드백을 통해 학생의 성장을 지원하기 위해 평가의 기준과 목적이 보다 구체적으로 제시된다는 점에서 차이가 있다(이지운, 노지화, 2020). 과정중심평가에서는 지필평가를 넘어서, 프로젝트, 포트폴리오, 관찰, 면담 등 종합적인 정보를 수집하여 다양한 형식의 평가를 적용할 수 있다.

과정중심평가는 교육평가가 결과 중심에서 발생하는 한계를 극복하고 '학습을 위한' 평가(assessment for learning), '학습으로서의' 평가(assessment as learning)로 확장된 평가 패러다임을 내포하며 이와 같은 과정중심평가가 학교 현장에서 실천되기 위해서는 교육평가와 교육과정, 교수·학습이 분리될 수 없다(임은영, 2017). 과정중심평가의 목적을 달성하기 위한 지속적인 평가를 실천하기 위한 운영 방안은 [그림 3-6]과 같다(한국교육과정평가원, 2019).

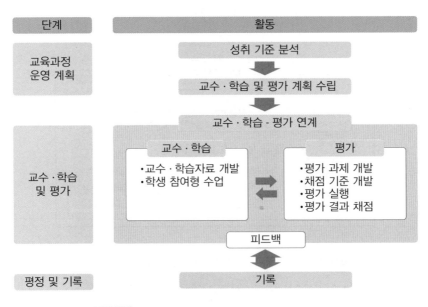

그림 3-6 과정중심평가를 위한 수업-평가 연계 운영

출처: https://www.kice.re.kr/upload/brochureBoard/7/2021/05/1622172859904_56140745401157226.pdf

과정중심평가는 학생이 배운 것을 평가하는 학습 결과에 대한 평가를 넘어 평가의 결과를 교수 · 학습 질 개선 또는 교수 · 학습 방법 개선을 위해 사용하도록 하여 학습을 위한 평가, 학습으로서의 평가로 평가 패러다임을 확장한 것이다(임은영, 2017). 학습자의 성장을 돕기 위한 과정중심평가를 적절하게 사용하기 위해서는 평가계획 수립 시 수업과 연계할 수 있는 평가도구를 개발하는 것이 중요하다. 이를 위해서는 단원이나 차시에서 구체적인 교수 · 학습 및 평가 방안을 마련할 수 있어야 하며 그 계획을 구체적으로 산정할 수 있어야 한다. 과정중심평가 도구 개발을 위한 예시는 [그림 3-7]~[그림 3-9]와 같다(한국교육과정평가원, 2019).

단계	교수 · 학습 활동	평가 계획
1차시	• 동전과 주사위를 던지는 실험을 통해 주어진 사건이 일어난 횟수를 세어 상대도수를 구하고, 그 사건이 일어날 가능성을 경우의 수의 비율로 구한 후 두 값 비교하기 • 다른 모둠의 결과와 합하여 그 횟수를 늘려 상대도수를 구한 후, 실험을 통해 구한 상대도수와 경우의 수의 비율로 구한 가능성 사이의 관계를 생각하고 토의하기 • 확률의 뜻 이해하기	**평가 과제 1** 실험을 통해 구한 상대도수와 경우의 수의 비율로 구한 가능성 비교하기 (토의 · 토론, 실험 · 실습, 동료평가) **피드백**

2차시	• 주어진 세 주머니 A, B, C에 들어 있는 빨간 공과 파란 공의 수를 구하고, 각 주머니에서 공 한 개를 꺼낼 때 파란 공이 나올 확률 말하기
	  - 파란 공이 절대로 나오지 않는 주머니를 말하고 그 확률이 0임을 이해하기
	  - 파란 공만 나오는 주머니를 말하고 그 확률이 1임을 이해하기
	  - 주머니에 들어 있는 공의 수를 바꾸고 빨간 공이 나올 확률이 p일 때, 파란 공이 나올 확률은 1-p임을 이해하기
		확률의 성질 이해
		(형성평가(퀴즈))
		
		피드백

그림 3-7 과정중심평가를 위한 평가내용 선정

출처: https://www.kice.re.kr/upload/brochureBoard/7/2021/05/1622172859904_56140745401157226.pdf

학교급	중학교	학년	2학년
교과(과목)	수학	교육과정 내용 영역	확률과 통계
단원명	확률과 그 기본 성질		
성취기준	[9수05-05] 확률의 개념과 그 기본 성질을 이해하고, 확률을 구할 수 있다.		
교과 역량	☑ 문제 해결　☑ 추론　☑ 의사소통　☐ 창의·융합 ☐ 정보 처리　☐ 태도 및 실천		
평가방법	☑ 서술·논술　☐ 구술·발표　☑ 토의·토론　☐ 프로젝트　☑ 실험·실습 ☐ 포트폴리오　☐ 기타　☐ 자기평가　☑ 동료평가　☐ 관찰평가		
과정 중심 평가의 방향 (의도)	• 동전과 주사위를 던지는 실험을 통해 구한 상대도수는 던지는 횟수가 많아질수록, 동전과 주사위를 던져 나오는 경우의 수의 비율에 가까워진다는 것을 유추할 수 있게 한다. • 이를 바탕으로 사건이 일어나는 경우의 수를 이용하여 확률을 구하고 그 성질을 이해하게 한 후, 일상생활에서 접할 수 있는 상황을 확률의 관점에서 해석하고 확률을 의사결정의 도구로 활용해 보게 함으로써 수학의 유용성을 경험하게 한다.		

그림 3-8　과정중심평가를 위한 평가방법

출처: https://www.kice.re.kr/upload/brochureBoard/7/2021/05/1622172859904_56140745401157226.pdf

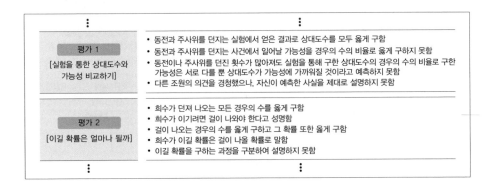

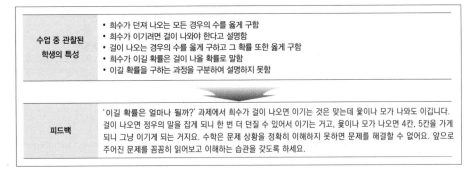

그림 3-9　과정중심평가를 위한 과정기록 및 피드백

출처: https://www.kice.re.kr/upload/brochureBoard/7/2021/05/1622172859904_56140745401157226.pdf

**핵심단어
정리하기**

원진단평가

형성평가

총괄(합)평가

과정중심평가

규준참조(지향)평가

준거참조(지향)평가

준거설정

선발적교육관

발달적교육관

능력참조평가

성장참조평가

연습 문제

 평가유형에 대한 교사들 간의 대화이다. 각 교사의 평가유형에 대한 설명으로 가장 적절하지 <u>않은</u> 것은?

> **김 교사:** 저는 학습 전에 전 학년도 생활기록부를 토대로 학생들의 수준과 특성을 확인합니다.
>
> **이 교사:** 저는 학습 중에 퀴즈를 통해 학생들의 학습목표 달성 정도를 점검합니다.
>
> **최 교사:** 저는 학습이 끝난 후에 중간고사를 통해 학생들의 학업 성취도를 확인합니다.

① 최 교사의 평가유형에서 상대평가와 절대평가 모두 사용 가능하다.
② 김 교사의 평가유형으로 학생들의 출발점 행동과 기능을 진단할 수 있다.
③ 이 교사의 평가유형에서 사용된 퀴즈는 높은 수준의 난이도 문항들로 이루어져야 한다.
④ 김 교사의 평가유형으로 학생들의 인지적 특성뿐만 아니라 정의적 특성까지도 확인할 수 있다.

 다음은 김 교사와 이 교사의 평가 관련 행동을 기술한 것이다. 이들의 행동을 가장 잘 설명해주는 교육평가 유형을 짝지은 것을 고르시오.

> **김 교사:** 수학 시험에서 원점수로 65점 미만에 해당하는 학생은 재시험을 치르도록 하였다.
>
> **이 교사:** 영어 시험에서 학기 초에 70점, 학기 말에 80점을 얻은 A학생보

다 학기 초에 60점, 학기 말에 85점을 얻은 B학생에게 더 긍정적인 평가를 하였다.

　　　김 교사　　　　이 교사
① 규준참조평가　능력지향평가
② 규준참조평가　성장지향평가
③ 준거참조평가　규준참조평가
④ 준거참조평가　성장지향평가

③ 평가의 기능에 따른 분류에 대한 개념을 잘못 이해한 학생은?

주은: 진단평가는 학습 전 학생들의 학습지식만 파악하면 돼
승도: 형성평가는 교수학습이 진행되고 있는 도중 피드백이 오고 가는데 이는 학생들뿐만 아니라 교수자에게도 큰 도움이 돼
주영: 형성평가는 상대평가나 절대평가로 이루어지고 최대 준거에 준하는 난이도로 구성하는 것이 좋아
주하: 총합평가는 고부담 시험으로 교사보다는 교육평가전문가가 제작한 검사도구가 더 바람직해

① 주은, 승도　② 주은, 주영　③ 승도, 주하　④ 승도, 주영

④ 다음과 같은 평가 방식은?(02 중등)

－ 수업 도중에 실시한다.
－ 학습 단위에 관련된 학생의 진보 상태를 교사와 학생에게 피드백한다.
－ 학습 단위의 구조에 따라 오류를 확인함으로써 교수 방법을 수정·보완하는 데 필요한 정보를 수집하기 위해서 실시한다.

① 총괄평가　② 형성평가　③ 사후평가　④ 진단평가

총합평가(summative evaluation)의 가장 주된 역할에 해당하는 것은?(91 중등)

① 교수-학습의 개선
② 학습곤란의 진단
③ 학습보조의 개별차
④ 점수의 판정

 다음에서 상대평가(규준지향평가)의 방법 대신 절대평가(준거지향평가)의 방법을 도입함으로서 개선될 수 있는 문제점만을 모두 고른 것은?(95 중등)

(가) 지나친 경쟁이 조장되어 상호협력학습이 이루어지기 힘들다.
(나) 수업목표의 성취 여부를 확인하기 어렵다.
(다) 학생들이 시험 위주로 공부를 한다.
(라) 정의적 특성이 평가의 영역에서 제외된다.

① (가) ② (가), (나) ③ (가), (나), (다) ④ (가), (나), (다), (라)

⑦ 준거지향평가의 특성을 가장 잘 설명하고 있는 것은?

① 개인차를 변별하는 데 기본 목적을 둔다.
② 개인 간 점수의 분산이 클수록 우수한 검사이다.
③ 학습자가 구체적으로 무엇을 알고 할 수 있는지에 관심이 있다.
④ 문항의 난이도는 쉬운 문항부터 어려운 문항까지 고르게 사용한다.

규준참조평가(norm-referenced evaluation)에 관한 진술로 가장 거리가 먼 것은?(06 중등)

① 규준이란 교과에서 설정한 학습목표이다.
② 학생 상호 간의 점수 경쟁을 조장할 수 있다.
③ 개인의 집단 내 상대적 위치에 대한 정보 파악이 용이하다.
④ '수·우·미·양·가'의 평어를 부여할 때는 미리 정해 놓은 각 등급의 배당 비율을 따른다.

 2016학년도 중등학교교사 교육학 논술형

다음은 A 중학교에 재직 중인 김 교사가 작성한 자기개발계획서의 일부이다. 김 교사의 자기개발계획서를 읽고 예비 교사 입장에서 '교사가 갖추어야 할 역량'이라는 주제로 교육과정 및 평가 유형, 학생의 정체성발달, 조직 활동에 대한 내용을 구성 요소로 하여 서론, 본론, 결론의 형식을 갖추어 논하시오. [20점]

〈자기개발계획서〉

개선 영역	개선 사항
수업 구성	• 학생의 경험을 중시하는 교육과정을 실행할 것 • 학생의 흥미, 요구, 능력을 토대로 한 활동을 증진할 것 • 학생이 관심을 가지는 수업 내용을 찾고, 그것을 조직하여 학생이 직접 경험하게 할 것 • 일방적 개념 전달 위주의 수업을 지양할 것
평가 계획	• 평가 시점에 따라 적절한 평가 방법을 마련할 것 • 진단평가 이후 교수·학습이 진행되는 중간에 평가를 실시할 것 • 총괄평가 실시 전 학생의 학습 진전 상황에 관한 정보를 수집·분석할 것
진로 지도	• 진로를 결정하지 못한 학생의 경우 성급한 진로 선택을 유보하게 할 것 • 학생에게 다양한 진로를 접할 수 있는 충분한 탐색 기회를 제공할 것 • 선배들의 진로 체험담을 들려줌으로써 간접 경험 기회를 제공할 것 • 롤모델의 성공 혹은 실패 사례를 제공할 것
학교 내 조직 활동	• 학교 내 공식 조직 안에서 소집단 형태로 운영되는 다양한 조직 활동을 파악할 것 • 학교 구성원들의 욕구 충족을 위한 자발적 모임에 적극 참여할 것 • 활기찬 학교생활을 위해 학습조직 외에도 나와 관심이 같은 동료 교사들과의 모임 활동에 참여할 것

<배 점>

○ 논술의 구성 요소 [총 15점]
 - '수업 구성'에 나타난 교육과정 유형의 장점 및 문제점 각각 2가지 [4점]
 - 김 교사가 실시하려는 평가 유형의 기능과 효과적인 시행 전략 각각 2가지 [4점]
 - 에릭슨(E. Erikson)의 정체성발달이론에 제시된 개념 1가지(2점)와 반두라(A. Bandura)의 사회인지학습이론에 제시된 개념 1가지(1점) [3점]
 - '학교 내 조직 활동'에 나타난 조직 형태가 학교 조직과 구성원에 미치는 순기능 및 역기능 각각 2가지 [4점]

○ 논술의 구성 및 표현 [총 5점]
 - 논술의 구성 요소와 '교사가 갖추어야 할 역량'과의 연계 및 논리적 형식 [3점]
 - 표현의 적절성 [2점]

논의해 보기

- 능력참조평가와 성장참조평가를 실제 학교 현장에서 적용하고자 할 때 교사로서 우선적으로 고려해야 될 부분과 본인의 전공에서 적용하기 위한 다양한 적용방안을 생각해봅시다.
- 과정중심평가를 적용할 경우 본인의 전공을 고려하여 평가내용을 작성해봅시다.
- 준거참조평가는 학교 현장에서 성취평가제로 논의되고 있습니다. 성취평가제가 아직 안착하지 못하는 근본적인 원인과 이를 해결하기 위한 다양한 해결책을 논의해봅시다.

? FAQ

규준지향평가와 준거지향평가를 비교할 때, 평가 대상에 대한 차이가 잘 이해되지 않습니다. 규준지향평가는 학생들의 서열을 자세하게 나누어야 하기 때문에 오히려 더 구체적인 영역으로 문항 수가 상대적으로 많아야 하지 않을까요? 규준지향평가가 더 포괄적이어야 하는데도 불구하고 준거지향평가의 경우 더 구체적이고 문항 수가 많아야 하는지 궁금합니다.

많은 학생들의 능력 수준이 일차원상(말하자면 x축)에서 0에서 100점까지 넓게 퍼져 있다고 생각해 볼 때, 상대평가는 이들의 서열을 정확하게 부여하는 데에 일차적 관심을 갖게 됩니다. 절대평가는 특정 준거점수 혹은 분할점수를 기준으로 학생들을 양분(물론 더 잘게 나눌 수도 있고요)하는 데에 관심이 있습니다. 다양한 수준의 능력을 구별해 주는 특정 목표나 기능이 각 점수 혹은 점수대마다 다양하게 존재한다고 보는 것입니다. 이럴 때, 문항 수가 제한되어 있다면(보통 고교에서의 중간고사 기말고사는 30-40개 혹은 수능이라고 해도 문항 수가 많아 보아야 대략 60개 정도니까요) 어떻게 될까요? 절대평가의 경우, 예를 들어 분할점수가 60점이라면, 이 점수에 해당하는 능력을 구분하는 목표나 기능에 집중하는 문항을 더 많이 배치할 수 있습니다. 상대평가는 그렇게 하기는 어렵지요. 만약 절대평가에서 달성/미달성과 같은 이분적 구분을 위한 것이 아니라 9등급 정도의 더 많은 구분을 원한다면 사실 이러한 차이는 그리 극명하게 나타나지 않고 상대평가처럼 '각 능력대에 따른 특정 목표나 기능을 측정하기 위한 문항'을 많이 배치하기는 어려워질 것입니다.

규준지향평가에서 교육신념(개인차) 구분에서 개인차를 인정하고 개인차를 극대화한다고 했는데, 왜 상대평가가 개인차를 극대화한다는 것인지 이해가 가지 않아요. 중간 수준의 난이도인 문항을 만드는데 개인 차가 오히려 극대화되는 이유가 무엇인가요?

상대평가를 한다는 것은 학생들을 1등부터 꼴등까지 줄 세우는 것이 중요하겠지요. 모두 같은 점수를 받는다면 상대적 비교를 통한 평가를 할 수 없으니까요. 중간 수준 난이도 문항이 좋은 이유는, 다음처럼 극단적으로 생각해 보시면 됩니다. 만약 매우 어려운 문항만 한 검사에 사용된다면 어떻게 될까요? 모든 학생이 0점을 받을 겁니다. 그러면 줄 세우기가 불가능하겠지요. 너무 쉬운 문항만 사용해도 모두 만점을 받아서 줄을 세우기 어렵습니다. 따라서 중간 수준 문항이 많이 사용되어야 줄 세우기(개인차 나타내기)가 용이합니다.

학습을 시작하고 나서 중간까지 배운 내용으로 시험을 본다고 하면, 중간고사는 형성평가에 해당하나요? 중간까지의 학습이 끝난 다음에 교육목표를 달성했는지 확인하는 것이므로 총합평가가 될 수 있는 것인가요? 아니면, 중간고사는 형성평가나 총합평가로 나눠지지 않는지 궁금합니다.

어떤 특정한 시험이 진단평가, 형성평가, 총합평가인지는 그 시험 자체로 결정되는 것이 아니고 어떻게 사용되는가에 달려 있습니다. 또한 한 시험이 이 세 가지 종류의 평가 한 가지에만 속해야 하는 것도 아닙니다. 흔히 중고등학교에서 보는 중간고사의 경우, 학기 중간까지 배운 내용을 총합적으로 평가하는 총합평가의 의미가 강하지요. 하지만, 중간고사 결과를 가지고 각 학생들이 부족한 점에 대해서 피드백하고 교사가 자신의 수업방법에 변화를 주기 위한 자료로 활용한다면 형성평가 용도로 활용하고 있다고 볼 수 있습니다.

'규준'에 대한 질문입니다. 규준이란 상대적 위치 파악을 위한 도구이며, 정규분포를 가정하면 평균과 표준편차가, 가정하지 않는다면 다른 모든 학생들의 점수가 규준이 될 수 있다고 들었습니다. 실제로는 학생들의 성적이 정규분포를 따르지 않기 때문에, 다른 모든 학생들의 점수가 규준이 될 것입니다. 그러나 제 경험에 따르면, 중고등학교 시절 시험 성적이 나오는 날에 항상 부모님께서 '평균 점수는 몇 점인데?'라고 물어보셨습니다. 만약 제 점수가 평균보다 높다면 잘했다고 칭찬해주셨고, 평균보다 낮다면 공부를 더 열심히 하라고 야단치셨습니다. 이렇듯, 정규분포를 가정하지 않아도 평균이 규준이 될 수 있다고 생각하는데, 아닌가요?

강의에서 말하는 '규준을 통하여 상대적 위치를 파악한다'는 의미는 백분위(나보다 못한 사람은 몇 % 혹은 반대로 나는 상위 몇 %)를 확인한다는 의미입니다. 질문한 학생의 부모님처럼 평균보다 높은지 낮은지를 확인하는 것으로 한 사람을 평가하는 용도로 쓸 수 있지만 이 경우 규준이라는 말을 쓰지는 않습니다. 평균 이상과 이하의 비율이 얼마나 될지는 우리가 알 수 없기 때문입니다. 오히려 학생의 부모님은 평균을 준거로 활용하고 계시다고 이해할 수 있을 듯합니다. 말하자면 평균보다 높은 점수를 받은 사람이 몇 %인지에 상관없이 그냥 평균보다 높은 점수이면 '충분히 잘했다'라고 보는 것이니까요.

기말고사의 경우 총합평가의 예로 언급되고 있는데요, 교육 프로그램의 단위에 따라 전, 중간, 후를 나누는 것이기 때문에 중간고사는 총합평가에 해당되는 것인가요 아니면 형성평가로 봐도 되는 것인지요?

중간고사는 기본적으로 1/2학기에 해당하는 내용에 대한 총괄평가라고 보면 됩니다. 이는 형성평가의 개념을 개별 시험(쪽지시험은 형성, 내신고사는 총합) 위주로 나누어 이해할 때 그렇습니다. 하지만, 학자에 따라서 시험의 기능에 따라서 형성 및 총합으로 나누기도 하고요, 이렇게 형성평가나 총합평가를 기능 위주로 이해하려는 움직임이 점점 커지고 있습니다. 이러한 의견에 따르면, 중간고사든 기말고사든 학생들에게 장단점 피드백 제공 및 다음 학습과 교수를 위한 정보를 제공하면 형성평가라고 보기도 합니다. 마찬가지 논리로, 수업 중 실시되는 쪽지시험도 해당 수업을 제대로 들었는지 평가하여 내신에 반영하는 목적이라면 총합평가로 보기도 합니다.

? 형성평가의 경우, 너무 어렵지 않은 질문을 내는 것이 좋으며 학습을 제대로 했는지 확인하는 문제를 내면 학습동기가 유발된다고 들었습니다. 그런데 이 부분이 이해가 잘되지 않습니다. 그리고 이러한 학습동기와 관련하여 강화제로서의 칭찬 및 격려도 어떻게 이해하면 좋을지 설명해주시면 감사하겠습니다.

형성평가의 목적이 방금 배운 내용을 잘 이해하고 다음 단계로 가는 데에 도움을 주는 데에 있기 때문에 지나치게 어려운 문항을 사용하기보다는 준거 이상의 실력을 갖추었는지를 확인하는 정도의 난이도를 갖춘 문항 사용이 바람직합니다. 이렇게 최소능력자(MCP)에게 적정 수준의 난이도를 갖춘 문항을 사용함으로써 이를 통과한 학생은 자신감 있게 다음 교육과정으로 갈 수 있도록 하고 그렇지 못한 학생은 복습의 기회를 갖고 다시 통과하도록 북돋워야 할 것입니다. 칭찬은 고래도 춤추게 한다는 말이 있듯이, 통과하는 학생에게 칭찬과 격려를 아끼지 말아야겠죠! 그런데, 원칙적으로 그렇다는 것이지 무조건 기계적으로 중간 수준 난이도만 사용해야 한다고 볼 필요는 없습니다. 때로는 쉬운 문항 사용을 통해 무기력에 빠진 학생의 자신감을 키워주거나 자만에 빠진 학생에게 어려운 문항을 사용해서 다시 공부에 전념하도록 유도하는 것도 필요합니다. 그래서, 교사가 교육전문가 혹은 학생을 상대하는 예술가가 되어야 한다고 하지요.

4장

인지적 · 정의적 영역의 평가

4장

인지적·정의적 영역의 평가

 학습목표

✓ 검사의 측정 내용에 따라 영역을 구분하여 적용할 수 있다.
✓ 인지적 영역의 특징에 대해 이해하고 설명할 수 있다.
✓ 정의적 영역 평가의 중요성에 대해 이해하고 그 종류를 적용할 수 있다.

1 인지적 영역의 평가

인지적 영역은 개인의 지적 능력, 정신적 사고의 과정을 나타내는 인간의 속성을 뜻한다. 인간의 능력과 성취와 관련되며 인지적 영역에는 지식, 이해력, 적용력, 분석력, 종합력, 문제해결력, 논리적 사고력, 비판적 사고력, 창의력, 평가능력 등과 같이 하위정신기능부터 고등정신기능까지 정신능력에 해당하는 모든 지적 행동특성을 포함한다(한국교육평가센터, 2008). 대표적인 인지적 영역은 지능, 학업성취도, 적성, 창의성이 포함된다.

1) 지능

지능이론에서 Binet는 지능을 잘 판단하고 이해하며 추리할 수 있는 능력이라고 정의하였다. 이는 지능에 대한 이론적 논의를 촉진시키는 역할을 하였다. Spearman은 지능을 일반요인인 g요인과 특수요인인 s요인으로 이루어진다고 제안하였다. g요인은 모든 종류의 인지적 과제를 해결하는 데 필수적으로 관여하는 요인이고, s요인은 특정 과제에 있어서 문제를 해결할 때 적용되는 특수요인을 의미한다. g요인은 일반적인 문제를 해결하는 능력을 의미하지만 특수요인인 s요인은 특정 과제를 해결하는 데만 적용되기 때문에 적용가능성이 낮은 능력으로 중시되지 않는다. 결론적으로 Spearman에 의하면 지능은 일반요인인 g요인으로 구성되는 단일능력을 의미한다. Wechsler는 목적을 향해 행동하며 합리적으로 사고하고 환경을 효과적으로 다루는 개인의 집합적 능력을 지능이라고 정의하며 지능의 실체는 다양해서 단일요인으로 해석하기 불가능하다고 하였다. 이에 더불어 Thurstone은 지능을 다요인으로 규정짓고 7가지의 요인으로 구분하였다. 이는 7개의 정신능력(Primary Mental Ability)을 의미하며 〈표 4-1〉과 같다.

 표 4-1 Thurstone의 7가지 정신능력

요인	내용
언어요인	어휘검사를 통해 측정될 수 있는 요인으로 언어를 이해하고 사용할 줄 아는 능력으로 어휘와 문장이해 능력이 해당된다.
수요인	수학적 문제해결검사로 측정되는 요인으로 수를 사용하여 문제를 해결하는 능력으로 수학적 이해 및 계산 능력이다.
공간요인	기하학적 형태의 지적조작 능력이 해당되며 사물의 그림 위치 바꿈 등의 과제로 측정할 수 있고, 기하학적 사물을 조작하는 능력이다.
지각요인	그림 속의 작은 차이점들을 인식하는 과제 등으로 측정되며 인지속독, 외적으로 주어진 환경을 지각하여 해결하는 능력이다.
기억요인	회상검사로 측정될 수 있으며 대상물을 기억하여 오래 정보를 저장할 수 있는 능력으로 글, 단어, 숫자, 상징 등을 기억하는 요인이다.
추리요인	추론, 유추능력, 비유, 수열 완성과제 등의 검사로 측정되며 미해결된 구조를 추리하는 능력이다.
언어유창성요인	시간제한검사로 측정되며 어휘의 표현능력으로 언어를 빠르게 만들어 내거나 짧은 시간에 하나의 철자로 시작하는 단어를 생각하는 능력으로 어휘와 문장을 적절히 사용하고 표현하는 능력이다.

Guilford는 Thurstone의 7가지 정신능력을 확장하여 지능구조이론을 제안하였다. 전통적인 지능이론들은 일차원적 관점에서 지능을 확인하여 본질을 정확

하게 이해하기 어렵다고 보고 지능을 다차원적인 관점에서 설명하고자 하였다. 인간의 지능을 인지적 조작, 내용영역, 산출을 축으로 하는 세 가지 차원으로 구분 짓고 인지과제를 수행하는 것은 산출물을 얻기 위한 어떠한 내용에 대한 인지적 조작이라고 하였다. [그림 4-1]에서 볼 수 있듯이 세 가지 차원 아래 하위범주들이 존재하는데, 하위범주들은 상호 독립적인 것으로 정의되며 각 차원을 모두 곱하여 180개의 다른 정신능력이 만들어진다.

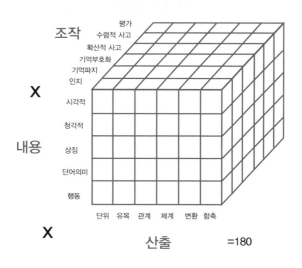

그림 4-1 Guilford 지능구조 모형

출처: https://m.blog.naver.com/PostView.naver?isHttpsRedirect=true&blogId=hanhw22&logNo=221256032226

Gardner는 지능이 높은 경우 모든 영역에서 우수하다고 간주되는 기존의 지능이론을 비판하고 지능을 가치 있는 문제를 해결하거나 산물을 만들어 내는 능력이라고 정의하였다. 수학, 언어와 같은 특정 분야를 지능의 주요한 개념으로 보고 다양한 지능의 영역은 상호 독립적이어서 한 분야에서 뛰어나더라도 그것이 반드시 다른 모든 영역에서도 적용되는 것은 아니라고 보았으며 지능은 어떠한 환경에서 자라고 생활하는지에 따라서도 발전하는 영역이 달라질 수 있다고 하였다(변희진, 2021).

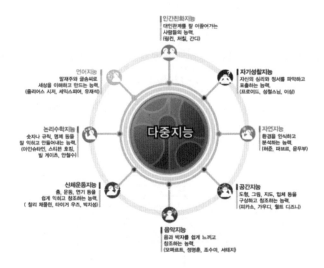

그림 4-2 Gardner 다중지능이론

출처: https://multiiq.com/miq/info.php?info=4

Sternberg는 지능을 인지과정을 중심으로 이해한 학자이다. 지능이란 삶에 적합한 환경을 의도적으로 선택하고 조성하며 환경에 적응하는 능력을 의미한다. Sternberg는 분석능력, 창의능력, 실제적 능력의 세 개의 하위요인이 서로 관련을 맺고 있다고 보았으며 이를 '삼원지능이론'이라고 정의하였다.

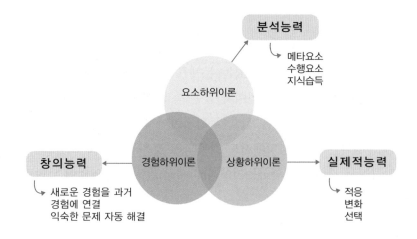

그림 4-3 삼원지능이론

이러한 지능요인을 측정하는 지능검사는 Wechsler 검사와 Binet 검사가 대표적이다. 지능검사는 개별과 단체로 실시할 수 있으며, 개별검사는 검사자와 피검사자가 일대일로 실시하며 피검사자의 능력을 세밀하게 파악할 수 있고 결과가 정확해 특수 학급 등에 배정될 학생을 판별하는 중요한 자료로 사용되기도 한다. 단체검사는 시간을 절약할 수 있다는 장점이 있으며 일반적인 학급에서 단체로 실시되는 경우에 해당한다.

2) 학업성취도

학업성취도는 학업의 결과뿐만 아니라 결과가 산출되기까지의 지식 습득의 일련의 과정과 그 과정 안에서 발생하는 다양한 상호작용 형태를 의미한다. 교과목 성적만이 아닌 학습자가 가진 특성, 학습과제의 종류와 성질, 교사가 행하는 수업방법 간에 일어나는 상호작용의 소산을 의미한다(김춘경 외, 2016). 학생들의 학업능력 정도를 판단하는 자료로 활용되는 학업성취도는 진학 및 취업 등을 결정하는 요인이 된다. 정범모(1969)는 환경요인, 수업요인, 학습자 요인으로 학업성취요인을 범주화하였다. 환경요인은 교육풍토, 문화·가정 환경, 학급의 사회적 환경요인을, 수업요인으로는 수업 체제, 평가 체제, 학습집단 구성, 교사의 행동으로 구성하였다. 마지막으로 학습자 요인은 선행학습 및 학습 능력, 정의적 특성, 학습 방법의 세 가지 요인으로 정의하였다(이지민, 2008; 재인용).

학업성취도를 객관적으로 확인하기 위해서는 교육의 성과와 측정지표 두 가지 개념으로 범주화할 수 있는데 이를 위해서는 교육의 성과가 있어야 하며, 측정지표로서 제시될 수 있어야 한다. 교육의 성과를 확인하기 위해서는 교육을 받으면서 얻게 되는 지적인 요소와 가치관과 태도 등 교육목표 달성을 위한 교육적 성과를 의미한다. 또한 학교 교육을 통해 습득한 학습 결과와 교육목표 도달 정도를 객관적으로 측정 및 평가한 것이라고 정의할 수 있다(추소영, 2021). 학교단위에서 실시하는 학업성취도 검사는 중간고사와 기말고사가 있고, 국가수준에서 실시되는 대표적인 학업성취도 검사는 국가수준 학업성취도평가가 있다. 해당 검사는 국가에서 학생들이 배운 내용의 이해 정도를 파악하기 위해 실시되는 검사로 학업성취수준을 파악하여 보정 교육으로 연결하기 위한 목적이

있다. 대상은 중학교 3학년, 고등학교 2학년이며, 준거참조평가인 교과별 성취
수준(4수준~1수준)을 제공하고 있다.

국어	
우수학력	- 담화를 듣고 말하는 이의 말하기 특성과 효과 및 내용의 통일성을 평가할 수 있다. - 글을 읽고, 글의 구조와 표현의 적절성 및 주장의 합리성과 타당성을 평가할 수 있다. - 글쓰기 상황(특히 주제나 화제, 예상 독자)에 적합한 어휘와 표현을 선택하여 글을 쓸 수 있다. - 표준 발음법의 원리를 이해한다. - 문학 작품에서 사회적, 문화적, 역사적 상황을 살펴보고 그 시대의 가치관을 비판적으로 적용할 수 있다.
보통학력	- 담화를 듣고 말하는 이의 목적과 의도를 추론할 수 있다. - 독서의 목적, 독서의 과제, 독서의 상황 등을 연결하여 의미를 재구성할 수 있다. - 글 쓰는 목적에 맞게 정보를 수집, 분석, 재구성하여 글을 쓸 수 있다. - 문법적 기능에 따라 단어를 구분할 수 있고, 문장의 호응 관계를 이해하여 적절히 활용할 수 있다. - 문학 작품 속에 드러난 갈등의 해결 과정과 인물의 심리 상태와의 관계를 파악할 수 있다.
기초학력	- 동일한 화제에 대한 여러 사람의 말을 듣고, 내용을 종합할 수 있다. - 복수의 문장을 연결할 수 있는 다양한 방법을 알고 이를 적절히 활용할 수 있다.
기초학력미달	- 내용을 정확하게 이해하는 능력, 자신의 생각을 문장으로 표현하는 능력을 신장시키기 위한 노력이 필요하다. - 작품의 주제 및 표현 효과를 파악하는 능력, 국어를 이해하고 적절히 활용하는 능력을 신장시키기 위한 노력이 필요하다.

영역	목표도달도(%)	내용
듣기	0 ▮▮▮▮▮▮▮▮ 100	사실적 듣기, 추론적 듣기, 비판적-감상적 듣기
읽기	0 ▮▮▮▮▮▮▮▮ 100	내용 확인, 추론, 평가와 검사
쓰기	0 ▮▮▮▮▮▮▮▮ 100	내용 생성, 내용 조직, 표현
문법	0 ▮▮▮▮▮▮▮▮ 100	언어 지식, 언어 활용, 언어 탐구
문학	0 ▮▮▮▮▮▮▮▮ 100	문학 지식, 문학의 수용, 문학의 생각, 문학의 생활화

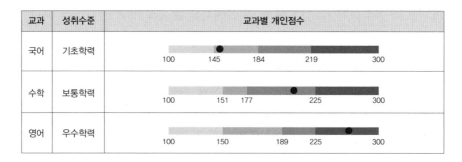

그림 4-4 국가수준 학업성취도 평가 검사 결과 예시

출처: 한국교육과정평가원, 2022년 11월 1일 접속
http://naea.kice.re.kr/assets/achievement-focus/achievement-focus-first.pdf

3) 적성

적성은 어떤 직무에 적합한 성격이나 적응 능력 등을 의미하는 것으로 개인의 지적능력이 구체적인 일과 연관성을 가질 때 적성이라고 표현될 수 있다. 일반적으로 어떤 특정 활동이나 작업을 수행할 때 필요한 능력에 대한 것을 의미하는데 특수한 지식이나 기술의 숙달과 개인의 장래 성공가능성을 알려주는 개인의 잠재능력이라 할 수 있다.

적성을 평가하는 검사는 다양한데 해당 분야에서 개인의 성공가능성을 예언하는 특징으로 사용된다. 조금 더 구체화하면 적성검사는 검사 방법에 따라 일반적성검사와 특수적성검사로 구분할 수 있고, 검사 목적에 따라서는 진학적성검사와 직업적성검사로 나뉜다. 검사 방법에 따른 분류인 일반적성검사는 개인의 특수능력을 전반적으로 포괄하여 하나의 단일특성에 대한 적성 여부를 판단한다. 특수적성검사는 특정한 직업분야에서 필요로 하는 여러 가지 특성의 종합적인 적성 여부를 판단하는 것이 목적이다. 검사 목적에 따른 분류인 진학적성검사는 대학 진학 시에 다양한 전공분야에서 학업의 성취 정도나 성공 여부를 판단하는 것이 주된 목적이

> ※ ***교직적성***이란 유아교사로서 교사직을 수행하기 위해 적합한 능력을 가지고 성공적이며, 유능하게 그 역할을 수행해 나갈 수 있는 능력이 갖춰져 있다는 것을 의미합니다.

문항 번호	문 항 내 용	전혀 그렇지 않다	그렇지 않다	보통 이다	약간 그렇다	매우 그렇다
1	평소에 긍정적으로 생각하는 편입니까?					
2	힘든 일이 있어도, 내일이 되면 잊어버리는 편입니까?					
3	다른 사람들의 교육, 건강, 또는 복지를 개선하는 직업이 가치 있다고 생각합니까?					
4	감정 기복이 심하지 않고 마음의 안정을 잘 유지하는 편입니까?					
5	다방면의 지식이 있어 유아의 교육에 도움을 줄 수 있다고 생각합니까?					

그림 4-5 교직적성검사 예시

출처: 예비유아교사의 인성과 교직적성이 교사효능감에 미치는 영향(황경선, 2018).

다. 직업적성검사는 해당 관련 직업분야에서의 적합성 및 성공 여부를 파악하고자
한다. 개인이 해당 직무에 알맞은 자질이나 능력을 지니고 있는지를 조사하는 내용
으로 구성된다. 적성검사에 포함되는 내용들은 체력 검사, 감각 · 지각, 동작능력,
성격 · 흥미 등이다. 이를 토대로 측정된 결과는 적합한 교육을 위한 안내를 제공하
며, 진로상담을 위한 객관적인 정보 제공과 동기 부여에 활용될 수 있다.

4) 창의성

창의성은 새롭고 유용하면서 적절한 가치가 있는 산물을 생산해 내는 능력
을 의미한다. 다양한 관점에서 새로운 가능성이나 아이디어를 생성해 내는 능

활동	도형	0 (5% 이상)			1 (2–4.99%)		
도형1	⌒	새 구름	책 얼굴(일부)	엉덩이	하트모양 식빵 과일	분수 수염	파도 안경
도형2	Y	새총	닭(새)발	나무	사람 부채살	피뢰침 지게	
도형3	((	바나나 얼굴(일부)	물고기 신체(일부)	움직임	강물 달(반달)	도로 바람	미끄럼틀 와이파이
도형4	∿	바람 콧수염	달팽이	머리(일부)	지팡이 코끼리 사람손	올챙이 꼬리 무한대표시	뱀 파도 구름
도형5	∨	얼굴 돛단배	팽이 그릇	과일	하트 입	웅덩이 꽃(꽃다발)	
도형6	⌇	번개 계단	사람	얼굴	나무(트리)	넥타이 상의	의자 꽃다발
도형7	⌣	자동차 열쇠	아령 갈고리	동물머리 국자, 수저	컨트롤러 망치 물음표	버섯 구덩이	안경 얼굴
도형8	⟩	방패 사람	나무	옷	플라스크 얼굴	동물머리	
도형9	M	산 물고기	얼굴(일부)	동물머리	파도 모자	왕관 알파벳	
도형10	⅃	새부리 집	얼굴 사람	나무 구두	펭귄 숫자	우산 화살표	상의 오징어

그림 4-6 TTCT 도형 독창성 채점기준

출처: TTCT 도형A 검사 독창성 항목의 채점기준에 대한 비판적 논의(김수진, 2014).

력이라고 할 수 있다. Guilford의 창의적 사고의 구성 요인은 민감성(sensitivity), 유창성(fluency), 융통성(flexibility), 독창성(originality), 정교성(elaboration)으로 구분할 수 있는데 민감성은 일상적인 상황, 사물을 자세히 관찰하고 작은 변화에도 호기심을 갖고 적극적으로 탐색하고 반응하는 능력이다. 유창성은 가능한 많은 양의 아이디어를 산출해 낼 수 있는 능력을 의미한다. 융통성은 고정적인 사고를 변화시켜 다양한 해결책을 찾아내는 능력, 독창성은 기존의 것에서 탈피하여 참신하고 독특한 아이디어를 산출해 내는 능력이고, 마지막으로 정교성은 기존의 아이디어를 보다 세밀하고 구체화시키는 능력이다.

창의성을 객관적으로 측정하는 방법은 TTCT 검사가 있다. TTCT 검사는 Torrance가 제작한 Minnesota 창의적 사고력 검사를 1966년 일부 수정하여 재제작한 검사로 언어검사와 도형검사 2가지로 구성되어 있다. 실제 적용 예시는 [그림 4-6]과 같다.

2   정의적 영역의 평가

정의적 영역은 정서, 흥미, 태도, 성격 등과 같이 인간의 정서와 감정과 관련이 있다. 인간이 지니고 있는 전형적인 감정이나 정서의 표현 방식을 나타내는 특성을 의미하며 정의적 특성으로 분류되기 위해서는 다음과 같은 조건을 포함한다(Anderson, 2000).

첫째, 행동이나 사고가 감정이나 정서를 내포하고 있어야 한다.

둘째, 행동이나 사고가 전형적[1]이어야 한다.

셋째, 정의적 특성은 어느 정도의 강도를 가지고 있다.

넷째, 정의적 특성은 긍정적 혹은 부정적이라는 방향성을 가지고 있다.

다섯째, 정의적 특성은 감정이 향하는 대상이 있다.

정의적 영역은 어떠한 과제를 수행하거나 목표를 성취하고자 할 때 추진력의 역할을 해주는 심리적 요인으로 작용하기 때문에 정의적 영역을 확인하

---

1   변화하는 감정 속에서도 일정하게 지속되는 경향성

고 이를 극대화시켜 주기 위한 노력을 하는 것은 매우 중요하다. 지난 20여 년 동안 국제 학업성취도 평가인 TIMSS(Trends in International Mathematics and Science Study) 결과에 의하면 우리나라 학생들의 수학 및 과학 성취도는 최상위권인 반면, 자신감, 흥미, 가치인식과 같은 교과에 대한 정의적 태도는 최하위권에 머물고 있다. 정의적 태도는 인지적 성취와 더불어 정의적 성취의 조화로운 발달은 학교 교육에서 지속적으로 강조해 온 목표로, 학생들의 정의적 태도를 함양할 수 있는 실천적인 교육방안이 요구되는 추세이다(서민희 외, 2021). 그러나 정의적 영역을 평가하는 것에는 몇 가지 문제점이 제기되는데, 피검사자가 검사자의 의도와 취지를 파악하여 응답 내용을 꾸미거나 본인의 솔직한 생각보다는 사회적으로 바람직하다고 생각되는 반응을 하는 등의 문제가 발생하면 진실된 응답을 얻기 어렵다는 것이다.

따라서 정의적 태도에 대해서 보다 객관적으로 측정하기 위해서는 다양한 검사 도구가 필요하다. Gable과 Wolf(2012)에 의하면 정의적 영역을 적절하게 측정하기 위해서는 첫 번째, 정의적 영역의 개념적 정의가 필요하다. 정의적 영역은 강도, 방향, 표적을 가지고 있는데 강도는 정의적 영역의 강함과 약한 정도를, 방향은 정의적 영역의 긍정적 또는 중립적, 부정적 측면을 의미한다. 표적은 정의적 영역의 대상이 해당된다. 다음 단계에서는 정의적 영역의 조작적 정의가 필요한데, 측정하고자 하는 정의적 영역에 대하여 이론적으로 검토하여 개념적 정의를 내린 후 그 속성이나 행동을 구체적으로 밝혀내는 단계에 해당한다.

1) 정의적 영역의 예

정의적 영역을 측정하는 검사는 측정하고자 하는 내용에 따라 다양하게 구분된다. 정의적 영역 중 주요하게 다뤄지는 속성은 흥미, 태도, 자아개념, 성격 등이 있다. 해당 영역을 간략히 살펴보고자 한다.

절차	활동	표적	주요 범위	형용사 또는 부사	동사
1	학교 교과에 대한 태도의 영역 설정	대상은 "교과"	일반적 흥미 유용성 적절성	표적, 주요 범주에 비춘 태도의 긍정적·부정적 형용사 또는 부사의 선정	표적, 주요 범위, 형용사 또는 부사와 연관되는 동사의 선정
2	형용사, 부사, 동사 영역의 적절한 예시 목록 작성			재미있는, 정말로, 별로, 흥미로운 즐거운, 싫증나는, 즐거운, 가치 있는, 유익한, 적절한, 좋은, …	있다, 없다, 좋아한다, 싫어한다, 느낀다, 매혹한다, 공부한다, 향상한다, 돕는다, …
3	각 영역별로 한 가지씩 선정	교과	일반적 흥미	재미있는	있다
4	(문항) 진술문 초안 작성	그 교과는 재미있다.			
5	다른 형용사, 부사, 동사를 사용하여 새로운 진술문 작성	그 교과는 재미없다. 나는 그 교과에 흥미를 못 느낀다. 나는 그 교과를 즐겁게 공부한다. 그 교과는 나를 정말로 매혹시킨다.			
6	영역에 따라 다른 예를 선정	교과	유용성	적절한	향상한다
7	(문항) 진술문 초안 작성	그 교과는 나의 사고력을 적절하게 향상시킨다.			
8	다른 형용사, 부사, 동사를 사용하여 새로운 진술문 작성	그 교과는 모든 수강생에게 유익하다. 그 교과는 나에게 매우 가치 있다. 그 교과는 나에게 별로 도움이 안 된다. 그 교과는 나에게 별로 유익한 게 없다.			

그림 4-7 학교교과에 대한 태도의 조작적 정의 절차

출처: 정의적 특성 측정을 위한 도구 개발의 과제(김상호, 1998).

(1) 흥미

흥미는 특정한 대상에 관심을 갖고 주의를 기울이는 것을 의미한다. Hidi(2006)는 흥미를 개인이 관심 있는 대상 및 사물과 상호작용하는 동안 주의, 집중, 개입, 정서가 증가되는 독특한 동기적 변인 및 심리적인 상태로 정의하였다. 어떤 활동에 관심과 주의를 갖고 열중하여 그것에 대해서 심리적 보상을 받게 되며, 결과적으로 그런 활동은 개인에게 강력한 유인성을 가지게 된다(임창재, 2005). Bloom(1976)은 학습을 잘하기 위해서는 새로운 학습과제에 대하여 흥미를 가져야

하며 그것을 학습해 내고자 하는 의욕과 어려움을 극복하겠다는 자신감이 있어야한다고 하였다. 흥미를 측정하는 검사는 직업흥미검사를 예로 들 수 있는데, 대표적으로 알려진 검사는 Strong 흥미검사와 Kuder 흥미검사가 있다. Strong의 흥미검사는 개인의 직업흥미에 따라 각자에게 적합한 진로가 무엇인가를 알려주기 위해개발된 검사로, 특정 직업활동에 종사하는 사람들은 공통적인 흥미 패턴을 가지고 있으며 이 정보를 사람들의 능력 및 직업에 대한 정보와 함께 사용하여 진로계획수립에 도움을 주고 흥미패턴을 기술하도록 한다. 총 3가지 척도, 일반직업분류, 기본흥미척도, 개인특성척도로 구성되어 있고 제시된 문항에 대해 개인의 흥미 여부, 즉 좋다, 싫다, 관심 없다로 응답하여 실시된다. Kuder 흥미검사는 개인은 여러 가지 활동 중 어떤 활동을 보다 더 좋아하며 같은 연령집단의 흥미와 비교해 볼 때 그의 흥미 수준은 어떠하다는 정보를 제공한다(교육문화연구소, 2019). Kuder 검사는 강제 선택법으로, 세 가지 활동을 한 단위로 제시하여 그 세 가지활동 중 가장 좋아하는 활동과 가장 싫어하는 활동을 선택해야 한다.

이 외에 널리 활용되고 있는 검사는 Holland 흥미검사로, 진로와 관련된 자신의 흥미, 능력, 가치관 등 다양한 생활영역을 확인하여 진로 탐색을 돕는다. 현재 존재하는 모든 직업의 특성과 그 일에 종사하는 사람들의 성격에 따라 6개의 유형으로 구분하여 결과에 맞는 전공학과와 직업을 제시해 준다.

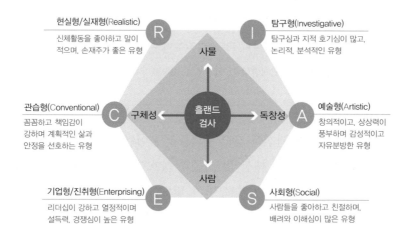

그림 4-8 Holland 흥미검사 6가지 유형

출처: https://www.maum-sopoong.or.kr/index.php?mid=infor_story&listStyle=gallery&document_srl=16204

(2) 태도

태도의 문제는 오랜 기간 동안 심리학적 관심의 주류를 이루고 있다(김상호, 1998). 태도는 행동과 밀접한 관련을 가져 좋은 학교 학습태도를 지닌 학습자는 학업에 대하여 원만한 적응을 하며, 학업성취도도 높을 것으로 예상된다(곽기상, 2018). Schofield(1981)는 교사가 학과목에 대해 좋은 태도를 갖고 있으면 학습자에게도 영향을 미쳐 그렇지 않은 경우보다 과목에 대한 학습자의 성적이 높게 나타난다고 하였다. 학교 학습태도라 함은 학교 학습에 대한 학습자의 심리적 반응 경향으로서, 비교적 지속적인 체제를 지닌 신념의 조직체로 학습을 통해 또는 학교생활 경험을 통해 형성되고 변화될 수 있는 심리적 상태로 이를 측정하기 위해 태도검사척도(KASSL)를 활용할 수 있다(곽기상, 2018).

(3) 자아개념

자아개념은 자신에 대해 갖고 있는 인식, 느낌, 태도를 의미하는데, 개인이 스스로에 대해 갖고 있는 전체적인 그림으로서 신체적 활동, 정신활동, 타인과의 상호작용 등에 대한 자신의 느낌을 모두 포함한다(Farber, 2000). 송인섭(1998)은 자아개념이 다양한 속성을 가진다고 하였는데 그 속성은 다음과 같다.

첫째, 자아개념은 다면적이며 위계적이다. 자아개념은 환경 내에서 경험을 통해 형성되고 환경적 강화와 중요 타인에 의해 영향을 받는다.

둘째, 자아개념은 영속적인 특성을 갖는다. 어떠한 자아개념은 형성되면 쉽게 변화하지 않으며 고차원적인 요인일수록 안정성이 있고 저차원의 특성일수록 안정성이 덜하다.

셋째, 자아개념은 발달적 측면에서 보면 분화적이다. 연령이 증가하고 경험이 누적되면서 점차 자아개념을 형성한다. 개인의 성숙에 따라 또는 접한 환경과 자신에 대한 지각이 증가되면서 구조화가 이루어진다.

넷째, 자아개념은 평가적인 성격을 가진다. 주어진 상황에서 어떤 기대나 중요한 타인의 기대에 따라 자신의 행동과 신체적 특성을 평가한다.

다섯째, 자아개념의 하위 다면적 특성들 간에는 독립적 의미를 갖는다.

Super(1990)는 긍정적인 자아개념의 형성이 개인의 직업 환경 지각을 용이하게 하고 진로의식 발달을 도우며, 진로의식 발달의 향상은 긍정적 자아개념을 가진 사람이 학업과 일에 있어 부정적인 자아개념을 가진 사람보다 우월하게 된다고 하였다(송인순, 2008에서 재인용).

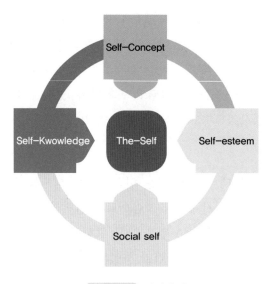

그림 4-9 자아개념

출처: https://ko.wikipedia.org/wiki/%EC%9E%90%EC%95%84%EA%B0%9C%EB%85%90

(4) 성격

성격이란 시간과 상황에 걸쳐 개인의 사고, 감정, 행동 양식에 영향을 미치는 심리적 특성으로 타고난 기질과 학습, 문화와 같은 다양한 환경과의 지속적인 상호작용에 영향을 받은 성격 특질이 발전한 특성이다(심예은 외, 2021). 성격은 개인과 타인을 구분해 주는 하나의 특성이며 개인이 그를 둘러싼 환경과 상호작용하는 방식에서 드러나며 개인의 성격적 특성은 비교적 안정적이고 예측이 가능하다. 널리 사용되는 성격검사는 성격5요인검사와 MBTI가 있다.

성격5요인검사는 성격 특성의 5가지 주요한 요소 혹은 차원을 의미하며, 신경성, 외향성, 우호성, 성실성, 개방성으로 이루어져있다. 신경성은 분노, 우울함, 불안감과 같은 불쾌한 정서를 느끼는 성향을 의미하고 외향성은 다른 사람과의 사교를 추구하는 성향, 우호성은 타인에게 반항적이지 않으며 협조적인 태도를 보이는 성향, 성실성은 목표를 성취하기 위해 성실하게 노력하는 성향, 마지막으로 개방성은 상상력이나 호기심, 모험심 등으로 보수주의에 반대하는 성향이다.

그림 4-10 성격5요인

MBTI는 각자 선호하는 경향을 찾고 자신의 유형을 16가지 중에서 찾을 수 있다.

지표		설명
내향 (Introversion)	외향 (Extroversion)	선호하는 세계: 내면 세계 / 세상과 타인
직관 (iNtuition)	감각 (Sensing)	인식형태: 실제 너머로 인식 / 실제적인 인식
감정 (Feeling)	사고 (Thinking)	판단기준: 관계와 사람 위주 / 사실과 진실 위주
인식 (Perceiving)	판단 (Judging)	생활 양식: 즉흥적인 생활 / 계획적인 생활

그림 4-11 MBTI 지표

출처: https://ko.wikipedia.org/wiki/MBTI

그림 4-12 MBTI 유형

출처: http://news.bizwatch.co.kr/article/consumer/2020/05/08/0003

2) 정의적 영역 측정 방법

정의적 영역을 측정하는 방법은 다양한데, 질문지법(자기보고방법), 관찰법, 평정법, 의미분석법, 투사적 방법 등이 대표적인 정의적 영역을 측정하는 방법으로 활용된다.

(1) 질문지법

질문지법은 피험자에게 질문을 제시하고 그 질문에 스스로 응답하게 하는 자기보고방법이다. 질문지법은 구조적 질문지와 비구조적 질문지로 구분 지을 수 있는데, 구조적 질문지는 폐쇄형으로 먼저 선택지를 제시하고 제시된 항목에서 고르게 하는 것이고, 비구조적 질문지는 개방형으로 주어진 질문에 대해 자유롭게 반응하게 하는 방식이다.

질문지법의 구체적인 형식은 자유반응형, 찬반형, 선택형, 체크리스트, 순위형, 유목분류형 등이 있다. 자유반응형은 피험자의 응답 형태에 제한을 가하지 않고 표현하게 하는 방법이다. 찬반형은 주어진 질문에 대해 양자택일하여 응답하는 방법이다. 선택형은 가장 많이 사용하는 방식으로 한 문항에 주어진 선택지를 선택하도록 하는 방법이다. 체크리스트는 어떤 행동과 특성을 목록화하여 해당되는 곳에 표시하도록 하는 방법이다. 순위형은 등위형이라고도 하며 항목들을 일정한 기준에 따라서 최상위에서 최하위까지 순위를 매기도록 하는 것이다. 유목분류형은 같은 종류의 여러 문항을 일정한 표준 혹은 준거에 따라 몇 개의 유목으로 분류하는 것이다.

질문지법 유형

자유반응형	본인의 강점은 무엇입니까? ---
찬반형	수업 시간에 집중을 하는 편입니까? ①예 ②아니오
선택형	국어 성적을 향상하는 데 가장 도움을 주는 방법은 무엇입니까? ①예습 ②복습 ③문제 풀기 ④동영상학습 ⑤암기하기
체크리스트	유아들의 사회적인 행동을 알아보기 위한 것입니다. 질문내용을 보신 후 유아의 행동과 일치하는 진술문에 v표 하십시오(황해익, 2004). ①또래 친구들과 어울려 논다. ( ) ②자기 물건을 친구와 나누어 가질 줄 안다. ( ) ③남을 돕기 좋아한다. ( )
순위형	고민을 나누는 순서대로 나열하시오. ①부모님 ②교사 ③친구 ④형제 또는 자매 ⑤인터넷상 익명
유목분류형	삶을 살아가는 데 가장 중요하게 생각하는 것과 중요하지 않게 여기는 부분으로 항목을 구분하시오. ①경제적 능력 ②건강 ③가치관 ④인간관계 ⑤외모

질문지법은 비교적 간편하게 적용될 수 있으며 짧은 시간 내에 많은 피험자를 대상으로 정의적 특성을 파악할 수 있다. 반면 피험자 개인의 구체적인 의견을 듣기에는 어려우며, 응답에 있어서 불성실하거나 허위 응답이 있을 수 있다는 단점 또한 존재한다.

(2) 관찰법

관찰법은 피험자를 통제하지 않으며 일정한 시간에 걸쳐 피험자의 형태를 지켜보고 그 결과를 기록하는 방법이다. 관찰법은 피험자의 특성과 언어적 행동과 비언어적 행동 모두를 파악하여 자료를 수집한다. 관찰법은 비언어적 자료 등 자기보고를 하기 어려운 대상에게 적용할 때 유용하게 활용될 수 있으며, 피험자의 무의식적인 행동과 같이 스스로 정확히 인식하지 못하는 문제를 측정하는 것이 가능하다. 현상에 대한 관찰과 경험을 토대로 상황적 맥락을 이해하는 데 도움을 준다. 반면 단점으로는 현재 상태에 대한 관찰은 가능하나 그 이전의 사건이나 상황에 대해서는 파악하기 어려우며 피험자의 행동을 해석할 때 관찰자의 주관이 개입될 가능성이 있다. 이를 막기 위해서는 관찰자의 고도화된 전문성이 요구된다. 또한 수량화하기 어렵고 대상이 소규모여야 적절한 활용이 가능하다.

(3) 평정법

평정법은 측정하고자 특성이 연속선상에 있다고 전제하여 이를 특정 기준에 따라 판단하는 방법이며 자기보고방법에 속한다. 긍정 또는 부정 진술문에 대한 반응을 등급으로 선택하고 그 등급의 점수를 합산하여 점수화할 수 있다. 이는 단순히 찬반 혹은 동의 여부를 묻는 질문을 확장하여 더 심도 있게 태도나 의견을 측정하는 방법으로 흔히 리커트(Likert) 척도라고 부른다. 보통 3~7개 정도의 선택지를 제공하며 5개일 경우 흔하게 "① 매우 그렇지 않다, ② 그렇지 않다, ③ 보통이다, ④ 그렇다, ⑤ 매우 그렇다"를 사용한다.

평정법 예시

나는 국어를 공부하는 것에 흥미가 있다.
①매우 그렇지 않다 ②그렇지 않다 ③보통이다 ④그렇다 ⑤매우 그렇다

방과 후 저녁 시간의 SNS 사용으로 학교 성적에 부정적 영향을 받는다.
①매우 그렇지 않다 ②그렇지 않다 ③보통이다 ④그렇다 ⑤매우 그렇다

---

(4) 의미분석법

의미분석법은 연속선상의 양극단에 해당하는 형용사쌍의 진술문으로, 구성하는 방법으로 대상의 의미에 대해 5단계 또는 7단계를 이용하여 피험자의 지각, 태도, 가치를 측정하는 것이다.

의미분석법 예시

       학교
불편하다　①②③④⑤　편리하다
나쁘다　　①②③④⑤　좋다

---

(5) 투사적 방법

투사적 방법은 개인의 욕구, 감정, 동기 등이 밖으로 표출될 수 있도록 고안된 자극을 피검사자에게 제시하여, 나타난 반응을 분석하여 정의적 특성을 측정하는 방법이다. 어떤 특정 그림을 본 후 그 그림에 대한 설명을 요구하여 표출된 심리를 파악한다. 투사적 방법으로는 주제통각검사와 Rorschach의 잉크반점검사가 있다. 내재적 특성을 측정할 수 있다는 장점이 있으나 결과 해석에 있어서 검사자의 전문성이 요구된다.

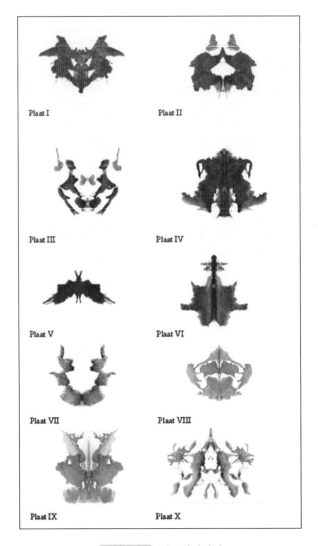

Plaat I   Plaat II

Plaat III   Plaat IV

Plaat V   Plaat VI

Plaat VII   Plaat VIII

Plaat IX   Plaat X

그림 4-13 잉크반점검사

출처: https://ko.wikipedia.org/wiki/%EB%A1%9C%EB%A5%B4%EC%83%A4%ED%9D%90_%EC
%9E%89%ED%81%AC_%EB%B0%98%EC%A0%90_%EA%B2%80%EC%82%AC

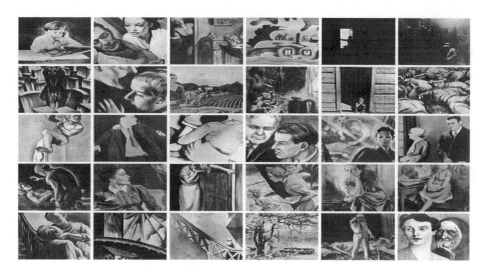

그림 4-14 주제통각검사

출처: https://www.kimlab.kr/m/209

핵심단어
정리하기

인지적 영역
지능
정의적 영역
평정법
Likert 척도
의미분석법

투사적 방법
잉크반점검사
주제통각검사

연습 문제

 <보기>는 리커트 척도에 대한 설명이다. 각 내용을 잘 읽고 옳지 <u>않은</u> 설명을 모두 고르시오.

ㄱ. 리커트 척도에서는 항상 5개의 선택지를 사용한다. 특히 '보통이다'라는 선택지를 통해 중립적 태도를 측정할 수 있어야 한다.

ㄴ. 흔히 자기보고 방법이라고 불리며 주관적 판단에 좌우되기 때문에 거의 사용되지 않는다.

ㄷ. 전쟁에 대한 태도 측정을 위해 사용되는 문항으로 '전쟁은 좋은 점도 있고 나쁜 점도 있다'가 사용될 수 있다.

---

① ㄱ, ㄴ ② ㄱ, ㄷ ③ ㄴ, ㄷ ④ ㄱ, ㄴ, ㄷ

② 김 교사는 학생들이 '교사'에 대하여 어떤 이미지를 갖고 있는지를 분석하기 위하여 다음과 같은 질문지를 제작하였다. 이때 사용된 척도기법에 대한 설명으로 옳은 것을 <보기>에서 고른 것은?(09 중등)

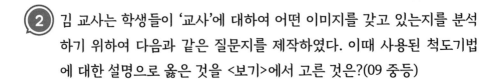

지시문: '교사' 개념에 대한 자신의 느낌에 해당하는 번호에 ✔표 하시오.

교사

1. 인자한   ① ② ③ ④ ⑤ ⑥ ⑦   엄격한
2. 모호한   ① ② ③ ④ ⑤ ⑥ ⑦   명확한
3. 전통적인 ① ② ③ ④ ⑤ ⑥ ⑦   현대적인

〈보기〉

(ㄱ) 서로 대비되는 형용사군에 응답한 피험자의 반응을 분석하여 의미 공간(semantic space)상의 위치로 표현한다.

(ㄴ) 반응하기 어려운 문항에 긍정적인 반응을 한 응답자는 그 문항보다 반응하기 쉬운 모든 문항에 대하여 언제나 긍정적인 반응을 한다고 이론적으로 가정한다.

(ㄷ) 서스톤(L. L. Thurstone)이 제안한 척도기법으로서, 심리적 연속선상에 동간성을 가진 문항으로 구성된 유사동간척도(equal appearing interval scale)를 만든다.

(ㄹ) 분석 자료를 해석하기 위하여 평가요인(evaluative factor), 능력요인(potency factor), 활동요인(activity factor)의 3차원 공간으로 점수를 집약하여 해석을 시도한다.

① (ㄱ), (ㄴ) ② (ㄱ), (ㄷ) ③ (ㄱ), (ㄹ) ④ (ㄴ), (ㄷ) ⑤ (ㄷ), (ㄹ)

3 2019학년도 중등학교교사 교육학 논술형

다음은 OO중학교 김 교사가 모둠활동 수업 후 성찰한 내용을 기록한 메모이다. 김 교사의 메모를 읽고 '수업 개선을 위한 교사의 반성적 실천'이라는 주제로 학습자에 대한 이해, 교육과정의 편성과 운영, 평가도구의 제작, 교사의 지도성에 대한 내용을 구성 요소로 하여 논하시오. [20점]

#1 평소에 A학생은 언어 능력이 뛰어나고 B학생은 수리 능력이 우수하다고만 생각했는데, 오늘 모둠활동에서 보니 다른 학생을 이해하고 도와주면서 상호작용을 잘 하는 두 학생의 모습이 비슷했어. 이 학생들의 특성을 잘 살려서 모둠을 이끌도록 하면 앞으로 도움이 될 거야. 그런데 C학생은 모둠활동에 참여하는 것을 좋아하지 않았지만 자신의 감정과 장단점을 잘 이해하는 편이야. C학생을 위해서는 자신의 감정을 살릴 수 있는 개별 과제를 먼저 생각해 보자.

#2 모둠활동에 적극적으로 참여하지 못한 학생들이 몇 명 있었지. 이 학생들은 제대로 된 학습경험을 갖지 못한 것이 아닐까? 자신의 학습경험에 대하여 어떻게 느꼈을까? 어쨌든 모둠활동에 관해서는 좀 더 깊이 고민해 봐야겠어. 생각하지 못했던 결과가 이 학생들에게 나타날 수도 있고 ...

#3 모둠을 구성할 때 태도나 성격 같은 정의적 요소도 반영해야겠어. 진술문을 몇 개 만들어 설문으로 간단히 평가하고 신뢰도는 점검해 보자. 학생들이 각 진술문에 대한 반응을 등급으로 선택하면 그 등급 점수를 합산할 수 있게 해 주는 척도법을 써야지. 설문 문항으로 쓸 진술문을 만들 때 이 척도법의 유의점은 꼭 지키자. 그리고 평가를 한 번만 실시해서 신뢰도를 추정해야 할 텐데 반분검사신뢰도는 단점이 크니 다른 방법으로 신뢰도를 확인해 보자.

#4 더 나은 수업을 위해서 새로운 지도성이 필요하겠어. 내 윤리적·도덕적 기준을 높이고 새로운 방식으로 학생들을 대하자. 혁신적·창의적 사고에 자극제가 될 수 있을 거야. 학생들을 적극 참여시켜 동기와 자신감을 높이고 학생 개개인의 욕구에 특별한 관심을 가지며 잠재력을 계발시켜야지. 독서가 이 지도성의 개인적 신장 방안이 될 수 있겠지만, 동료교사와 함께 하는 방법도 찾아보면 좋겠어.

─────〈배 점〉─────

○ 논술의 내용 [총 15점]
  – #1과 관련하여 가드너(H.Gardner)의 다중지능이론 관점에서 A, B학생의 공동적 강점으로 파악된 지능의 명칭과 개념, 김 교사가 C학생에게 제공할 수 있는 개별 과제와 그 과제가 적절한 이유 각 1가지 [4점]
  – #2와 관련하여 타일러(R. Tyler)의 학습경험 선정 원리 중 기회의 원리로 첫째 물음을 설명하고 만족의 원리로 둘째 물음을 설명, 잭슨(P. Jackson)의 잠재적 교육과정의 개념을 쓰고 그 개념에 근거하여 김 교사가 말하는 '생각하지 못했던 결과'의 예 제시 [4점]
  – #3에 언급된 척도법의 명칭과 이 방법을 적용하기 위하여 진술문을 작성할 때 유의할 때 유의할 점 1가지, 김 교사가 사용할 신뢰도 추정 방법 1가지의 명칭과 개념 [4점]
  – #4에 언급된 바스(B. Bass)의 지도성의 명칭, 김 교사가 학교 내에서 동료교사와 함께 이 지도성을 신장할 수 있는 방안 2가지 [3점]

○ 논술의 구성 및 표현 [총 5점]
  – 서론, 본론, 결론 형식의 구성 및 주제와의 연계성 [3점]
  – 표현의 적절성 [2점]

논의해 보기

• 정의적 영역의 중요성에도 불구하고 이를 교육 현장에서 적극적으로 반영하고 있지 않는 이유와 정의적 영역을 발달시키기 위한 방안에 대해 논의해 봅시다.
• 정의적 영역을 측정하는 방법 중 한 개를 선택해 본인 전공에서의 정의적 특성을 확인하는 방법을 적용해 봅시다.

? FAQ

Likert 척도의 사용에서 임의적 가중치 방법으로 가중치를 부여할 때 1,
2, 3, 4, 5점을 부여한다고 들었습니다. 그런데 1, 3, 5, 8, 9 식으로
더 마음대로 부여하거나 아니면 통계적 방법으로 적정한 가중치를 구
하지 않고 1, 2, 3, 4, 5만 사용하면 되는 것인지요? 또한 질문의 방향
에 따라서 이를 활용하면 되는지요? 예를 들어 낙태 태도에 대해서 허
용적인 입장을 재고 싶다면 무조건 허용에 대한 질문을 할때 '매우 그
렇지 않다'는 가중치를 1 부여, '매우 그렇다'는 가중치 5 부여, 무조건
금지에 대한 질문을 할 때 '매우 그렇지 않다'는 5점, '매우 그렇다'는 1
점 식으로 가중치를 부여하는 건가요? 가중치를 어떻게 부여하는 것인
지 명확하게 이해가 되지 않아서 질문드립니다.

임의적 가중치 방법에서는 기본적으로 모든 문항에서 같은 점수 체계를 사
용합니다. 말 그대로 임의적(어떤 통계적 계산에 의해서 가중치가 결정되지 않았다
는 뜻입니다)이기 때문에 어떤 점수든(1,2,3,4,5 혹은 0,1,2,3,4 혹은 2,4,6,8,10 혹은
1,2,5,6,7 등등) 검사 제작자 임의대로 사용될 수 있습니다. 하지만 일반적으로
혹은 관습적으로 1,2,3,4,5가 많이 쓰이고 있어요. 만약 1,2,3,4,5 외에 다른
점수를 임의로 쓴다면 일반적인 학문적 관행에 어긋나게 되므로 사용자가 그
이유를 설명해야 합니다. 보통 마땅히 설명할 말이 없으므로 1,2,3,4,5를 쓴
다고 보면 됩니다. 두 번째 질문하신 것은 역채점에 대한 것이고요, 그건 문항
진술문의 내용에 따라서 '매우 그렇지 않다', '그렇지 않다', '보통이다', '그렇
다', '매우 그렇다'에 대해서 1,2,3,4,5 혹은 5,4,3,2,1을 쓴다는 것입니다. 결과
적으로 각 문항에 대해서 1,2,3,4,5의 점수 체계를 쓰고 있는 것입니다.

태도검사나 성격검사 등의 경우 솔직한 응답이 아니라 '사회적으로 바

람직한 반응'을 보일 수 있다고 합니다. 그리고 이런 형태의 문항이 피험자의 정직성을 파악하기 위해 이용될 수도 있다고 들었습니다. 그런데 이런 문항들로 어떻게 정직성을 파악할 수 있는지 궁금합니다. "나는 언제나 나이 드신 분들을 공경한다"와 같은 문항에 피험자가 부정적인 표시를 하면 정직하게 답하고 있다고 판단하는 건가요?

네 맞습니다. 물론 '진짜 나이 든 사람을 언제나 공경하는 피험자는 어떻게 하느냐?'는 질문을 하실 수 있는데요, 한 문제만 쓰는 것이 아니라 '나는 버스에서 앉아 있을 때 노인이 타면 언제나 자리를 양보한다'와 같은 유사한 문항들을 여러 개 사용할 겁니다. 이런 문제들에 모두 그렇다라고 답하면 정직성을 의심해 볼 수 있다는 것입니다.

? Likert 척도와 유사하지만 다른 'Thurstone 태도 측정 방법'에 관한 질문이 있습니다. 인터넷 등을 통해서 이 방법을 공부해 보니까요, 평정자의 점수를 부여하는 방식이 리커트 척도의 방식과는 다르다고 합니다. (1) Thurstone 태도 척도를 구성하는 절차 중에서, 두 항목의 중앙치가 같을 경우 주로 사분편차가 적은 진술문을 선택한다고 합니다. 이 태도 측정이 인지적인 것을 평가하는 것이 아니라 정의적인 것을 평가하는 건데 평정자들 간의 의견이 일치되는 것이 왜 좋은 문항의 기준이 되는 건지 이해가 되지 않습니다. 즉, 각자가 자신의 태도에 관해 대답하는 것이 일치하는 것이 좋은 문항이라는 것이 이해가 되지 않습니다. (2) 그리고 대략 등간격의 중앙치를 가지는 항목들을 선택하는 것이 평균을 낼 때 여러 척도의 문항이 골고루 있어야 하니까 더 정확하게 내기 위함이 맞나요? 또 밑의 예시에서는 등간격을 지향하는데 그러면 왜 척도치가 7점대인 문항은 없는 건가요? 7이 가운데인 것과 관련이 있나요? (3) 마지막으로 양적 정도의 평균을 내서 결정한다고 했는데 그런 경우 모든 문항에 대해 양쪽으로 극단적인 사람과 중간을 계속 고수한 사람의 평균값이 비슷해지는데 이 경우에도 그 두 사람의 태도가 비슷한 것으로 간주하는 건가요?

(1) Thurstone 태도검사 도구를 만들 때 피험자들의 점수를 산정하려면 미리 각 문항의 위치(혹은 1–11상의 점수)를 결정해 놓을 필요가 있습니다. 수업 시간에 들으신 대로, Thurstone이 기대하는 것은 피험자들이 자신의 태도 수준에 맞는 하나의 문항에만 Yes라고 답하고 나머지 문항들은 No라고 답하는 것이었으니까요. 검사 제작 절차상에 등장하는 300명의 평정자들은 (태도검사를 받고 있는 피험자들이 아니라) 이러한 문항의 위치를 결정하기 위하여 모인 '전문가'들입니다. 이들 전문가들의 의견이 일치하는 것이 더 믿을만한 것이라는 단순한 논리입니다.

(2) 피험자 개개인이 하나의 문항에만 Yes라고 답하기를 기대하고 그렇게 동의한 문항의 척도치(평정자들로부터 산출된 중앙값)가 해당 개인의 태도검사가 됩니다. 따라서, 1–11 척도상에 문항들이 고르게 퍼져 있는 것이 좋겠지요. 아마도 문항 수를 제한하다 보니까 정확하게 등간격이 아닌 경우나 말씀하신 대로 비어 있는 점수대가 생긴 것 같은데, 사실 바람직한 것은 아닙니다. 할 수 있다면 촘촘하게 1–11상에 고루 퍼져있는 문항들로 검사를 구성하는 것이 좋을 것입니다. 물론 너무 많은 문항을 사용한다면 피험자들이 별로 좋아하지는 않겠지요.

(3) 앞에서 말씀드린 대로, Thurstone의 처음 기대는 하나의 문항에만 Yes라고 답하는 것이었습니다. 다만 막상 검사를 실시해 보면 이와 같은 제약을 강조하지 않는 상황하에서는 사람들이 복수의 문항들에 Yes라고 답하게 됩니다. 아마도 각자가 자신의 태도 수준을 정확하게 모르기 때문일 수도 있지요. 이런 때에도 비슷한 곳에 위치하는 복수의 문항들에 Yes라고 답하는 기대를 가지게 됩니다. 그러나, 잘 지적해 주신 대로 어떤 사람이 양극단의 문항에 대해서 Yes라고 선택하는 일이 발생할 수도 있겠지요. 이때 우리가 생각할 수 있는 것은 이 피험자가 '자신이 현재 무엇을 하고 있는지 모르거나', '굉장히 불성실하게 검사에 임하고 있거나', 혹은 '이상한 사람'이라는 결론일 것입니다. 이런 경우 어떤 점수를 부여하는 것이 무의미할 수도 있습니다. 따라서 이에 대한 대책을 세우는 것도 필요할 수 있습니다. 사실, 수학 검사 같은 성취도 시험에서도 이와 같은 일은 발생할 수 있습니다. 즉 어떤 피험자가 여러 문항들 중에서 가장 쉬운 문항과 가장 어려운 문항만 정답 반응할 수도 있지요. 이 피험자를 어떻게 처리할지는 검사를 실시하는 연구자나 실무자가 결정할 사항으로 보입니다.

? Thurstone 척도에 따르면 진술문을 선택할 때 등간격의 중앙치를 가지는 항목들을 선택한다고 합니다. 이때, 등간격의 기준은 평정자들이 세우는 것인가요? 그렇다면 등간격이 작을수록 문항 수는 많아지고, 많으면 문항 수는 작아지는 것인가요?

네, 최종 검사에 집어넣을 문항 수를 고려하여 등간격 길이를 결정하면 될 것 같습니다. 당연히 등간격 길이가 좁을수록 문항 수는 많아질 것입니다. 검사 제작을 맡은 책임자, 공동연구원들이 있을 테고 또 문항 척도치 결정을 위해 동원된 평정자들이 있을 텐데요... 아무래도 제작 책임자나 공동연구원들이 논의를 통해 결정해야 하겠지요.

? Thurstone 척도에 대해서 질문 드리겠습니다. 문항과 피험자의 관계를 파동을 빗대어 설명하기도 하던데요, 혹시 이를 설명해 주실 수 있는지요?

같은 크기 같은 종류의 많은 컵들에 조금씩 서로 다른 양의 물을 담아 놓았다고 가정해 보시기 바랍니다. 옆에서 특정한 음정의 바이올린 소리를 내면 수많은 컵 중에 하나의 컵에서만 미세한 진동이 느껴질 수 있습니다. 즉 이 바이올린 소리와 해당 컵이 서로 공명한 것이지요. 비유적으로, 수많은 컵들을 수많은 문항들이라고 할 수 있습니다. 그리고 바이올린 소리가 바로 특정 피험자의 마음속에 있는 태도 정도라고 볼 수 있어요. 그 태도 정도와 특정 문항이 공명할 때 Yes 혹은 동의한다고 답할 수 있다는 것입니다. 즉 위에서 말했듯이 하나의 컵만 공명하는 것처럼 엄밀히 말하면 하나의 문항에만 Yes라고 답하고 다른 문항들에 대해서는 원칙상 No라고 답해야겠지요. 그리고 이렇게 동의한 문항의 척도치가 1-11 척도상에서 피험자의 검사 점수가 됩니다. 이게 Thurstone의 기본적 기대 혹은 아이디어라는 것입니다. 다만, 실제 검사 상황 속에서 피험자들이 두 개 이상의 문항들에 Yes라고 답하는 경우가 종종 발생하기 때문에 현실적으로 어쩔 수 없이 이들 문항들의 척도치 평균을 피험자의 검사 점수라고 보는 것입니다.

5장

신뢰도

5장

신뢰도

 학습목표

✓ 신뢰도의 개념을 설명할 수 있다.
✓ 신뢰도의 종류를 구분하고 그 특징에 대해 설명할 수 있다.
✓ 신뢰도를 높이는 조건에 대해 설명할 수 있다.

1 신뢰도의 정의 및 개념

신뢰도(reliability)는 수학 능력을 측정하기 위한 수학 검사가 있을 때, 이 검사가 개인의 수학 능력을 얼마나 오차 없이 측정하는지, 즉 측정 결과가 얼마나 일관되고 안정되게 산출되는지를 의미한다. 간단히 말하면 측정의 일관성(consistency)이라고 한다. 예를 들어 눈에 보이지 않는 개인의 몸무게를 객관적으로 측정하기 위해서는 체중계라는 도구가 필요하고, 키를 정확하게 측정하기 위해서는 신장계가 필요하다. 이때, 측정도구가 문제가 없다면 같은 사람의 몸무게를 여러 번 측정한다고 해도 그 무게는 변화하지 않을 것이다. 이때 우리는 이 도구를 몸무게를 측정하기 위한 신뢰할 수 있는 도구라고 할 수 있다. 마찬가지로 학업성취도를 측정하기 위한 검사 도구가 존재할 때, 같은 검사로 여러 번 해당 능력을 측정한다고 했을 때 그 결과가 서로 다른 결과가 산출된다면 그 검사는 신뢰할 수 없는 도구라고 할 수 있다. 이때 신뢰도가 얼마나 정확한지에 대한 영향을 주는 개념은 오차인데, 오차가 작을수록 높은 신뢰도가 얻어진다. 오차는 피험자의 실제 능력이 아닌 별도의 요인에 의해서 발생하는데 피험자의

103

건강상태, 심리상태, 검사환경 등으로 인해 발생된다. 이를 조금 더 쉽게 설명하자면, 피험자가 검사를 치르는 상황을 떠올려 볼 수 있다. 예를 들어 수능 시험날을 회상해 보자. 이 책을 읽는 독자에게 본인의 능력을 최대한으로 발휘했냐 물어보면 그렇지 못했다고 대답하는 경우가 다수일 것이다. 즉, 검사에는 당일의 건강상태나 심리상태 등으로 인한 오차점수가 발생하여 실제 실력보다 성적이 낮게 나올 수도 있고, 운이 좋았다면 검사불안도 없고 건강상태도 좋아 실제 실력보다 높게 나올 수도 있다. 사실상 피험자가 가지고 있는 실제 순수한 능력에 그 외의 변수들이 작용하여 검사 점수에 영향을 주게 되어 결과가 산출된다. 이를 식으로 표현하면 다음과 같다.

$$X = T + E$$

위의 식에서 X는 관찰점수(observed score), T는 진점수(true score), E는 오차점수(error score)를 의미한다. 우리가 얻는 총점인 관찰점수는 오차점수가 포함되어 얻어지는 점수이다. 오차가 0일 경우 관찰점수와 진점수는 같겠지만, 일반적으로 오차점수는 + 또는 - 점수를 갖게 된다. 오차점수는 앞서 설명한 것과 같이 우연하게 발생하는 것으로, 세 가지 점수의 관계를 분산으로 제시하면 다음과 같다. S_x^2은 관찰점수 분산, S_T^2은 진점수 분산, S_E^2은 오차점수 분산을 의미한다. 관찰점수 분산은 진점수 분산과 오차점수 분산의 합으로 이루어져 있고, 진점수 분산은 관찰점수 분산에서 오차점수 분산을 제외함을 의미한다.

$$S_x^2 = S_T^2 + S_E^2$$

신뢰도는 다음과 같으며, 관찰점수 분산 중 진점수 분산이 차지하는 비율을 의미하고 진점수 분산이 차지하는 부분이 클수록 신뢰도는 커진다.

$$\rho_{XX} = \frac{S_T^2}{S_X^2}$$

신뢰도는 0부터 1까지의 값을 가지며 관찰점수 분산 전체가 진점수 분산이 되는 경우에는 신뢰도가 1이 되고 측정의 오차는 0이 된다. 하지만 현실적으로 오차 없이 측정되는 경우는 불가능하기 때문에 신뢰도가 1이 되는 경우는 거의 없다. 신뢰도의 값은 1에 가까울수록 높다고 해석하며 오차가 적게 발생했음을 의미한다. 여기서 중요한 것은 식으로 표현했을 시에는 이론적으로 진점수와 오차점수를 표현하나 실제로는 진점수와 오차점수의 추정은 불가능하다. 따라서 신뢰도는 측정하고자 하는 능력을 측정하는 측정도구가 얼마나 일관성 있게, 안정적으로 측정하는지에 관한 것을 확인한다.

신뢰도 계수를 이해하기 위해 피어슨 적률상관계수(Pearson Correlation Coefficient)를 살펴볼 필요가 있다. 피어슨 적률상관계수는 -1 ~ +1의 범위 내의 수를 가지며 연속형 변수 2개의 상관 관계를 확인하기 위한 가장 기본적인 방법이다. 두 개의 값들의 집합이 있을 때 두 집합값들의 관련성을 파악하기 위한 방법이다. 예를 들면 한 학급의 고등학생을 대상으로 국어 성적과 영어 성적은 언어 능력과 관련이 있어 두 과목 간 서로 관련이 있을 거라는 전제 조건을 두고 그 관련성을 확인할 때 상관계수를 활용한다. 상관계수 값이 1에 가까울수록 상관도는 비례하고 -1에 가까울수록 반비례한다. 두 변수가 함께 증가하거나 감소하는 경향이 있으면 계수가 양수값으로 산출되고 한 변수가 증가할 때 다른 변수는 감소하는 경향을 보이면 관계 계수는 음수로 나타난다. 또한 상관계수가 0일 경우 관계가 존재하지 않는 것, 즉 상관 자체가 없음을 의미한다. 이러한 관계성을 보기 위해서 산점도를 통해 확인할 수 있는데, 산점도는 두 변수의 관계를 보여주는 자료로 표시하는 방법이다.

[그림 5-1]을 보면 각각의 상관 관계에 따라 관련성을 보여준다. 이때 상관 해석 시 유의할 점은 상관을 인과관계, 즉 원인과 결과로 해석해서는 안 된다는 것이다. 관련성이 있다고 해서 반드시 인과관계로 해석할 수는 없는데, 예를 들면 국어와 영어의 관계성을 인과로 해석했을 때 국어를 잘해 영어를 잘하는 것인지, 영어를 잘해 국어를 잘하는 것인지 알 수 없기 때문이다. 즉, 상관관계를 상호 관련성 정도로 해석하는 것이 바람직하다.

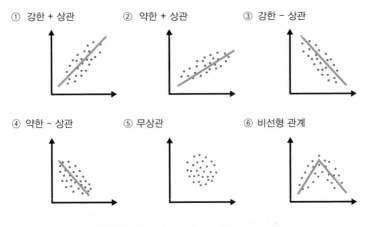

그림 5-1 상관계수에 따른 산포도

출처: http://www.ssacstat.com/base/cs/cs_05.php?com_board_basic=read_
     form&topmenu=5&left=5&&com_board_search_code=&com_board_search_value1=&com_
     board_search_value2=&com_board_page=46&&com_board_id=12&&com_board_idx=370

2 신뢰도의 종류

신뢰도의 종류는 크게 두 가지로 나눌 수 있는데, 검사를 두 번 시행하여 얻는 신뢰도와 한 번만 시행해서 얻는 신뢰도로 구분할 수 있다. 두 번 시행으로 얻어지는 신뢰도는 검사-재검사 신뢰도와 동형검사 신뢰도가 있고, 한 번만 시행하는 신뢰도는 내적일관성 신뢰도로 반분검사 신뢰도와 문항내적일관성 신뢰도로 구분해서 볼 수 있다.

1) 검사 두 번 시행 신뢰도

(1) 검사-재검사 신뢰도

검사-재검사 신뢰도(test-retest reliability)는 동일한 피험자 집단에 동일한 검사를 두 번 시행하는 것으로 이때 일정한 시험 간격을 두는 것이 특징이다. 검사-재검사 신뢰도는 첫 번째 시행한 검사의 결과와 두 번째 시행한 검사의 결과의 상관계수 값을 추정하여 얻는다. 첫 번째 검사와 두 번째 검사 간의 반응이 얼마나 안정성이 있느냐를 확인하기 때문에 안정성 계수(coefficient of stability)라고도 부른다. 검사-재검사 신뢰도를 실시하기 위해서는 시간 간격을 두게 되는데, 검사 간격을 짧게 두어 검사를 실시하면 연습효과, 기억효과 등이 발생하여 신뢰도가 과대추정될 수 있고, 이를 방지하기 위해 검사 간격을 길게 설정한다면 피험자는 망각의 영향을 받아 신뢰도가 과소추정될 수 있다. 따라서 검사-재검사 신뢰도는 같은 검사를 두 번 시행하는 데 있어서 문제가 발생할 수 있는데 실질적으로 이를 적용하기 위해서는 동일한 피험자들이 동일한 검사환경에서 실시하는 등 최대한 동일한 조건에서 시행되어야 하는데 현실적으로 어렵다는 단점이 존재한다.

 표 5-1 국어시험의 검사, 재검사 점수

피험자	검사	재검사
A	8	8
B	6	5
C	9	8
D	7	6
E	8	9

 표 5-2 국어시험의 재검사 신뢰도 추정 절차

피험자	검사(X)	재검사(X')	XX'	X^2	X'^2
A	8	8	64	64	64
B	6	5	30	36	25
C	9	8	72	81	64
D	7	6	42	49	36
E	8	9	72	64	81
합	38	36	280	294	270

$$r = \frac{5(280) - (38)(36)}{\sqrt{5(294) - 38^2}\ \sqrt{5(270) - 36^2}} = 0.85$$

(2) 동형검사 신뢰도

동형검사 신뢰도(parallel forms reliability)는 두 검사의 특성이 같은 동형검사를 제작하여 두 검사 간의 상관계수를 추정한다. 동형검사를 제작하기 위한 조건은 동일한 형태의 문항이어야 하며 문항 수, 같은 전집에서 표집된 문항, 문항난이도와 문항변별도, 검사 점수의 평균이 동일해야 한다. 또한 두 검사의 진점수 분산과 오차점수의 분산이 같아야 한다. 동형검사 신뢰도는 동형성 계수(coefficient of equivalence)라고도 부른다. 동형검사 신뢰도의 장점은 같은 검사를 같은 집단에 두 번 시행하지 않기 때문에 기억효과, 연습효과, 망각의 영향 등의 시험 간격에 따른 문제를 배제할 수 있다는 것이다. 반면에 해당 신뢰도를 추정하기 위해서는 동형검사의 제작이 선행되어야 하는데 앞서 말한 동형검사의 제작 조건을 맞추는 것은 매우 어렵다.

2) 검사 한 번 시행 신뢰도

(1) 반분검사 신뢰도

반분검사 신뢰도(split-half reliability)는 검사를 한 번만 시행한 뒤 그 검사를 두 개로 나누어 검사들 간의 상관계수를 구하는 방법이다. 예를 들면 50개의 문항으로 이루어진 검사를 두 개로 나누어 각각의 검사가 25개 문항으로 구성된 것처럼 취급하는 것을 의미한다. 실제 검사는 한 번만 실시되기 때문에 내적 일관성 신뢰도(internal consistency reliability)에 해당한다. 반분검사 신뢰도를 위해 검사를 두 개로 나누는 방법은 몇 가지가 있는데, 짝수문항과 홀수문항으로 구분하는 기우법, 검사 문항을 반으로 나누는 전후법, 무작위로 문항을 추출하여 나누는 단순무작위법, 문항난이도와 변별도를 고려하여 나누는 방법인 문항특성방법이 있다. 이러한 방법을 고려할 때 주의해야 할 부분은 나눈 두 검사가 동형의 특성을 띠어야 한다는 것이다. 결론적으로 반분검사 신뢰도를 추정할 때는 검사의 특성을 고려하여 나눌 필요가 있다. 검사를 나누고 나면 두 검사 간의 상관계수를 구한 뒤 Spearman-Brown 공식에 의하여 추정해야 한다. 검사의 길이, 즉 문항 수가 절반으로 줄어 상관계수가 과소추정될 수 있기 때문이다. 모든 조건이 동일할 때 문항 수가 영향을 주어 그 수가 많으면 많을수록 신뢰도도 증가하는 특징이 있다(Allen & Yen, 2001). 즉, 반으로 나누기 이전의 원래의 검사 문항의 개수를 고려하여 신뢰도를 추정하는 것이다. Spearman-Brown 공식은 다음과 같다.

$$r_{xx} = \frac{nr}{1+(n-1)r}$$

위 식에서 n은 동형검사의 수, r은 얻은 부분검사의 신뢰도 계수를 의미한다. 반분검사 신뢰도의 경우 동형검사는 두 개로 구분되므로 검사 길이가 두 배일 때의 신뢰도 계수로 교정하는 것이다. 이때 적용되는 공식은 다음과 같다.

$$r_{xx} = \frac{2r_{hh}}{1+r_{hh}}$$

이때 r_{hh}는 반분된 검사점수 사이의 상관계수다. 예를 들어 두 부분으로 채점하여 그 두 부분 간의 상관계수가 r_{hh} 0.70으로 나왔다면 Spearman-Brown의 공식에 의해 전체검사의 신뢰도 계수는 소수점 두 자리까지 반올림하여 다음과 같다.

$$r_{xx} = \frac{2r_{hh}}{1+r_{hh}} = \frac{2(0.70)}{1+0.70} = 0.82$$

반분검사 신뢰도를 사용할 경우 한 번만 시행되므로 검사-재검사 신뢰도와 같이 검사 간격에 대한 고려를 할 필요가 없으며, 동형검사 신뢰도처럼 동형검사를 제작할 필요도 없다는 장점이 존재한다. 그러나 반분 방법에 따라 신뢰도 추정이 달라질 수 있어 반분의 방법을 잘 고려하여야 한다.

(2) 문항내적일관성 신뢰도

문항내적일관성 신뢰도는 검사 도구의 내적 일관성 신뢰도를 추정하는 방법으로 검사를 구성하고 있는 문항들이 얼마나 동일한 영역에서 표집되었는지, 검사 내용이 얼마나 동질적인지를 의미하므로 동질성 계수(coefficient of homoheneity)라고도 부른다. 문항내적일관성을 추정하는 방법은 KR(Kuder-Richardson)-20, KR-21, Hoyt 신뢰도, Cronbach α가 있다. KR-20은 0과 1로만 채점되는 이분문항에만 적용된다. KR-21은 다분문항에 적용 가능하며 문항의 난이도가 모두 동일하다는 가정을 한다는 특징이 있다. Hoyt는 이분뿐만 아니라 다분문항에도 적용이 가능하다. 그러나 신뢰도 추정에 있어서 추정 방법이 복잡해 보편적으로 잘 사용되지 않는다. Cronbach α도 Hoyt와 같이 이분과 다분 모두 적용 가능하다. 반면 적용에 있어서 보다 간편하여 가장 많이 쓰이는 신뢰도 계수이며 문항의 난이도가 다를 수 있음을 가정한다. 이 중 가장 많이 쓰이는 Cronbach α를 구하는 방법은 다음과 같다.

$$\alpha = \frac{K}{K-1}\left(1 - \frac{\sum\limits_{i=1}^{K} S_i^2}{S_x^2}\right)$$

위 식에서 K는 문항 수, S_x^2은 검사총점의 분산, S_i^2은 i번째 문항의 분산을 의미한다. Cronbach α 신뢰도는 검사를 두 번 시행하지 않아도 되며 동형검사를 제작할 필요성이 없고, 여러 방법에 의해 검사를 반으로 나눌 필요도 없다는 장점이 있다.

3 신뢰도에 영향을 주는 요인

검사 도구의 신뢰도를 높이기 위해서 신뢰도에 영향을 주는 요인을 살펴볼 필요가 있다.

첫째, 문항 수가 많을수록 신뢰도가 높아진다. 많은 수의 문항을 적용하여 피험자의 능력을 측정할 때 측정의 오차가 줄어든다. 앞서 설명한 Spearman-Brown 교정 공식을 이용하면 문항 수를 늘려 검사를 만들고 싶을 때 예상 신뢰도를 구할 수 있다. 이때 주의할 점은 문항 수를 무조건적으로 늘리는 것에 집중하는 것이 아니라 양질의 문항을 늘려주는 것이 중요하다.

둘째, 문항의 난이도가 중간 수준일 때 신뢰도는 높아진다. 문항의 난이도가 낮을 경우 대부분의 피험자가 정답할 가능성이 높아져 변별력이 낮아질 수 있고 검사 점수의 분산이 작아져 신뢰도가 낮아진다. 반대로 난이도가 높을 경우 검사불안 등이 발생하여 일관성 있는 응답을 하지 못하게 되어 신뢰도가 낮아질 수 있다.

셋째, 문항의 변별도가 높을 때 신뢰도가 증가한다. 변별도는 능력이 높은 피험자와 능력이 낮은 피험자를 구별해 주는 것으로 검사 점수의 개인차가 커지면 검사 점수의 분산이 커지고 따라서 신뢰도가 높아진다.

넷째, 문항의 동질성이 높을수록 신뢰도가 높아진다. 검사 문항을 출제할 때 넓은 범위의 내용을 포함하기보다는 좁은 범위의 내용을 포함하는 검사에서 신뢰도가 높아지는데, 예를 들면 국어 검사에서 전 범위를 포함하는 검사와 일부만 포함하는 검사를 비교했을 때 전체 범위를 다룰 경우 국어 검사의 광범위한 내용을 다루기 때문에 유사한 응답을 기대하기 어려워진다. 따라서 일관성을 확보하기 위해서는 검사 내용의 범위를 좁힐수록 동질성이 유지되기 쉽다.

다섯째, 피험자 집단이 이질적일 때 신뢰도가 높아진다. 피험자들의 수준이 다양하여 점수의 범위가 큰 경우 상관계수가 높게 나타난다. 예를 들면 국어 검사를 시행할 때 전체 학생을 대상으로 할 때와 국어 능력이 상위에 해당하는 학생들만 대상으로 할 때 분포의 범위가 다를 것이다. 전체 학생을 대상으로 할 경우 점수의 범위가 커서 상관계수가 더 커지고 상위 학생을 대상으로 할 경우 점수의 범위가 작고 상관이 작게 나타난다. 검사 점수의 분산이 클수록 상관이 크게 나타나 신뢰도도 높아진다.

여섯째, 검사시간이 충분할 때 신뢰도는 높아진다. 충분한 시간이 주어질 때 응답의 안정성이 보장될 수 있다. 따라서 시간제한이 있는 속도검사는 시간이 충분하지 않아 응답의 불안정성을 가져올 수 있고 역량검사는 그에 비해 응답의 안정성이 보장되어 신뢰도가 높아진다.

4　객관도

　　서술형 문항이나 논술형 문항을 채점할 경우 채점자의 주관이 개입될 가능성이 있다. 따라서 주관 개입을 배제하기 위해서 여러 명의 채점자가 채점할 필요성이 제기된다. 채점 결과의 일관성이 유지됨을 확인하기 위해서는 객관도를 파악할 필요가 있다. 객관도는 채점자 내 신뢰도와 채점자 간 신뢰도로 구분되는데, 채점자 내 신뢰도는 한 명의 채점자가 여러 대상을 채점할 때 얼마나 일관성 있고 안정성 있게 채점하고 있는지를 의미한다. 채점자 내 신뢰도를 확보하기 위해서는 일관적인 기준에 의해 채점되어야 한다. 채점자 간 신뢰도는 여러 명의 채점자가 동일한 대상에 대해 일관성 있게 점수를 부여했는가와 관련된다. 한 대상에 대해 채점할 때 규정되어 있는 평가기준에 의해 평가되므로 여러 명이 채점한다고 해도 유사한 점수가 부여되어야 한다. 이를 확보하지 못하면 채점자 간 신뢰도가 낮다고 해석한다. 객관도를 구할 때 흔히 〈표 5-3〉에서 제시된 바와 같은 합치도(P_0) 계수가 사용된다. 이는 두 채점자가 채점했을 때 달성 혹은 미달성 등 동일한 채점 결과를 부여받은 학생들의 비율을 의미한다.

 표 5-3 채점자 간 객관도: 합치도 사용 예시

채점자1 채점자2	달성	미달성	계
달성 미달성	6 2	4 8	10 10
계	8	12	20
합치도	$P_0 = \dfrac{6+8}{20} = 0.7$		

　　채점자 혹은 평정자가 측정 결과를 부여한 경우, 객관도가 부족하다면 그 원인은 다음 두 가지로 볼 수 있다. 첫째, 측정도구 자체의 문제로서 채점기준(rubrics)의 객관성과 엄밀성이 확보되지 않았기 때문이다. 둘째, 채점자 소양의

문제이다. 이를 보완하기 위해서는 채점 실시 전 사전교육(채점자 훈련)이 필수적이다. 정리하자면, 객관도를 확보하기 위해서는 채점기준을 엄격하게 규정하여 채점자가 이를 충분히 숙지하도록 교육할 필요가 있다. 채점자 훈련을 통하여 채점자의 주관이 배제되고 평가의 일관성을 확보할 수 있도록 해야 한다. 여러 명의 채점자가 개입할 경우 만약 극단적으로 높은 값과 낮은 값이 산출되었다면 이 값들을 편견 배제를 위해 제외하거나 중앙값을 활용하는 것도 가능하다.

핵심단어 정리하기

신뢰도

검사-재검사 신뢰도

동형검사 신뢰도

반분 신뢰도

내적일관성 신뢰도

Cronbach α

객관도

연습 문제

 다음은 학생들의 신뢰도에 관한 설명이다. 다음 중 옳은 설명을 한 학생을 모두 고른 것은?

> **민영:** 검사-재검사 신뢰도는 기억 효과로 인해 신뢰도가 과대추정될 수 있다는 단점이 있어.
>
> **유정:** 동형검사 신뢰도는 피험자의 피로도 증가로 인해 신뢰도가 과소추정될 수 있다는 단점이 있어.
>
> **은지:** 반분 신뢰도는 어떠한 반분법을 사용해도 같은 신뢰도 값을 얻을 수 있어.
>
> **유나:** 검사 문항의 난이도가 낮을수록 신뢰도가 높아져.

① 민영, 유나

② 유정, 은지

③ 유정, 유나

④ 민영, 유정

 다음은 이론적 검사 신뢰도와 실제 추정 신뢰도에 관한 대화이다. 옳지 <u>않은</u> 해석은 무엇인가?

① 피험자 집단이 이질적일수록 검사의 신뢰도가 높네.

② 반분 신뢰도는 크론바흐 알파와 달리 시험을 한 번만 실시해도 추정할 수 있어.

③ 동형검사 신뢰도는 검사-재검사 신뢰도의 단점을 보완하는 검사라고 볼

수 있어.

④ 검사 길이 변화에 따른 신뢰도 변화를 예측할 때 새 검사의 길이가 현재 검사보다 2배의 길이인 경우, 이때 활용되는 Spearman 공식과 반분 신뢰도 검사의 교정 공식이 똑같네.

③ 규준지향평가에서 평가결과의 신뢰도 확인을 위해서 '동시에 실시한 동형검사 계수'를 산출하였다. 이때 동형검사 신뢰도 계수의 크기에 가장 큰 영향을 줄 수 있는 요인은?(01 중등)

① 기억력 ② 문항의 동질성 ③ 검사내용의 대표성 ④ 수험자의 성장 발달

④ 검사-재검사 신뢰도 추정과 관계 <u>없는</u> 것은?(05 중등)

① 검사 실시 간격에 따라 결과가 다르다.
② 기억 및 연습 효과가 결과에 영향을 미친다.
③ 검사문항을 반으로 나누어 신뢰도를 추정한다.
④ 동일한 검사환경, 검사동기, 검사태도의 조성이 어렵다.

⑤ 내적일관성 신뢰도에 대한 설명으로 옳지 <u>않은</u> 것은?(08 중등)

① 호이트(Hoyt) 신뢰도는 분산분석방법을 사용해서 신뢰도를 추정한다.
② 검사를 한 번만 실시하고도 검사의 신뢰도를 추정할 수 있는 방법이다.
③ 반분검사 신뢰도의 경우 검사를 양분하는 방법에 따라 신뢰도 계수가 다르게 추정된다.
④ 스피어만-브라운(Spearman-Brown) 신뢰도는 각각의 문항을 하나의 검사로 간주하여 문항들 간의 유사성을 측정한다.

논의해 보기

- 본인의 전공영역에서 신뢰도를 산출한 논문을 찾아보고 해당 논문에 대한 신뢰도 산출방법에 대해 논의해봅시다.
- 객관도를 갖추기 위한 방안들을 논의해봅시다.

? FAQ

? 상관계수를 배우면서 산포도 그래프를 다루었는데, $-1 \leq r \leq 1$ 사이 그래프들 중 의문이 들어서요. r의 정도에 따라서 분포의 정도가 결정된다는 정보는 알 수 있는데, 그렇다면 그래프의 기울기나 그래프의 x절편, y절편과 산포도는 관계된 정보가 없는 것인가요? 이 그래프들에서 파악할 수 있는 정보는 상관계수에 따른 분포의 정도뿐인가요?

주어진 상관계수 값만 가지고 그래프의 기울기나 정확한 산포도(혹은 얼마나 뚱뚱한지의 정도) 등을 파악하기는 어렵습니다. 다만 두 개의 상관계수 값들이 주어지면 (예를 들어, .2와 .9), r=.2보다는 r=.9인 경우의 산포도가 훨씬 더 날씬하다는 것 정도를 이해하시면 됩니다. 기울기는 상관계수 값이 음이냐 양에 따라서 구분할 수 있으면 됩니다. 정리하자면, 두 변수 모두 표준화를 통해서 척도로부터 자유로워졌기 때문에 원점(x평균, y평균: 표준화하면 각각 0이죠)을 중심으로 y=x, y=−x 등의 선을 따라 날씬하고 뚱뚱한 정도로 표현됩니다.

? '신뢰도는 검사 도구 자체의 신뢰도를 가리키는 것이 아니라 그 도구에 의해 획득된 결과의 신뢰도를 가리킨다'고 들었습니다. 초4 학생들의 수학 능력을 재기 위해 신뢰할 수 있는 검사인 고3 수준 수학 문제로 검사를 구성하게 되면, 아무리 신뢰할 수 있는 검사일지라도 4학년들의 검사 결과로 신뢰도를 구하면 .8, .9의 신뢰도가 나올 수 없기 때문이라고 합니다. 그렇다면 고3 수학 문제가 아무리 잘 만들어졌다고 해도 초4 학생들에게 실시할 때 신뢰도 있는 검사라고 말할 수 없다는 의미인가요?

신뢰도는 검사 자체의 속성이 아니라 그 결과로 산출된 점수에 대해서 구하는 것이지요. 고3에게 실시했을 때 그 결과 매우 신뢰할 수 있었던 고3 검사를 초

4에게 두 번 실시하여 검사–재검사 신뢰도를 구한다고 상정해 보시기 바랍니다. 모든 초4 학생이 모든 사지선다형 검사 문항들에 대하여 그저 추측하여 답을 찍는다고 생각해 보시면, 대략 모든 점수들이 특별하게 과도한 선행학습을 한 초4 학생을 제외한다면 100점 만점에 25점 내외로 나오겠지요. 그럼, 검사–재검사 신뢰도는 0에 가까울 수 있습니다. 그림을 그려 보시면 이해가 빨리 될 것 같아요.

실제 구할 수 있는 검사 신뢰도의 종류 정리 부분에서, 반분 신뢰도의 실시 횟수는 1로 나와있습니다. 하지만, 문항을 반반씩 나누어 검사하였기 때문에 2회 실시가 아닌가요?

한 검사의 문항 수가 40개라고 가정하면, 20개씩 2회 실시했다는 말씀이신지요? 하위검사라는 개념으로 보면 그럴 수도 있겠네요. 만약 문항 하나하나가 하위검사라고 보면 검사를 40회 실시했다고 말할 수도 있겠지요. 그러나, 별로 의미 없는 것 같아요. 반분 신뢰도를 구할 때 우리가 사용하는 자료가 40개 문항 검사 하나를 1회 실시한 것으로부터 온 것입니다. 반분 신뢰도를 구하기 위하여 자료 분석 시에 그 결과를 20문항씩 두 개로 나누어서 생각하는 것뿐이죠. 결국 우리가 신뢰도를 구하고 싶은 검사는 40개 문항 검사이니까요.

반분 신뢰도 전체 문항 수의 반을 검사한 후, 동형검사 신뢰도처럼 연달아 이어서 남은 반의 문항을 검사하나요?

우리가 신뢰도를 알고자 하는 검사가 50문항을 가지고 있다면, 일단 그냥 문항1부터 문항50까지 담고 있는 검사를 실시하는 것입니다. 학생에 따라서 푸는 순서는 다를 수도 있겠지요. 쉬운 문항부터 우선 푸는 학생들도 많으니까요. 그리고, 그 검사 결과를 가지고 반반 나누는 것(25문항씩)은 여러 방법이 있다고 말씀드렸지요? 즉 몇 번 몇 번 문항들을 골라서 25점 만점의 검사를 두 개 구성하는지는 통계적 처리에서 하는 일입니다.

신뢰도의 개념에서 각각 정확성계수, 안정성계수, 동형성계수, 내적일

치도계수를 배웠는데요, 이것들이 모두 신뢰도를 구하는 것들이라면 각각은 어떤 경우에 사용되는 것인가요?

정확성계수는 말씀드린 대로 이론적인 것이기 때문에 실제로 구할 수 없는 것입니다. 다른 것들은 이 값을 '추정'하기 위한 것입니다. 안정성계수는 강의노트에 적혀있는 대로 같은 검사를 두 번 실시하고 얻을 수 있는 방법이구요, 동형검사는 동형검사를 만든 경우, 내적일치도계수는 시험을 한 번만 치르고도 신뢰도를 구할 수 있는 방법입니다. 각각 어떤 경우에 이것을 구해야만 한다고 정해진 바가 없구요, 크론바흐 알파가 가장 편리하기 때문에 요즘은 대부분 이것으로 신뢰도를 추정합니다.

Spearman-Brown 공식은 반분 신뢰도 구하는 식과 검사의 길이가 신뢰도에 미치는 영향 두 군데 모두에서 사용될 수 있는 것 같습니다. 맞는지요?

네! 검사의 길이가 두 배가 된다면 신뢰도가 어떻게 될까?라는 질문에 스피어만-브라운 공식이 답해 줄 수 있죠. 이때 L=2가 되고요. 반분 신뢰도에서는 이러한 속성을 이용하고 있을 뿐입니다.

반분 신뢰도에서 문항을 반으로 나눠서 하나를 h, 다른 하나를 h'라고 하는 것은 알겠는데요, $r_{hh'}$ 자체는 어떻게 구하나요? 예를 들어서, 반분 신뢰도를 각각 전후법과 기우법으로 구한다고 할 때, 상관계수 $r_{hh'}$ 가 어떻게 도출된 것인가요? 문제처럼 EXCEL로 구하는 것이고 따로 구할 수 있는 공식은 없는 건가요?

전체 문항 수가 40개라면 반반 나누면 20문항짜리 검사가 두 개 생기는 셈이잖아요? 이 두 하위검사의 총점을 모든 개인에 대해서 구하면, 20점 만점의 두 검사 점수에 대한 두 개의 변수가 있는 셈이죠. 이 두 변수 간에 상관계수를 구하면 됩니다. 상관계수 구하는 공식은 강의노트에 있는데요, 실제로 이를 이용해서 계산하는 것은 통계 시간에 배우면 되고요, 지금은 직접 구하실 필요가 없습니다. 엑셀로 구할 때, 상관계수를 계산하기 위한 함수 사용이 가능합니다.

? 반분 신뢰도에서 40문제를 20문제씩 반으로 나누어서 검사를 한다고 설명해주셨는데 이것이 검사에 어떤식으로 적용이 되는지 잘 이해가 되지 않습니다. 그리고 반분신뢰도의 교정 공식이 왜 $2\gamma_{hh}'/1+\gamma_{hh}'$인지 궁금합니다.

어떤 교사가 중간고사를 위해서 30문항이든 40문항이든 시험 문항을 작성했다고 했을 때, 시험 실시 후 그 검사의 신뢰도가 알고 싶다면 어떻게 해야 할까요? 검사–재검사 신뢰도를 구하려면 일정 시간 후 동일 시험을 한 번 더 실시해야 합니다. 동형검사 신뢰도를 구하려면 동형검사를 만들어서 신뢰도를 구하고자 하는 시험과 함께 실시해야 하지요. 그런데, 반분 신뢰도를 구하겠다고 마음먹으면, 추가적 검사나 시험 제작 없이 해당 시험을 반으로 나누어서 채점을 하는 겁니다. 30문항 시험이었다면, 15문항을 가진 검사 2개가 실시되었다고 생각하고 채점한다는 것이지요. 그러면 그 두 결과 간의 상관을 구하면 γ_{hh}'이 됩니다. 반분 신뢰도의 교정 공식은 Spearman–Brown 공식에서 유도된 것이라고 수업 시간 통해서 배우셨지요? L=2일 때 반분 신뢰도 교정 공식이 됩니다. Spearman–Brown 공식 자체가 왜 그런 식이어야만 하냐고 물으신다면, 제 답변은 꼭 그럴 필요는 없다는 것입니다. 더 좋은 교정 공식을 만들어 낼 수 있다면 그것을 쓰면 되겠지요. 다만 Spearman–Brown 교정 공식이 수학적 근거(물론 문항 수 증가에 따라서 전체 검사 신뢰도가 어떻게 변할 것이라는 기본적 전제가 있겠지요)가 있고 또 현실적으로 타당한 결과를 제시해 주기 때문에 널리 쓰이고 있다고 말할 수밖에 없습니다.

? 반분검사 신뢰도 및 크론바흐 알파 신뢰도를 손으로 직접 계산할 수도 있는 건가요?

'손으로 직접 계산'한다는 의미가 연필과 종이만 가지고 구한다는 의미라면 물론 가능합니다만 계산할 것들이 많아서 쉽지 않을 것입니다. 반분검사 신뢰도나 크론바흐 알파를 구하려고 할 때, 엑셀이나 SPSS와 같은 컴퓨터 프로그램을 활용하는 것이 더 수월하고 일반적인 계산 방법입니다.

크론바흐 알파를 연필과 종이만 가지고 계산하려면, 필요한 정보로서 '전체 문항의 수, 문항 분산들, 총점 분산'을 먼저 구해야 합니다. 그다음 알파 공식 적용으로 간단히 구할 수 있을 것입니다.

반분신뢰도의 경우에는 일단 한 개의 검사를 둘로 나눈 경우에 대해서 이 두 하위 검사 간의 상관계수를 먼저 구해야 합니다. 그다음 스피어만-브라운 공식을 적용하면 됩니다.

객관도를 위해 사용하는 합치도에 대해 설명 부탁드리겠습니다.

합치도는 채점자가 있는 경우의 신뢰도인 객관도를 구하는 한 방법입니다. 두 채점자가 얼마나 합치되는 혹은 일치되는 결과를 산출하였는가를 계산하는 것입니다. 모든 피험자를 합격/불합격, 혹은 도달/미도달 등으로 각 채점자가 평가한 경우에, 두 채점자 모두 합격으로 판정했거나 불합격으로 판정한 학생들이 전체 학생 중에 얼마나 되는지를 따져보는 겁니다. 이 비율이 높을수록 합치도가 높다고 할 수 있고, 즉 채점자들이 일관된 결과를 산출하고 있다고 볼 수 있습니다. 이는 다시, 객관도가 높다고 표현할 수 있습니다.

진점수는 한 개인으로 볼 때 단일한 값인데 어떻게 진점수의 분산이라는 것을 구할 수 있는지요?

좋은 질문입니다. 이론적인 진점수의 분산은 한 개인으로부터 나올 수 없고요, 여러 명이 있을 때 그 사람들의 다른 진점수 값들이 있기 때문에 이론적으로 그 분산을 상상할 수 있는 것입니다. 시험을 보통 여러 명이 보니까요! 여하튼 실제로는 구할 수 없는 값들이지요.

하나의 검사 도구를 한 개인에게 사용하여 만약 100,000번의 반복 측정이 이루어졌고 그 평균 점수는 20이라고 합니다. 이때 만약 한 검사 결과에서 28을 얻었다면, '관찰점수'와 '진점수' 그리고 '측정의 오차'는 각각 무엇입니까? 또한 '측정의 표준오차'는 무엇입니까?

반복하여 매번 측정할 때마다 나오는 측정의 오차가 엄청나게 많겠죠? 한 검사 결과가 28인 경우 측정의 오차는 8일 것입니다. 하지만 반복측정할 때마다 그 값은 달라질 것입니다. 그리고 관찰점수는 28이고 진점수는 20이 됩니다. 측정의 오차들이 전반적으로 어느 정도 크게 나타났는지를 알기 위하여 그러한 값들의 표준편차를 구하면 '측정의 표준오차'라고 부릅니다. 즉 반복측정 결과가 퍼져있는 정도를 하나의 값으로 요약한 정보라고 볼 수 있습니다.

? **동일 대상에 대한 반복측정을 통해 검사 도구의 일관성(신뢰도)을 파악하는 부분에서 생긴 궁금한 점인데, 검사 도구의 신뢰도를 파악하려면 이러한 분포가 정규분포의 그래프가 나올 경우에만 가능한가요?**

동일 대상에 동일 측정도구로 무한반복하여 측정할 경우, 그 값의 차이는 무선적 오차(혹은 우연적 오차)에 의해서 생긴다고 볼 수 있겠지요. 보통 통계학에서는 이러한 무선적 오차들이 정규분포 모양일 것이라고 '가정'합니다. 즉 앞에서 정규분포 공부하실 때 강조되었던 것처럼 (실제로 정규분포를 이룬다 혹은 이루어야 한다는 말이 아니라) 정규분포를 가정하는 하나의 경우라고 보시면 됩니다. 측정의 신뢰도를 공부하실 때 (실제로 이러한 우연적 오차들이 정규분포를 따르는지 여부보다—왜냐하면 이러한 반복측정이라는 것 자체가 상상의 산물이어서 이러한 결과가 이루는 분포 또한 상상일 뿐이어서 실제로 무엇인가를 계산하거나 하는 용도로 쓰이는 것이 아닙니다. 그저 신뢰도의 개념을 설명하기 위한 수단일 뿐입니다) 중요한 것은 이러한 반복측정 결과 분포의 변산도 크기와 신뢰도의 관계를 이해하시는 겁니다. 즉 변산도가 크면 측정 도구가 산출하는 값이 "일관되지 않다=신뢰할 수 없다"를 이해하시는 것이 핵심입니다. 그런데 이 변산도를 실제로 구하는 것은 불가능합니다. 상상의 산물이니까요! 이러한 논의는 모두 신뢰도에 대한 개념적 이해를 위한 것입니다.

? **하나의 검사 도구를 한 개인에 반복측정한 결과에 대해서 그 표준편차가 클수록 신뢰하기 어려운 측정도구라고 하는데요, 과연 어느 정도의 값일 때 표준편차가 크다고 하는 것인지, 정확히 정해져 있는 정도가 있는지 궁금합니다.**

여기서 핵심은 단순한 표준편차가 아니라 "한 도구를 한 사람에게 무한정 반복

측정했을 때 그 값들이 이루는 분포의 표준편차"라는 점입니다. 즉 이를 '측정의 표준오차'라고 한다는 점, 꼭 기억하시기 바랍니다. 측정의 표준오차는 검사 척도 크기의 영향을 받기 때문에 일정한 기준이 있을 수 없고요, 이와 연결된 개념인 '검사 신뢰도'를 구하게 되면 기준값이 생깁니다. 즉 신뢰도는 0에서 1 사이의 값을 갖게 되는데요, 대개 그 값이 0.8 이상이면 상업적으로 사용되기에 충분한 검사 신뢰도라고 판단합니다.

측정의 표준오차에 대해서 이야기할 때, X_1, X_2, X_3...이렇게 무한개의 점수를 구해서 평균을 내고, 그 평균이 진점수가 되는 거잖아요. 어차피 진점수를 가지고 각각의 점수에서 빼는 것이라면 분포가 날씬하든 뚱뚱하든(측정의 표준오차가 크든 작든) 별 문제 없는 거 아닌가요? 그러니까 분포에서 보면 T점수는 하나잖아요. 그래서 저는 반복측정 결과 분포의 표준편차를 측정의 표준오차라고 부르고 이를 중시하는 것이 이해가 안돼요.

이러한 반복측정 결과의 분포는 어디까지나 이론적인 것입니다. 즉 분포의 모양이 '날씬하다'는 의미는 반복해서 측정할 때 매우 비슷한 점수가 산출된다는 뜻입니다. '뚱뚱하다'는 의미는 잴 때마다 매우 크거나 작은 점수들이 나온다는 뜻이며, 다시 말해서 일관된 측정 결과가 나오지 않는다는 것입니다. 따라서 변산도(표준편차 혹은 측정의 표준오차)가 작을수록 더 신뢰할 수 있는 측정도구라고 말할 수 있습니다. 말씀하신 대로 하나의 심리검사를 통해서 개개인의 T점수를 알 수 있는 방법이 있다면 이러한 분포는 신경 쓰지 않아도 되고 심리검사의 신뢰도도 신경 쓸 필요가 없습니다. 그러나, 현실에서 우리는 개인의 T점수를 알 수 없고 하나의 관찰점수를 알 수 있을 뿐입니다. 이러한 반복측정의 논의 자체가 모두 이론적·개념적 상상의 산물일 뿐입니다. 이러한 이론적 토대를 이용하여 실제로 검사 신뢰도와 측정의 표준편차 추정치를 구하고자 하는 것이 고전검사이론의 핵심이라고 말할 수 있습니다.

?

한 개인의 점수를 얼마나 신뢰할 수 있는지 파악하려면 측정의 표준오차를 알아야 한다는 것과, 한 개인에 대해서 이론처럼 무한히 시험을 반복하는 것이 불가능하기 때문에 표준오차를 직접 계산하는 것이 불가능하다는 것은 이해했습니다. 하지만 모든 개인이 왜 같은 정도의 측정의 표준오차를 가진다고 가정해야 하는지가 이해가 되지 않습니다.

말씀하신 대로 "모든 개인이 같은 정도의 측정의 표준오차를 가진다"라는 가정을 고전검사이론에서 하고 있습니다. 측정의 표준오차는 검사 도구의 속성(신뢰도)이기 때문에 이는 결국 "하나의 검사 도구가 피험자들의 특성(혹은 능력) 수준과 무관하게 같은 정도의 신뢰도를 갖는다고 본다"는 의미가 됩니다. 말하자면, 고전검사이론이 추구한 것은 하나의 검사나 시험에 대해서 단일한 신뢰도를 구하는 것이었기 때문에 이와 같은 가정을 하였다고 보면 됩니다. 그런데, 사실은 하나의 검사 도구가 피험자의 능력 수준에 따라 그 신뢰도가 다를 수 있거든요! 즉 고전검사이론의 가정은 옳다고 보기 어렵습니다. 그래서 고전검사이론에 대한 비판 속에서 만들어진 현대검사이론(문항반응이론)에서 제공하는 신뢰도는 능력 수준에 따른 함수(단일한 값이 아니라)로 나타납니다. 그럼에도 불구하고, 오늘날까지 고전검사이론이 쓰이고 이러한 단일 값으로서의 신뢰도 개념을 우리가 배우는 이유는 나름의 효용성(어떤 검사 도구에 대한 양호도를 얘기할 때, 단일한 값으로서 신뢰도가 얼마이다라고 손쉽게 제공할 수 있다는 점)이 있기 때문입니다.

학문은 진리를 추구하는 것이지만 때로는 이처럼 사실과 부합하지 않는 가정에 기반해서 이론을 정립해 나가고 그에 따른 결과를 우리가 활용하기도 합니다. 물론 그것이 정당화되는 맥락은 일정한 효용성 즉 쓸모가 있을 때이지요. 어떤 사람이 그와 같은 가정을 도저히 못 받아들이겠다고 한다면 본인이 해당 이론 체계를 받아들이지 않으면 그만일 뿐이고요, 그 이론에 따른 효용성 때문에 잘 쓰고 있는 사람들에게는 절대 그 이론을 활용하지 말라고 강요하기보다 활용하기는 하되 이러저러한 문제점을 알고 쓰자고 논의하는 것이 더 합리적이고 또 학문하는 사람의 보편적 자세인 것 같습니다.

6장

검사 타당도

검사 타당도

 학습목표

✓ 타당도의 개념을 설명할 수 있다.
✓ 타당도와 신뢰도의 관계에 대하여 이해한다.
✓ 타당도의 종류를 구분하고 그 특징에 대해 설명할 수 있다.

1 타당도의 정의 및 개념

검사 도구를 구성할 때 생각해 보아야 할 가장 중요한 질문 중 하나는 그 검사를 통해 산출된 점수가 검사 사용자가 애초에 의도한 목적대로 활용되기에 얼마나 적절하고 의미 있고 또 유용하게 해석될 수 있는지가 된다. 검사 타당도에 대한 확인은 이와 같은 질문에 답하기 위하여 관련 증거들을 수집하고 판단하는 과정이다. 검사 타당도의 의미를 가장 일반적으로 표현하자면 '검사를 통하여 측정하고자 하는 바를 제대로 재고 있는 정도'라고 할 수 있다. 이를 다르게 표현하면 앞의 질문에서 말한 바와 유사하게 '검사 점수로 만들어진 해석의 적합성, 의미성, 유용성의 정도'가 된다.

예를 들어, 중학교 1학년에게 실시된 수학 검사의 점수를 통해 우리는 학생 개개인이 가지고 있는 수학 개념에 대한 이해 정도나 계산 능력 등을 측정하고자 할 것이다. 따라서 수학 점수가 반영하는 바가 이러한 수학적 이해나 능력이 되어야 바람직하다. 만약 수학 점수를 결정하는 요인에 국어 능력이나 체력적 요소 등 검사의 본래 목적상 적합하지 않은 요인이 영향을 미친다면 이 수학 검사는 타당하지 못하다고 평가받아야 할 것이다. 다른 예시로 직업적성검사를 생각해 보자. 이 검사를 실시하는 사용자는 해당 검사에서 높은 점수를 받은 피험자가 관련 직업에서의 업무를 처리할 때 높은 성과를 보일 것으로 기대할 것이다. 만약 적성 검사 점수와 실제 수행에서의 역량이 아무런 관련이 없다면 이 적성 검사는 타당하지 못하다고 봐야 한다. 이렇듯 기본적으로 타당도란 평가 결과가 의도된 목적과 얼마나 잘 부합하는지를 살펴보기 위한 것이다.

한 검사의 타당도를 검정하고자 할 때 전통적으로 교육측정 분야에서는 다음과 같은 세 가지 범주에서 살펴보는 것이 일반적이다. 첫째, 내용 타당도(content validity)로서 검사 내 문항들이 다루고 있는 주제 및 내용들에 대한 전문가들의 판단에 근거하여 타당도를 평가한다. 둘째, 준거 타당도(criterion-related validity)로서 타당도를 살펴보고자 하는 검사 결과와 이미 타당도를 검증받은 다른 검사 결과 간의 상관관계를 통하여 타당도를 평가한다. 셋째, 구인 타당도(construct validity)로서 검사 점수에 대한 통계적 분석을 통하여 검사가 이론적으로 의도한 바를 제대로 측정하고 있는지에 대하여 종합적으로 살펴보는 분석 방법이다. 앞 장에서 살펴본 검사 신뢰도 분야에서는 여러 가지 신뢰도 추정 방법 중 하나를 사용하면 되었지만, 이와는 달리 한 검사의 타당도를 살펴볼 때는 이러한 다양한 측면에서의 타당도를 모두 검토해야 한다는 점을 유념할 필요가 있다. 근래에는 이처럼 '내용, 준거, 구인' 타당도 측면의 3가지 증거를 통해 검사 타당도를 보던 전통적 체계에서 보다 확장되어, '검사 내용, 내적 구조, 다른 변수와의 관계, 반응 과정, 검사 결과' 등 5가지 증거에 기초하여 타당도를 살펴보아야 하는 것으로 이론적 변화가 시도되고 있다. 본 장에서는 우선 전통적 체계에 따른 타당도 검정 방법에 대해서 자세히 소개하고, 변화된 내용에 대해서도 살펴보고자 한다.

검사 타당도와 관련하여 비록 학문적으로 널리 인정받는 개념은 아니지만 자주 쓰이는 용어로서 안면타당도(face validity)에 대해서 생각해 볼 필요가 있다. 안면타당도란 하나의 교육 및 심리검사가 '무엇을 실질적으로 측정하고 있는가'에 관심을 두기보다는 '얼핏 보기에 무엇을 측정하고 있는 것으로 보이는가'에 더 초점을 둔다. 다시 말하여 안면타당도란 검사가 주는 첫인상에 대한 판단 정도로 이해할 수 있다. 예를 들어, 새로 제작된 지능검사의 문항들이 왠지 지능이라는 구인을 잘 측정할 것 같은 인상을 준다면 안면타당도가 높은 것이지만 너무 수학 문항들인 것처럼 느껴진다거나 창의성을 측정하는 것처럼 느껴진다면 안면타당도가 낮다고 해야 한다. 이와 같은 검사 도구에 대한 첫인상은 검사 전문가이든 전문가가 아니든 무관하게 판단할 수 있다. 이런 점에서 앞에서 말한 바와 같이 안면타당도는 학문적으로 인정받았다거나 검사 매뉴얼 등에 그 검토 결과가 꼭 기재되어야 하는 것은 아니다. 심지어 안면타당도가 부족한 검사일지라도 실제로는 매우 타당한 검사일 가능성이 있다. 다만 어떤 검사의 안면타당도가 부족하다면 검사 사용자 입장에서 자신 있게 해당 검사를 자신의 학교나 기관에 도입하기 어려울 것이며 막상 실시가 되어도 응시자 입장에서 제대로 된 검사인지에 대한 의구심을 갖게 되기 쉽다. 따라서 검사 제작자는 이왕이면 검사의 안면타당도가 어떠할지 고민하면서 문항을 작성하는 것이 바람직하다.

2   타당도와 신뢰도의 관계

앞에서 살펴본 바와 같이 검사 신뢰도는 측정의 일관성에 대한 개념이다. 그리고 검사 타당도는 측정하고자 하는 것을 얼마나 잘 측정하고 있느냐에 대한 개념이다. 이렇듯 신뢰도와 타당도는 각각 살펴보고자 하는 바가 다르기는 하지만, 두 개념의 관계에 대해서 잘 숙지하고 구별할 필요가 있다. 검사 신뢰도를 파악하기 위해서는 검사 결과가 일관되게 나타날 것인가에 대한 증거를 찾는 것으로 충분하지만, 검사 타당도의 경우 응시자의 점수가 검사 제작자가 측정하고자 의도한 바와 같은 구인에 대하여 응시자의 능력이 높고 낮음을 제대로 반영하는지 살펴보기 위하여 보다 다양한 접근(내용, 준거, 구인 타당도)이 필요하다.

두 개념 간의 관계를 살펴보기 위하여 몇 가지 질문을 해볼 수 있다: 타당한 검사를 신뢰하지 못할 수 있을까? 신뢰할 수 있는 검사는 타당한 검사일까? 타당하지 않은 검사를 신뢰할 수 있을까? 이러한 질문들에 대하여 제대로 답하려면 다음 몇 가지 사항에 대하여 이해할 필요가 있다.

첫째, 검사 신뢰도의 저하를 불러오는 원인은 검사 점수에서 나타나는 무선적 오차(random error)에 있다. 무선적 오차가 영향을 미친다는 것은 우연적 요인에 의해서 검사 결과 즉 점수가 달라졌다는 것을 의미한다. 이는 앞의 신뢰도 장에서 설명한 오차점수(E)와 같다고 보면 된다. 예를 들어 응시자가 우연한 실수에 의해서 어떤 문항에 오답한 경우, 우연히 추측으로 응답한 문항에 대해서 정답 반응한 경우, 혹은 시험 볼 때 갑자기 너무 피곤하여 원래 실력대로 응답하지 못한 경우 등이 무선적 오차가 생기게 되는 상황이다. 검사-재검사 신뢰도를 살펴보는 상황을 생각해 보면, 이런 우연적 사건들이 똑같이 반복해서 발생하기는 어려울 것이기 때문에 측정의 일관성을 낮추는 요인으로, 즉 검사 신뢰도를 떨어뜨리는 원인이 될 것임을 쉽게 이해할 수 있다.

둘째, 검사 타당도를 낮추는 원인으로는 무선적 오차에 더하여 체계적 오차(systematic errior) 혹은 고정오차가 추가된다. 무선적 오차가 측정 시점이나 장소에 따라서 우연적으로 변화하여 나타나는 것에 반하여 체계적 오차는 그렇지 않기 때문에 진점수(T)에 포함되어 있는 오차라고 볼 수 있다. 몸무게를 재는 저울을 예로 생각해 보자. 어떤 저울이 아무리 반복하여 측정을 하여도 항상 2kg 정도 더 나오게 초기 설정이 되어 있다면 이는 체계적 오차라고 할 수 있다. 혹은 한 응시자가 과학 논술 문항에 응답하는 데에 있어서 영향을 미치는 국어 능력이 검사 제작자가 일반적으로 상정한 것보다 현저하게 높거나 떨어진다면 이러한 요소는 지속적으로 채점 결과에 영향을 미치게 된다.

셋째, 위와 같은 논의에 기초하여 신뢰도와 타당도의 관계를 규정하면 '신뢰도는 타당도의 필요조건이다', 혹은 '타당도는 신뢰도의 충분조건이다'라고 말할 수 있다. 다시 말하여 신뢰도가 매우 높은 검사일지라도 타당도는 높을 수도 혹은 낮을 수도 있다. 하지만, 타당도가 매우 높은 검사는 신뢰도 역시 어느 정도 높을 수밖에 없다. 검사 점수 분산을 타당도 및 신뢰도 영역 그리고 무선적 오차로 인한 영역으로 구분하여 그림으로 표현하면 [그림 6-1]과 같다. 이 그림에서 ①영역이 크면 클수록 이 검사의 점수는 높은 타당도를 보인다고 해석할 수 있다. 또한 ①과 ②를 합한 영역이 클수록 검사 점수의 신뢰도가 높다고 해석할 수 있다. 이 그림을 보면서 다음의 문장 각각에 대해서 왜 맞는(O) 혹은 틀린(X) 것인지 생각해 보자.

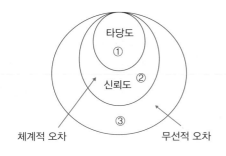

구분	신뢰도	타당도
① 영역	Yes	Yes
② 영역	Yes	No
③ 영역	No	No

그림 6-1 검사 신뢰도와 타당도의 관계

– 신뢰도가 낮으면 타당도 역시 낮다 (O)

– 신뢰도가 높으면 타당도 역시 높다 (X)

– 신뢰도가 높으면 타당도는 높을 수도 있고 낮을 수도 있다 (O)

– 타당도가 낮으면 신뢰도 역시 낮다 (X)

– 타당도가 높으면 신뢰도 역시 높다 (O)

– 신뢰도가 낮을 때 타당도는 높을 수도 있다 (X)

– 타당도가 낮을 때 신뢰도는 높을 수도 있다 (O)

– 타당도는 신뢰도의 충분조건이다 (O)

– 신뢰도는 타당도의 필요조건이다 (O)

3 타당도 검정을 위한 여러 종류의 접근 방법

1) 내용 타당도

지능이나 수학 성취도 혹은 자기효능감과 같은 특정한 구인을 측정하기 위한 검사를 만든다고 할 때 이러한 검사에 포함될 수 있는 모든 가능한 문항들의 집합을 상상해 보자. 이러한 집합을 '전집'(universe)이라고 부른다. 이러한 문항 전집을 실제로 확보한다는 것은 시간적·비용적 제약 등으로 인하여 거의 불가능한 일일 것이다. 하나의 교육 및 심리검사가 무한대로 많은 수의 문항들을 포함하는 것은 있을 수 없는 일이기 때문에, 실제로 한 검사를 제작한다는 것은 이러한 문항 전집으로부터 일정한 수의 문항들을 표집하는 과정이라고도 볼 수 있다. 내용 타당도를 살펴본다는 것은 검사에 포함된 문항들이 전집을 대표할 수 있도록 적절히 구성되었는지를 전문적으로 판단하는 것을 의미한다. 따라서 검사 제작자의 입장에서 내용 타당도가 확보된 검사를 만들려면, 측정하고자 하는 구인의 주요 요소들을 문항들이 잘 반영할 수 있도록 하고 관련이 없는 내용들은 배제될 수 있도록 노력해야 한다.

학업성취도 검사를 제작할 때는 해당 교육과정에서 다루는 다양한 목표 혹은 내용들이 각각의 비중에 맞게 검사 문항들에 반영되도록 신경 쓰는 것이 일반적이다. 이러한 교육과정 목표나 내용에 대한 정보를 확인할 수 있는 자료들은 국가 및 학교수준 교육과정, 교사가 학기 시작 전 작성하는 수업계획서(syllabus), 교과서 등으로 다양하다. 대규모 학업성취도 검사나 내신고사용 시험 문항을 작성하려면 위와 같은 정보들을 일단 잘 요약하여 정리할 필요가 있다. 이러한 요약 결과는 보통 이원분류표(〈표 6-1〉)나 출제계획표(〈표 6-2〉)에 담게 된다. 이원분류표의 경우 보통 내용소와 행동소로 구분하여 제시된다. 행동소는 보통 Bloom의 교육목표분류학에 의거하여 지식, 이해, 적용, 분석, 평가 등으로 구성되며, 내용소는 측정하고자 하는 교과 범위가 포함하는 구체적 주제 등을 의미한다.

〈표 6-1〉의 예시에서 내용소는 과학이 포함하는 생물, 물리, 화학 등으로 크게 제시되었지만 검사 목적에 따라서 보다 세밀한 단위로 구성하는 것도 물론 가능하다. 이 표의 각 칸에 제시되어 있는 숫자들은 검사 내 문항 번호를 의미한다. 즉 이 시험의 1번 문항과 4번 문항의 경우 생물에 대한 주제를 다루며 학생의 지식 수준을 측정하기 위한 문항이라는 뜻이다. 그러나 각 칸에 문항 번호가 아니라 해당되는 문항들의 수를 기입하는 것도 가능하다. 〈표 6-2〉에서는 특정 자격시험 제작을 위하여 작성한 출제계획표 양식을 제시하고 있다. 이를 통하여 구체적으로 어떤 영역에서 무슨 내용으로 문항이 제작되는지 그리고 예상되는 문항 난이도는 어떠한지 등에 대한 정보를 담게 된다.

표 6-1 과학 과목 이원분류표 예시

		Topic (내용소)			
		생물	물리	화학	...
Skill (인지적 행동소)	지식	1,4	20	2,15	9
	이해	19	11,13	3	16
	적용		5,14	18	8
	...	10	12	7	17

 표 6-2 OO 자격시험 출제계획표 예시

	출제위원	출제대표
출 제 계 획 표		

일련 번호	출제 범위		출제 내용	문항 수	정답률			출제자
	과목	출제영역			낮음	보통	높음	
1								
2								
3								
			...					
30								

예를 들어, 전기기사 자격증 부여와 관련된 자격시험이라면 전기기사라는 직업을 가지고 전문적으로 활동하게 될 때 필요한 지식이나 기능 등(혹은 이들을 측정하는 것과 관련한 무한한 문항들의 전집)을 잘 대표할 수 있는 문항 표본들로 시험이 구성되어야 한다. 이를 위하여 검사 제작자는 전기기사로서 알아야 하는 지식들을 담고 있는 교과서 등의 문헌들을 분석하고 성공적인 전기기사의 업무에서 나타나는 기능적 특징들을 잘 관찰할 필요가 있다. 검사 제작자는 이러한 분석 및 관찰 결과 등을 토대로 이원분류표나 출제계획표를 작성한 뒤 구체적 문항 작성을 하게 된다.

한 검사에 대한 내용 타당도를 검정하고자 할 때, 이를 수행하는 내용 전문가들은 검사 제작자가 작성한 이원분류표나 출제계획서 등을 바탕으로 주관적 판단에 따라서 각 문항의 타당성 정도를 평가하게 된다. 이때 내용 전문가 간 주관적 판단이 상이하여 논란이 존재할 여지는 분명히 존재하지만, 가급적 충분한 논의와 검토를 통하여 해당 검사 문항들이 측정하고자 하는 바를 제대로 측정할 수 있는지에 대한 결론에 도달할 수 있도록 노력하게 된다.

2) 준거 타당도

준거 타당도란 검사 점수(X)가 측정 구인과 관련하여 응시자가 드러내는 능력 정도나 수행 수준(Y)을 얼마나 적절하게 추정하는지에 대한 증거를 수집하는 것이다. 단적으로 말하여, 검사 점수 변수와 다른 도구를 통해 확인한 응시자의 능력 정도(말하자면, 준거) 간의 상관계수(r_{xy})를 구하여 그 값이 클수록 준거 타당도가 높다고 판단한다. 이처럼 준거 타당도를 보기 위한 상관계수를 구하려면, 타당도를 살펴보고자 하는 검사에 대한 응시자들의 응답 자료(특히 각 응시자들의 검사 점수)에 더하여 준거라고 부르는 변수의 자료들 역시 필요로 한다. 준거란 동일한 구인을 측정하되 이미 타당도를 인정받은 다른 검사를 의미하기도 하고 검사가 측정하고자 목적하는 바를 이미 반영하고 있는 변수를 뜻하기도 한다. 전자의 예시로서, 만약 새로 개발한 지능검사(타당도를 살펴보고자 하는 검사)에 대한 타당도를 검정하고자 할 때 이미 성공적으로 개발되어 널리 쓰이고 있는 또 다른 지능검사가 '준거'가 되는 경우를 들 수 있다. 후자의 예시로는, 새로 만든 직업적성검사(타당도를 살펴보고자 하는 검사)의 타당도를 검정하고자 할 때 이 검사를 치른 응시자들이 해당 직업 세계에서 얼마나 잘 직무를 수행하고 있는지 등을 반영하는 직무평정 결과가 '준거'가 되는 경우이다.

그렇다면 준거 타당도를 확인하고자 할 때 어떤 변수를 준거로 삼아야 할까? 여기서 한 가지 주의할 점은 절대평가를 지칭하는 준거지향평가라는 용어에서 사용하는 준거라는 말과 이 장에서 사용하는 준거는 다른 의미로 사용되고 있다는 점이다. 절대평가에서의 준거는 학생을 평가하기 위한 기준으로 사용되지만, 여기에서의 준거는 검사 점수의 타당도를 확인하기 기준으로서 의

미를 갖는다. 앞에서 살펴본 바와 같이, 준거 타당도 검정을 위해 필요한 준거
는 검사가 측정하고자 하는 구인 혹은 검사의 목적이 달성된 정도를 드러내 줄
수 있어야 한다. 추가로 예를 들어보면, 고등학생을 대상으로 지도성(leadership)
역량을 측정하기 위한 새로운 검사의 타당도를 살펴보고자 할 때, 준거로는 '반
장 등 학습이나 학교에서 임원을 맡은 횟수', '지도성 증진 캠프에서 보낸 기간',
'기존 이미 타당성을 검증받은 지도성 검사 결과' 등을 고려해 볼 수 있을 것이
다. 이처럼 적절한 준거는 검사의 측정 구인 및 목적과 분명한 관련성이 있어야
한다.

준거 타당도는 준거가 획득되는 시점을 기준으로 해서 두 가지 유형이 존재
한다. 하나는 공인 타당도(concurrent validity)로서 이는 검사 자료를 얻는 동일 시
점에 준거에 대한 양적 자료 역시 획득 가능한 경우를 말한다. 다른 하나는 예
측 타당도(predictive validity)로서 준거 관련 양적 자료를 얻으려면 우리가 타당도
를 살펴보고자 하는 검사의 자료를 얻은 시점으로부터 일정 시간이 지나기를
기다려야 하는 경우를 말한다. 아래에서는 각각의 타당도에 대하여 자세히 살
펴보기로 한다.

(1) 공인 타당도

만약 준거 관련 측도(Y)가 우리가 타당도를 살펴보고자 하는 검사의 점수(X)
와 동일 시점에 확보될 수 있다면 두 변수 간 상관계수는 공인 타당도의 증거로
활용될 수 있다. 공인 타당도가 논리적으로 성립되려면 검사 점수가 해당 응시
자가 준거에서 나타내는 특성 정도를 잘 반영하는 것이어야 한다.

예를 들어, 대학수학능력시험의 준거 타당도를 살펴보고자 할 때를 상상해
보자. 수능의 목적은 여러 가지가 있을 수 있으나 그중 '고등학교에서 얼마나
성실하게 공부를 잘 했는가'를 측정하는 맥락이라면 적절한 준거는 무엇이 될
까? 이때 큰 문제 없이 내신 성적을 준거로 활용할 수 있을 것이다. 수능 성적
이 산출되는 시점에 내신에 대한 정보 역시 확보할 수 있기 때문에, 이 상황에
서 우리는 공인 타당도를 검정하고 있음을 알 수 있다. 그렇다면 수능 점수가
높은 학생은 내신 성적 역시 높다고 나타날까? 수능과 내신 간의 상관이 높다
면 우리는 수능의 공인 타당도가 높은 편이라고 그리고 상관이 낮다면 수능의

공인 타당도가 낮은 편이라고 판단하게 될 것이다.

이때 대략적으로 상관계수를 판단하는 기준은 성태제와 시기자(2020)에 따르면 〈표 6-3〉에 제시된 바와 같다.

 표 6-3 준거 타당도 검정을 위한 상관계수 판단 기준

상관계수	준거 타당도 평가
0.0~0.2	타당도가 거의 없다
0.2~0.4	타당도가 낮다
0.4~0.6	타당도가 있다
0.6~0.8	타당도가 높다
0.9~1.0	타당도가 매우 높다

(2) 예측 타당도

만약 준거 관련 측도(Y)를 얻는 것이 검사 점수(X)를 얻은 뒤 일정한 시간이 흐른 미래 시점에서 가능하다면, 그 상관계수는 예측 타당도의 증거가 된다. 일반적으로 검사의 목적은 학업성취도 평가와 같이 응시자의 현재 능력 수준을 파악하는 것일 수도 있지만 학업 혹은 적성 검사와 같이 향후 응시자가 보일 역량을 예측해 보기 위한 것일 수도 있다. 현재 시점에서 얻은 검사 결과가 미래에 나타날 준거에서의 수행 정도를 잘 예측하는지 관심이 있다면 우리는 검사의 예측 타당도를 살펴보아야 한다.

예를 들어, 대학수학능력시험의 준거 타당도를 살펴보고자 하는 경우를 다시 한번 상정해 보자. 이번에는 수능의 목적을 대학에 입학 후 성공적으로 학업을 수행할 수 있는지를 예측해 보는 측면에 초점을 두는 맥락이라면 적절한 준거는 무엇이 될까? 이 경우 대학에 입학한 후 얻게 되는 학점을 고려해 볼 수 있다. 수능 점수를 확보한 뒤 준거 즉 학점 결과를 얻으려면 일정한 시간이 흐른 미래 시점이 되어야 하기 때문에 이 경우 우리는 수능의 예측 타당도를 살펴보게 된다. 간단히 말하여, 수능 성적이 높은 학생이 대학에서 높은 학점을 얻는 경향이 나타난다면 대학수학능력시험의 예측 타당도가 높다고 말할 수 있다.

비슷한 예시로서, 앞에서 잠깐 언급한 바와 같이 기업체 채용 절차에서 활용되는 인적성 검사의 준거 타당도를 살펴보는 상황을 생각해 볼 수 있다. 해당 인적성 검사의 예측 타당도를 확인하려면 지원자가 회사에 입사한 뒤 보이는 근무 역량이 준거가 되어야 한다. 여기서 근무 역량을 확인할 수 있는 방법은 다양하게 존재한다. 영업직 사원이라면 일정한 기간 동안 올린 영업 성과일 수 있고, 혹은 사무직 직원이라면 상사나 동료가 평가한 근무 평정 결과가 준거로서 활용될 수 있을 것이다.

　교육 및 심리검사뿐만 아니라 의학적 진단과 같은 다른 종류의 검사 상황하에서도 예측 타당도의 개념은 유용하게 활용될 수 있다. 예를 들어, 의학 분야에서는 유전자 검사를 통하여 향후 발생할 수도 있는 암 질환에 대하여 예측하고 있다. 이 경우 유전자 검사의 예측 타당도는 어떻게 판단할 수 있을까? 이 경우 일정한 시간이 흐른 후의 추적 조사를 통하여 유전자 검사에서 암 발병 확률이 높은 것으로 나타난 피험자가 정말 암에 걸렸는지 여부를 조사해 보아야 한다. 즉 미래 시점에서의 암 발생 여부가 준거가 된다. 유전자 검사 결과가 암 발생 확률이 있다/없다의 이분적 진단이었고 준거 측도 역시 암 발생 여부라는 이분적 상황일 때, 앞에서 우리가 사용한 두 양적 변수에 대한 상관계수(r_{xy})는 더 이상 활용하기 어려울 것이다. 이때는 〈표 6-4〉와 같은 분할표를 작성한 후 생각해 볼 필요가 있다. 먼저 유전자 검사가 정확히 예측한 것은 True Positive(TP, 정탐-긍정)와 True Negative(TN, 정탐-부정)인 경우이며, 정확하지 못한 예측을 한 것은 False Positive(FP, 오탐)와 False Negative(FN, 미탐)가 된다. 보통 통계학에서는 모든 관련 건수(N)에 대하여 정확히 예측한 건수의 비율을 정확도(Accuracy=(TP+TN)/N)라고 부르는데, 이 값이 높을수록 암 예측 유전자 검사의 예측 타당도 역시 높다고 할 수 있을 것이다.

표 6-4 이분적 결과에 대한 예측 타당도 살펴보기

		미래 시점에서의 실제 암 발생 여부	
		발생	발생 않음
유전자 검사 결과에 따른 분류	암 발생할 것임	True Positive	False Positive
	암 발생 안 할 것임	False Negative	True Negative

3) 구인 타당도

구인 타당도는 응시자의 검사 점수가 측정 대상인 구인 혹은 구성개념이라고 불리는 잠재적 변수(latent variable)를 추정하는 데에 얼마나 적절한지를 판단하는 것이다. 구인은 직접 관찰이 불가능한 가정적 혹은 과학적 아이디어로서, 교육 및 심리검사는 이를 점수라는 관찰 가능한 값으로 외현화하기 위한 도구이다. 구인의 예시로는 지능, 학업성취도과 같은 인지적 특성 그리고 자기효능감이나 시험불안과 같은 정서적 특성 등을 들 수 있다. 구인 타당도를 검증하려면 우선 구인에 대한 이론적 체계를 확실하게 설정해야 한다. 검사 제작자는 이러한 이론적 체계에 따라서 검사 점수의 높고 낮음이 측정하고자 하는 구인과 관련한 응시자 특성의 정도를 반영할 수 있도록 문항을 작성한다.

지능에 대한 이론 체계는 보통 그 하위구인으로서 공간지각력, 언어 능력, 수리적 능력 등을 포함하여 설명한다. 만약 한 지능검사가 지능이라는 구인을 타당하게 측정하고 있다면, 높거나 낮은 지능검사 점수는 이러한 하위구인들과 관련하여 이론이 예측한 바대로의 행동을 관찰 가능한 값으로서 보여주고 있는 셈이다. 반대로 말하여, 공간지각력이 뛰어난 응시자라면 공간지각력과 관련한 문항들에서 높은 확률로 정답 반응을 보여서 높은 검사 점수를 획득하게 될 것이다. 만약 높은 수준의 공간지각력을 가진 응시자가 관련 문항들에서 오답 반응을 많이 보이는 것으로 나타난다면, 이 검사의 구인 타당도는 좋지 않은 것으로 판단된다. 즉 이러한 검사 문항들은 공간지각력을 타당하게 평가하고 있지 못한 것이다.

검사 결과에 대한 통계적 분석 결과, 아래와 같은 문장들을 성공적으로 긍정할 수 있다면 이는 구인 타당도의 증거로서 기능할 수 있을 것이다.

- 검사가 측정하고자 의도했던 단일한 구인을 측정하고 있는 것으로 보인다.
- 검사 제작을 위한 이론적 배경이 예측한 바와 같이 나이, 성별, 실험/통제 등의 집단 구분에 따라서 검사 점수 평균에 차이가 존재한다(예를 들어, 지능검사를 보면 공간지각력 점수 평균은 남자 집단이 더 높고 언어 능력 점수 평균은 여자 집단이 더 높다. 다른 예시로, 중학생에 대한 학교폭력 대응력 검사의 결과에 대해서 일정 기간 학교폭력 대응력 향상 프로그램을 이수한 실험 집단 학생들의 검사 점수

평균이 통제 집단 학생들에 비하여 높다).
- 검사의 하위검사 간 상관계수나 문항 간 상관계수가 이론적 배경에 따라서 예측된 바와 같이 나타난다(지능검사의 경우 공간지각력, 언어 능력, 수리 능력 간 의 상관계수 그리고 공간지각력을 묻는 문항들 간의 상관계수 등이 기대된 바와 같다).

전통적으로, 구인 타당도는 모든 타당도 관련 증거를 통합하는 개념(unifying concept)으로 인식됐다. 즉 내용 타당도나 준거 타당도 역시 어떤 측면에서는 구 인 타당도를 살펴보기 위한 증거를 제공한다고 볼 수 있다. 하지만 이러한 관점 에도 불구하고 이하에서는, 다른 방식으로 구인 타당도 증거를 확보하는 방법 에 대해서 살펴보고자 한다. 만약 구인과 관련한 응시자의 특성 정도를 나타내 주는 값을 쉽게 얻을 수 있다면, 이러한 잠재 변수와 검사 점수 간의 상관계수 를 통하여 구인 타당도를 살펴볼 수 있을 것이다. 하지만, 구인은 앞에서 설명 한 바와 같이 직접 관찰이 불가능하기 때문에 대개 다음과 같은 방법을 통하여 구인 타당도를 검정하게 된다.

첫째, 검사 제작을 위한 이론적 배경을 확인한다.

둘째, 이러한 이론적 체계에 따라서 검사 문항이 제작되었음을 확인한다.

셋째, 예비 검사(pilot testing)를 실시한다. 예비 검사는 보통 200명 이상의 응시자에 게 최종 검사 문항을 확정하기 전에 실험적으로 실시해 보는 검사를 말한다.

넷째, 예비 검사 자료를 대상으로 통계적 분석을 실시한다. 이를 위하여 상관분 석, 실험설계법, 집단차이방법, 요인분석 등 다양한 기법이 활용될 수 있다.

다섯째, 통계적 분석 결과를 활용하여 이론적 근거에 따라서 문항이 제작되 었다는 증거 혹은 그렇지 않다는 증거를 확보한다. 전자의 경우 해 당 문항이 타당한 것으로 평가하게 되며 후자의 경우 해당 문항을 수정 혹은 제거해야 함을 함의한다.

4) 타당도 검정 체계의 변화

앞에서 정리한 바와 같이, 타당도 검정은 검사 도구가 측정하고자 한 바를 제대로 측정하고 있는지에 대한 증거를 확보하는 작업을 의미한다. 이러한 타당도 개념은 1954년에 처음 미국심리학회에 의하여 제시되어 최근까지 변화 과정을 겪어 왔다. 앞에서 살펴본 바와 같이 상당 기간 타당도의 체계는 내용 타당도, 준거 타당도, 구인 타당도로 구성되는 것으로 통용되어 왔으나, 2014년부터는 미국교육학회, 미국심리학회, 미국교육측정학회에서 제시한 바와 같이 "타당도는 수집한 증거가 평가 결과, 즉 점수가 의도한 해석을 지지하는 정도"라는 정의 아래에서 보다 다양한 종류의 증거를 요구하고 있다. 이러한 관점 아래에서 타당도는 다음과 같은 크게 5가지 종류의 증거를 다각적으로 수집하는 통합적 과정으로 이해할 수 있다: 검사 내용에 기초한 증거, 다른 변수와의 관계에 기초한 증거, 내적 구조에 기초한 증거, 반응 과정에 기초한 증거, 검사 결과에 기초한 증거를 말한다. 1954년부터 최근까지 타당도 개념에 대한 변화 과정을 정리하면 〈표 6-5〉와 같다(박지현 외, 2020, p. 44).

 표 6-5 타당도 개념의 변화 요약

구분/출처	APA(1954)	AERA 외(1985)	AERA 외(1999, 2014)
개념	평가도구 자체의 속성	평가 결과로부터 추론의 적합성	평가 결과의 해석에 대한 근거의 지지 정도
유형(증거) 구분	- 내용 타당도 - 준거 타당도 - 구인 타당도	- 내용과 관련된 타당도의 증거 - 준거와 관련된 타당도의 증거 - 구인과 관련된 타당도의 증거	- 검사 내용에 기초한 증거 - 다른 변수와의 관계에 기초한 증거 - 내적 구조에 기초한 증거 - 반응 과정에 기초한 증거 - 검사 결과에 기초한 증거

　타당도 개념에 대한 여러 차례의 변화에도 불구하고 기본적으로 내용 타당도(검사 내용에 기초한 증거), 준거 타당도(다른 변수와의 관계에 기초한 증거), 구인 타당도(내적 구조에 기초한 증거)에 대한 관심은 지속적으로 강조되고 있음을 확인할 수 있다. 근래에 개발되는 다양한 검사 프로그램들 역시 검사의 양호도를 검증하기 위하여 신뢰도와 함께 이러한 세 가지 측면에서의 타당도를 살펴보는 것이 일반적이다.

　'반응 과정에 기초한 증거'는 주로 응시자의 검사 문항에 대한 반응 과정에 대한 분석을 통해 수집하게 되며 각 문항에 대한 응시자의 접근 방법이나 풀이

전략 등에 대한 실제적 정보가 점수 해석에 적합한지를 분석한다. 예를 들어, 미적분에 대한 수학 시험에서 응시자의 풀이 과정을 면밀하게 관찰할 경우 응시자가 미적분에 대한 제대로 된 이해에 바탕하여 반응하고 있다면 타당한 평가를 하고 있다는 증거가 되지만, 이러한 이해 없이 공식에 의존하여 기계적으로 풀고 있다면 과연 미적분과 관련한 능력을 제대로 측정하고 있는지 의심해 보게 될 것이다. 이러한 미적분 시험 예시에서, 단순히 응시자의 문제이며 검사 자체의 타당도에 무슨 문제가 있는가라는 의문이 제기될 수 있다. 하지만 검사 타당도는 검사 자체에 대한 판단이라기보다는 '검사의 시행으로 도출된 검사 결과(점수)에 대한 해석이 평가목표에 부합하는지', 혹은 '평가 결과를 목적에 맞게 사용할 수 있는지'에 대한 판단임을 기억할 필요가 있다.

검사 결과에 기초한 증거는 검사 사용으로 발생한 결과의 여러 측면을 확인하는 데에 초점을 둔다. 즉 검사 결과를 바탕으로 평가목표로 설정하였거나 설정하지 않은 결과나, 의도하였거나 의도하지 않은 결과가 얼마나 나타났는지를 살펴본다. 이는 결과 타당도(consequential validity)라고 불릴 수도 있는데, 검사나 평가 방법이 학생, 교사, 학교, 교육기관, 나아가서 사회 전반에 미치는 영향에 관련한 증거를 수집하는 활동을 내포한다. 예를 들어, 다음과 같은 질문들에 대한 답을 찾는 과정은 결과 타당도를 살펴보기 위한 증거 수집 과정이 될 수 있다. 수능 시험으로 인하여 사교육비의 증가가 있었는지? 기업 채용 절차에서 인적성 검사가 사용됨에 따라서 경비절감이 있었는지? 인적성 검사를 통해 직원들을 채용하였더니 업무 효율성 증가 정도는 어떠하였는지? 결과적으로, 검사가 의도한 기능을 제대로 수행하지 못하였거나 응시자 개인이나 관련 사회에 좋지 못한 영향을 미친 것으로 나타난다면 결과 타당도에 대한 부정적 증거가 된다.

핵심단어 정리하기

타당도	무선적 오차
내용 타당도	체계적 오차
준거 타당도	이원분류표
구인 타당도	공인 타당도
안면타당도	예측 타당도

연습 문제

 타당도에 대한 설명으로 옳지 <u>않은</u> 것을 고르시오.

① 과학 시험의 이원분류표를 작성함으로써 검사의 내용 타당도를 높였다.

② 직접 제작한 간편 지능검사와 기존의 웩슬러 지능검사와의 상관관계를 구함으로써 공인 타당도를 검정했다.

③ 영어 시험을 실시하고 난 뒤 그것이 학생들에게 긍정적인 변화를 가져왔는지 검토하여 예측 타당도를 검정했다.

④ 창의성의 구인인 이해성, 도전성, 개방성 간의 상관계수를 구하여 창의성 검사의 구인 타당도를 검정했다.

② 어느 회사에서 신입 사원 채용을 위한 적성검사를 진행하였고, 그 결과를 통하여 근무평정을 추정하였다. 이러한 검사 타당도에 대한 설명으로 옳은 것을 모두 고른 것은?

ㄱ. 동시 측정이 가능하여 타당성 검증을 위한 시간을 절약할 수 있다.

ㄴ. 검사 점수와 외적 변수와의 관계를 분석하며, 보통 상관관계로 계산한다.

ㄷ. 검사 점수가 시간적으로 현시점의 준거 척도를 예측하는 정도를 의미한다.

ㄹ. 검사의 목적에 부합하는 외적 변수에서 자료의 절단이 생겨 타당도가 과소추정될 위험성이 존재한다.

① ㄱ, ㄴ ② ㄴ, ㄷ ③ ㄴ, ㄹ ④ ㄷ, ㄹ

3 다음은 타당도에 대한 설명이다. 다음 중 옳은 것을 모두 고른 것은?

A. 무선적 오차와 체계적 오차는 모두 타당도의 저해요인이다.

B. 내용 타당도는 검사 내용 전문가에 의한 주관적 판단에 의존한다.

C. 공인 타당도는 검사 점수가 시간적으로 어떤 미래의 준거 척도를 예측하는 정도를 의미한다.

D. 안면타당도는 과학적이고 체계적인 확인 절차로 평가한다.

① A, C ② A, B ③ B, C ④ C, D

4 다음은 김 교사가 학기말 시험문제를 출제하는 과정을 진술한 것이다. 김 교사가 출제과정에서 고려한 타당도로 가장 적합한 것은?(11 중등)

중학교에서 국어를 가르치고 있는 김 교사는 다음과 같은 방법으로 학기말 시험문제를 출제하였다. 우선 이원분류표에 근거하여 수업목표 및 교수·학습과정에서 중요하게 다루었던 내용들을 확인하였으며, 이것들을 중심으로 학기말 시험문제를 출제하였다. 시험문제를 출제한 후 국어 교과 전문가와 협의하여 자신이 출제한 문항들이 대표성을 가지고 있는 문항표집인지 점검하였다.

① 내용타당도 ② 안면타당도 ③ 공인타당도 ④ 구인타당도 ⑤ 예언타당도

5 학생들의 학업성취도를 평가하기 위한 검사도구를 개발하려고 할 때 교사가 가장 관심을 기울여야 하는 타당도는?(00 중등)

① 내용타당도 ② 구인타당도 ③ 공인타당도 ④ 예언타당도

2017학년도 중등학교교사 교육학 논술형

다음은 신문 기사의 일부이다. 이를 바탕으로 '2015 개정 교육과정의 실질적 구현 방안'이라는 주제로 서론, 본론, 결론의 형식을
갖추어 단위 학교 차원에서의 교육기획, 교육과정 내용의 조직, 학생 참여 중심 수업과 그에 따른 평가의 타당도를 논하시오. [20점]

○○신문   2016년 ○○월 ○○일

교육부 『2015 개정 교육과정』 발표 이후, 학교 현장의 준비는?

교육부는 핵심역량을 갖춘 창의융합형 인재 양성을 위한 『2015 개정 교육과정』을 발표하였다. 개정 교육과정에 따르면, 학교 교육
에서는 인문·사회·과학기술에 대한 기초 소양 함양을 위한 교육과정을 마련하고, 학생 참여 중심의 수업을 진행하여, 배움의 과정을
평가하는 방향으로 나아가야 한다는 것이다. 새 교육과정을 적용하기 위해 노력하고 있는 중·고등학교 현장의 목소리를 들어 보았다.

◆ **교육기획의 중요성 부각**
A 교장은 단위 학교에서 새 교육과정이 체계적으로 운영
되도록 돕는 교육기획(educational planning)을 강조했다.

" 새 교육과정은 교육의 핵심인 교수·학습 활동의 중심을
교사에서 학생으로 이동시키는 근본적인 전환을 강조
하고 있습니다. 저는 실질적 의미에서 학생 중심 교육이
우리 학교에 정착할 수 있도록 모든 교육활동에 앞서
철저하게 준비할 생각입니다. "

◆ **학생 참여 중심 수업 운영**
C 교사는 학생 참여 중심의 교수·학습을 준비하기
위해서 교사 연수 프로그램에 참여하고 있다고 말했다.

" 저는 구성주의 학습환경 설계에 관한 연수에 참여하고
있습니다. 문제 중심이나 프로젝트 중심의 학습 활동을
실행하기 위해서는 적합한 학습 지원 도구나 자원을 학생
들에게 제공해야 한다는 것을 알게 되었고, 학습 활동 중에
교사가 수행해야 할 역할에 대해서도 이해하게 되었습니다. "

학교 현장의 목소리

◆ **교육기획 재구성 확대**
개정 교육과정의 취지에 따른 교과 내용 재구성에 대해
B 교사는 다음과 같이 말했다.

" 교사는 내용 조직의 원리를 제대로 파악할 필요가 있습니다.
저는 몇 개의 교과를 결합해 교육과정을 편성·운영해 보
려고 합니다. 각 교과의 내용이 구획화되지 않도록 교과
교사들 간 협력을 강화하고자 합니다. 이러한 시도는
교육과정 설계에서 교과 간의 단순한 연계성 이상을 의미
합니다. "

◆ **학생 평가의 타당도 확보**
학생 중심 수업에서의 평가와 관련하여 D 교사는
다음과 같이 말했다.

" 학생 참여 중심 수업에서도 평가의 타당도는 여전히 중요
합니다. 타당도에는 준거 타당도와 구인 타당도 등이
있습니다. 그러나 저는 이원분류표를 작성해 평가가
교육목표에 부합하는지를 확인하는 방법으로 타당도를
높이는 방안을 고려하고 있습니다. "

〈배 점〉

○ 논술의 내용 [총 15점]
 – A 교장이 강조하고 있는 교육기획의 개념과 그 효용성 2가지 제시 [4점]
 – B 교사가 채택하고자 하는 원리 1가지와 그 외 내용 조직의 원리 2가지(연계성 제외) 제시 [4점]
 – C 교사가 실행하려는 구성주의 학습 활동을 위한 학습 지원 도구·자원과 교수 활동 각각 2가지 제시 [4점]
 – D 교사가 고려하고 있는 타당도의 유형과 개념 제시 [3점]

○ 논술의 구성 및 표현 [총 5점]
 – 논술의 내용과 '2015 개정 교육과정의 실질적 구현 방안'의 연계 및 논리적 형식 [3점]
 – 표현의 적절성 [2점]

논의해 보기

- 예측 타당도의 개념에 대해 이해하고 실제 사례를 구성해봅시다.
- 구인의 개념을 적용하여 하나의 검사 도구를 만들어봅시다.

? FAQ

'하나의 검사는 타당도 없이도 높은 신뢰도를 가질 수 있다.'는 말이 맞는 거죠? 그럼 이 경우 '쓸모없는 검사'라고 말할 수 있나요?

타당도는 신뢰도의 충분조건입니다. 타당도 없이 높은 신뢰도를 가지는 경우는 존재할 수 있으며 이 경우 '일관된 결과를 산출하기는 하지만 재고자 하는 것을 제대로 재고 있지 못한 검사'라고 볼 수 있습니다. 쓸모없는 검사라고 부를 수 있습니다.

타당도를 저해하는 근원으로 체계적 오차를 배웠고 이 개념으로 타당도가 신뢰도의 충분조건이라는 사실을 도출하였는데, 그렇다면 타당도를 저해하는 근원이 무선적 오차+체계적 오차 이 두 가지인 것이 맞나요?

맞습니다.

준거-관련 타당도와 관련해서 강의에서 자료의 절단은 준거에서 일어난다고 말씀해주셨는데, 항상 자료의 절단은 준거에서만 일어나는 것인가요? 만약 그렇다면, 왜 그런 것인지 궁금합니다.

"수능"의 타당도를 보고자 하는 상황일 때 준거를 대학교 입학한 이후의 성적인 '학점'으로 잡는다면, A대학교 정시에 지원한 학생들의 수능 성적은 다 있겠지만 학점은 일단 합격하여 1학기를 보낸 학생들만 가지고 있겠지요. 즉 A대학교 합격자와 불합격자들의 수능 성적은 모두 존재하지만(타당도를 보고자 하는 검사의 자료는 다 존재하지만), A대학교 학점은 합격자들에게만 존재할 것입니다. 즉 예측 타당도에서 말하는 자료의 절단(일정 부분 없음 → 불합격자들의 학점이 없음)은 학점(준거)에서 발생하는 것이지요.

? 타당도를 보고할 때 내용 타당도, 준거-관련 타당도, 구인 타당도를 모두 제시해야 한다고 하셨는데 이 타당도들 간에 차이가 존재한다면 그 검사 도구의 타당도는 어떻게 정의해야 하는 것인가요? 예를 들어 내용 타당도는 높고 준거 관련 타당도는 낮다고 했을 때 그 검사 도구의 타당도를 어떻게 말할 수 있는지 알고 싶습니다.

세 종류의 타당도 중에서 하나가 낮게 나타난다면 타당도가 좋지 않다고 판단해야 합니다. 즉 세 종류의 타당도 결과가 모두 좋게 나와야 타당한 검사입니다.

? 준거-관련 타당도의 정의가 다른 변수와의 관계에 기초하여 타당도를 검증하는 방법으로서 검사 점수와 외적 변수와의 관계를 분석한다고 되어있습니다. 여기서 '외적 변수'가 정확히 무엇을 의미하는지 여쭤보고 싶습니다.

타당도를 보고자 하는 검사와 측정 목적을 공유 및 반영하거나 비슷한 구인을 재는 다른 측정 도구 혹은 결과를 '준거'라고 불렀지요. 이러한 '준거'가 바로 외적 변수입니다. 예를 들어, 수능의 목적을 대학 입학 후 얼마나 공부를 잘할지 예측하는 것이라고 볼 경우, 그 목적을 반영하는 측정 결과는 대학에서 받은 '학점'이겠지요. 수능의 타당도를 보는 맥락에서, 이러한 학점이 바로 '준거' 혹은 '외적 변수'라고 볼 수 있습니다.

? 검사 타당도 부분 질문입니다. 예측 타당도와 공인 타당도는 준거를 구하는 시점에 따라 구분되는 것으로 이해했습니다. 미래에 구하게 되면 예측, 현시점에 동시에 구할 수 있으면 공인으로 알고 있습니다. 수업에서는 내신과 수능의 상관관계를 구하면 이미 내신은 3-1학기에 마무리되니 수능 성적과 비교할 수 있으니 공인 타당도에 해당할 수 있다고 이해했으나, 만약 수능을 아직 안 본 입장에서 수능 점수가 없고 내신 점수만 있을 때는 현시점에 동시에 구할 수 있는 것이 아니니 공인 타당도라고 할 수 없는 것이죠? 그렇다면 이것을 예측 타당도라고 부르나요? 내가 A, B 상관관계를 구할 때 가지고 있는 점수가 현재 둘 다

가지고 있느냐, 아니면 하나는 기다려야 하느냐에 따라(상황, 시간에 따라) 그 타당도의 명칭이 구분되는 것은 다른 건가요?

잘 이해하고 계신 대로 예측 타당도와 공인 타당도를 구분하는 것은 '준거가 존재하는 시점'입니다. 준거 관련 타당도 검증에서 준거를 정하는 것은 매우 신중하게 이루어져야 하며 검사의 목적을 잘 고민해야 합니다. 질문하신 수능(타당도를 검증하고자 하는 검사)과 내신(준거)의 경우, 수능 점수가 없고 내신 점수만 있을 때라는 것은 수능의 준거 타당도를 보고자 하는 입장에서 아직 아무것도 할 수 없는 단계입니다. 다시 말하여, 수능의 타당도를 알고 싶은 상황에서 수능 자료가 주어졌을 때 비로소 내신(준거)의 자료가 현재 존재하는지가 관건이 됩니다. 만약 내신이 타당도를 보고자 하는 검사이고 수능이 준거인 경우라면, 이때 내신 성적이 완료된 시점(3학년 1학기 혹은 여름방학 중)에 타당도를 보고자 하는 검사의 자료는 있고 수능(준거) 자료는 없기 때문에 내신에 대한 예측 타당도를 보는 상황이 됩니다.

'결과 타당도'와 관련해 질문을 드립니다. 결과 타당도를 측정한다면 어떤 식으로 측정하는 건가요? 만약, 중간고사가 학생의 학업에 어떤 결과를 가져왔는지 결과 타당도를 측정하기 위해서는 중간고사 성적과 학생의 학업성취도를 측정해 통계적 분석을 하는 건가요? 아니면 학생의 학업능력 향상을 연구자가 주관적으로 판단하는 것인가요?

결과 타당도를 보려면 양적연구를 할 수도 있고 질적연구를 할 수도 있습니다. 양적연구의 예를 들자면, 수능이 사교육을 증가시키는지를 따져보고자 한다면, 몇 년간에 걸쳐서 수능 성적과 사교육비 조사 결과를 바탕으로 그에 맞는 통계적 기법을 적용하여서 인과관계가 성립하는지 분석해 볼 수 있습니다. 질적연구를 하자면, 고3 학생들을 대상으로 심층 면접 및 관찰 연구를 진행하여 그들의 입시 준비 과정에서 수능 준비를 위하여 사교육에 얼마나 의존하는지 등을 조사할 수 있겠지요. 수업 시간에 말씀드린 바와 같이, 결과 타당도는 일반적으로 말하는 '재야 할 바를 잘 재는 정도'로서의 타당도 개념과는 거리가 멀고 하나의 검사 혹은 시험이 개인, 학교, 사회 등에 어떠한 영향을 미치는지를 따져보는 것을 말합니다. 긍정적 영향을 미친다는 결론을 얻을 수 있으면 결과 타당도가 좋다고 보고, 반대로 부정적 영향을 미친다면 결과 타당도가 나쁘다고 보는 것입니다.

7장

—

문항분석

7장

문항분석

학습목표

✓ 문항분석의 개념을 설명할 수 있다.

✓ 고전검사이론과 문항분석이론에 따른 문항분석 방법을 이해한다.

✓ 문항분석을 활용하여 검사 문항을 평가하고 개선하는 방법을 익힌다.

1 문항분석의 개념

앞에서 우리가 검사 신뢰도 및 검사 타당도 등을 공부할 때, 개별적인 문항에 관심을 두기보다는 문항들의 집합인 검사 단위의 논의에 집중하였다. 본 장에서는 교육 및 심리검사를 이루는 기초 단위인 각 문항의 수행에 중점을 두고 개별 문항의 특성을 파악하고 평가하기 위한 구체적 방법들에 대해서 살펴보기로 한다. 하나의 검사나 시험이 그 자체로는 우수한데 좋지 못한 문항들로 구성되어 있는 상황은 상상하기 어렵다. 즉 어떠한 특성을 가진 문항들로 검사를 구성할 때 보다 신뢰할 수 있고 타당한 검사가 될 수 있는지 혹은 검사 활용 목적을 잘 충족시킬 수 있을지 등에 관심을 갖는 것은 당연한 일이다. 검사 제작자나 심리측정학자들이 주어진 한 검사가 얼마나 좋은 검사인지에 관심을 가질 때 보통 이를 '검사 양호도를 살펴본다'라고 말한다. 검사 양호도는 검사 신뢰도, 검사 타당도, 그리고 문항분석의 세 가지 차원에서 살펴보는 것이 일반적이다. 이들 세 가지 개념은 서로 독립적인 것이라기보다는 밀접하게 연관되어 있다. 예를 들어, 한 검사를 구성하는 문항이 능력이 높은 사람과 낮은 사람을 잘

변별할 수 있다면(능력이 높은 사람은 잘 맞히고 능력이 낮은 사람은 틀리게 될 경향이 높
다면) 전체 검사의 신뢰도나 타당도를 높이는 데 기여할 수 있다. 이렇듯 검사
내의 각 문항이 검사 신뢰도나 타당도에 기여하는 정도를 파악할 수 있다면
검사를 제작하거나 검사 양호도를 제고하고자 할 때 매우 유용한 정보가 될
수 있다.

정리하자면, 문항분석이란 양호한 검사를 제작 및 활용하고자 할 때 이를 구
성하는 개별 문항의 특성을 이해하고 선택하기 위하여 여러 검사이론적 방법을
동원하여 각 문항의 속성과 수행 정도를 파악하는 것을 말한다. 각 문항에 대한
판단은 정성적이거나 정량적으로 이루어질 수 있는데, 전자의 경우 전문가의
식견에 의존하는 질적 문항분석(qualitative item analysis) 그리고 후자의 경우 통계적
분석 결과를 활용하는 양적 문항분석(quantitative item analysis)이라고 부른다. 이하
에서는 질적 문항분석에 대해서 간략히 살펴보고 이어서 고전검사이론과 문항
반응이론 맥락에서의 양적 문항분석 방법에 대해서 알아본다.

질적 문항분석은 통계적 분석이 아닌 내용 전문가, 응시자 등의 진술과 주관
적 판단 등을 통해 이루어진다. 즉 검사 제작자는 관련 이해 당사자들이 제공한
의견에 기초하여 개별 문항이 양호한 문항으로 제대로 작동하는지 혹은 문제점
이나 단점 등이 있기 때문에 수정이 필요한지 등에 대한 결정을 하게 된다. 질
적 문항분석을 시도할 때 내용 전문가들을 활용할 경우 주로 [그림 7-1]과 [그
림 7-2]와 같은 체크리스트가 사용된다. 이러한 체크리스트에서 한 항목이라도
부정적 판단을 얻게 될 경우 검사 제작자들은 해당 문항에 대한 추가적 논의를
하여 수정 방향 혹은 제거 여부를 결정하게 된다.

수능: 문항 내용 점검표

검사 이름:

검사 문제집 영역:

문항 번호: No.

평가자:

평가 일자: 20 년   월   일

1. 문항 내용에 대한 평가

예　아니요

____ ____ (1) 문항의 내용이 수학능력시험의 기본개념과 부합합니까?

____ ____ (2) 문항의 내용이 대학입학 후 학업하는 데 중요한 내용을 측정합니까?

____ ____ (3) 문항이 단순기억이 아닌 고등정신(분석력, 종합, 비판)을 측정합니까?

____ ____ (4) 문항의 내용이 고교 교육과정의 내용 수준에 맞습니까?

____ ____ (5) 문항의 내용이 통합 교과적 출제라고 생각 하십니까?

____ ____ (6) 문항의 내용과 정답이 논쟁거리가 되지 않습니까?

____ ____ (7) 문항과 답지가 피험자의 언어수준에 적합한 단어들로 서술되었습니까?

____ ____ (8) 정답이 되는 두 개 이상의 답지가 없습니까?

____ ____ (9) 오답지들이 매력적입니까?

____ ____ (10) 답지의 내용들이 모두 문항과 관계된 내용을 포함하고 습니까?

____ ____ (11) 문항에 답을 암시하는 단어나 내용이 포함되어 있지 않습니까?

____ ____ (12) 문항의 내용이 성별에 따른 편견성을 배제하였습니까?

2. 이 문항에 대한 총평:

(　　) 사용가

(　　) 수정 후 사용가

(　　) 사용 불가

3. 특이사항 및 문항 수정 내용

그림 7-1 질적 문항분석을 위한 체크리스트 예시: 수능의 문항 내용 점검표

수능: 문항 형식 점검표

검사 이름:
검사 문제집 영역:

문항 번호: No,
평가자:
평가 일자: 20 년   월   일

1.   문항 형식에 대한 평가

예   아니요
____ ____ (1) 질문의 내용이 간결, 명확합니까?
____ ____ (2) 부정문을 사용하지 않았습니까? 사용하였다면 밑줄이 그어졌습니까?
____ ____ (3) 질문과 답지들이 간단한 단어와 단문으로 구성되어 있습니까?
____ ____ (4) 답지의 수가 4개 혹은 5개입니까?
____ ____ (5) 답지들의 문법적 구조가 동일합니까?
____ ____ (6) 답지들에 공통되는 단어, 구, 절들이 반복하며 포함되어 있지 않습니까?
____ ____ (7) 답지들의 길이가 유사합니까? 만약 유사하지 않다면 짧은 답지부터
            긴 답지로 배열되어 있습니까?
____ ____ (8) 답지들이 연도나 수를 나타낼 때 작은 수부터 큰 수로 배열되었습니까?
____ ____ (9) '모든 것이 정답'이나 '정답 없음'의 답지를 사용하지 않았습니까?
____ ____ (10) 질문과 답지의 서술, 표현형식이 문항작성 편집지침에 부합합니까?

2. 문항에 대한 총평:
(   ) 사용가
(   ) 수정 후 사용가
(   ) 사용 불가

3. 특이사항 및 문항 수정 내용

그림 7-2 질적 문항분석을 위한 체크리스트 예시: 수능의 문항 형식 점검표

---

2   양적 문항분석: 고전검사이론과 문항반응이론의 적용

질적 문항분석과 달리 양적 문항분석은 개별 문항을 단위로 통계적 분석 결과를 활용한다. 예를 들어, 어떤 문항이 얼마나 어려운지에 대한 판단 지표를 '문항 정답률'로 정의하고 통계 분석을 통해 그 수치를 구한다. 이러한 결과를 활용하면, 모든 검사 문항들을 어려운 정도에 따라서 배열한다든가 사전에 설

정한 판단 기준에 따라서 매우 쉽거나 어려운 문항을 효율적으로 파악할 수 있게 된다. 검사 제작 과정에서 질적 문항분석 결과를 활용하게 되면 모든 문항에 대해서 분석에 참여한 각 내용 전문가들의 모든 판단을 일일이 살펴서 부정적 판단을 얻은 항목에 대한 검토가 이루어져야 했다. 하지만 양적 문항분석에서는 미리 설정한 기준에 따라서 특이한 경우(예를 들어, 너무 어려운 문항이거나 너무 쉬운 문항이거나)로 판정된 문항만 살펴보면 되기 때문에 한층 효율적인 활용이 가능하다.

1) 고전검사이론을 통한 문항분석

고전검사이론(classical test theory, CTT)은 앞의 신뢰도에 관한 장에서 살펴본 바와 같이 관찰점수가 진점수와 오차점수의 합($X=T+E$)이라는 기본적 공식을 통해 전개된다. 이 식에서 볼 수 있는 바와 같이, 고전검사이론의 주된 관심은 검사점수에 있다. 달리 말하여 고전검사이론의 주된 분석 단위는 문항이 아니라 검사이다. 하지만 검사 제작상의 필요로 인하여 고전검사이론에서는 개별 문항을 어떻게 통계적으로 분석하고 판단할지에 대한 방법론이 발달하였으며 이를 '전통적 문항분석'이라고 부른다. 고전검사이론을 통한 문항분석을 실시할 때 대개 적어도 200명 이상 응시자로부터의 응답 자료가 필요하다고 알려져 있다. 이하에서는 각 문항이 얼마나 어렵고 쉬운지에 대한 '문항 난이도'와 능력이 뛰어난 사람과 낮은 사람을 얼마나 잘 분별하는지에 대한 '문항 변별도' 개념에 대해서 살펴 본다. 또한 선다형 문항에 대한 추가적 분석으로서 '오답지의 매력도' 및 '오답지 기능성'을 어떻게 구하고 활용하는지를 알아보기로 한다.

'문항 난이도'는 한 문항의 쉽고 어려운 정도를 의미하며, 보통 선다형 문항이나 진위형 문항과 같이 이분적으로 문항 점수(맞으면 1점, 틀리면 0점)가 주어지는 경우, 해당 문항에 정답을 한 학생의 수와 표본에 있는 모든 학생의 수(N)의 비율로 정의된다. 이를 문항 정답률이라고도 부를 수 있으며, 공식으로 보면 다음과 같다.

$$p_i = \frac{1}{N} \sum_{i=1}^{N} X_{ij}$$

여기서 X_{ij}는 문항i에 학생j가 획득한 문항 점수이며 맞았을 경우 1점 그리고 틀렸을 경우 0점이 주어진 것으로 본다. p_i값이 작을수록 어려운 문항이며 반대로 클수록 쉬운 문항임을 의미하는데, 대개 관련 전문가들의 판단(rule of thumb)에 따르면 0.2보다 작거나 0.8보다 클 경우 각기 너무 어렵거나 너무 쉬운 문항으로 판정한다.

'문항 변별도'는 한 문항이 피험자의 능력이나 특성에 있어서 그 개인차를 파악하는 데에 있어서 얼마나 유용한가를 평가하기 위해서 사용될 수 있다. 앞에서 언급한 바와 같이 문항 변별도는 그 값이 클수록 전체 검사 신뢰도나 타당도를 높이는 방향으로 기여하게 된다. 문항 변별도를 파악하기 위하여 흔히 개별 문항의 점수와 전체 검사 점수 간의 상관계수를 이용한다. 이는 양류계수 (point-biserial coefficient: r_{pb})라고 불리는 특수 상관계수를 계산하여 구할 수 있다. 즉 0과 1로 이루어진 이분변수로서의 문항 점수와 전체 검사 점수 간에 상관을 구해야 한다. 그러나, 양류계수의 구별되는 공식 및 산출 방법에도 불구하고 앞의 신뢰도 장에서 살펴본 적률상관계수(Pearson product-moment correlation coefficient) 공식을 적용하여 구한 결과와 값이 동일하다. 문항 변별도를 평가하기 위한 판단 기준은 보통 0.3이 활용된다. 즉 어떤 문항의 변별도가 0.3보다 작을 경우 그 변별도가 만족스럽지 않은 것으로 판정한다. 이러한 문항은 삭제하거나 수정 과정을 거친 후 다시 변별도를 평가할 필요가 있다.

선다형 문항의 경우 한 문항에 대한 응시자들의 반응을 0과 1로 채점한 뒤에 문항분석을 실시하면 각 오답지에 대한 응답 정보가 무시되기 쉽다. 따라서 분석의 단위를 문항 속의 답지 하나하나로 옮겨서 오답지별 반응 빈도를 살펴볼 경우 이를 '오답지 매력도'라고 부른다. 각 오답지가 얼마나 매력적인지 혹은 매력적이지 못한지 파악할 수 있다면, 충분히 매력적이지 못한 오답지에 대해서 그 이유를 생각해 보고 수정 여부를 판단하기 위한 정보로 활용하게 된다. 구체적으로 말하여, 선다형 문항의 한 오답지가 응시자들에 의해서 거의 선택받지 못한 경우(말하자면 2% 미만인 경우) 매력적 오답지라고 보기 어렵기 때문에 수정을 고려할 필요가 있다. 그리고, 각 오답지에 대해서 응시자가 선택한 경우 1, 그렇지 않은 경우 0으로 코딩한 자료를 작성한 후에 전체 검사 점수와의 상관계수를 구해보는 것도 유용한 정보를 제공해 줄 수 있다. 이러한 분석 결과는 '오답지 기능성' 검증을 위해 활용된다. 즉 이러한 양류계수가 −0.1보다 작거나 음수라면 해당 오답지가 매력적인 오답으로서 기능하고 있다고 본다. 정리하자면, 높은 점수를 받는 능력이 뛰어난 응시자들이 해당 오답을 덜 택하는 경향성이 나타나는 것이 당연하기 때문에 음의 상관계수라는 결과는 해당 오답지가 오답으로서 잘 기능한다는 증거가 된다는 것이다. 반대로 양의 상관계수가 산출된다면 해당 오답지는 능력이 뛰어난 응시자가 더 선택하는 경향성이 나타난다는 것이므로 '오답지로서 제대로 기능하고 있지 않다'라고 판단하게 된다.

앞에서 소개한 CTT하의 전통적 문항분석 지표인 문항 난이도, 문항 변별도, 선다형 경우 사용되는 오답지 매력도 및 오답지 기능성 등이 실제로 어떻게 계산 및 활용되는지 예시를 통해 살펴 보자. 〈표 7−1〉은 미국에서 전국적 규모로 실시된 중학교 2학년 대상의 수학 시험 문항에 대한 전통적 문항분석 결과를 보여주고 있다. 전체 13문항 중 9문항은 선다형이고 나머지 4문항은 구성형이었다. 이 표에서는 선다형 문항에 대한 문항분석 결과만 제시하고 있다. 전체 피험자 수는 2만여 명이었으며 Cronbach's α로 계산된 검사 신뢰도는 0.74였다. 아홉 개의 선다형 문항 중에서는 문항 4가 $p_4 = 0.82$로서 가장 쉬운 문항이었으며 문항 5가 $p_5 = 0.34$로 가장 어려운 문항이었다. 정답률이 80%가 넘는 쉬운 문항의 경우, 고부담 시험에서 피험자의 긴장이나 불안을 감소시킬 목적으로 첫 번째 문항으로 사용되기에 적합할 수도 있다. 양류계수(r_{pb})로 구해진 문항 변별도의 경우 모든 검사 문항들에서 0.3 이상의 값을 보여서 매우 양호한 것으로 나타났다. 하지만 이러한 기준은 절대적인 것은 아니며 검사 프로그램에 따라서 대략 0.2에서 0.4까지의 값들이 판단 준거로 사용될 수도 있다. 만약 어떤 문항의 양류계수가 이러한 준거보다 작은 것으로 발견된다면, 이는 높은 총점을 얻은 학생들이 이 문항에 대해서는 오답을 하는 경우가 많다거나 반대로 낮은 총점을 얻은 학생들이 이 문항에 대해서 정답을 할 가능성이 상대적으로 크다는 것을 의미하므로 해당 문항에 대한 재검토가 요구된다.

표 7-1 중학교 2학년 수학 시험 결과에 대한 전통적 문항분석 예시

문항	문항 유형	문항 통계치	답지, [ ]는 정답				
			A	B	C	D	E
1	선다형	p-value	.10	.11	[.68]	.04	.07
		r_{pb}	-.29	-.19	.44	-.14	-.12
2	선다형	p-value	.04	.02	.24	[.68]	.02
		r_{pb}	-.17	-.13	-.47	.58	-.10
3	선다형	p-value	.21	.14	.09	.05	[.51]
		r_{pb}	-.15	-.23	-.31	-.15	.54
4	선다형	p-value	.01	.05	.03	.09	[.82]
		r_{pb}	-.14	-.31	-.24	-.26	.48
5	선다형	p-value	.25	.22	[.34]	.09	.10
		r_{pb}	-.10	-.06	.38	-.11	-.22
6	선다형	p-value	.09	[.69]	.09	.01	.12
		r_{pb}	-.17	.44	-.20	-.12	-.24
7	선다형	p-value	.09	.10	[.59]	.09	.13
		r_{pb}	-.11	-.21	.44	-.18	-.17
8	선다형	p-value	.15	[.44]	.15	.23	.03
		r_{pb}	-.20	.56	-.19	-.26	-.09
9	선다형	p-value	.17	.06	.11	.08	[.58]
		r_{pb}	-.30	-.20	-.22	-.21	.60

문항 4의 오답지 A와 문항 6의 오답지 D는 겨우 1% 정도의 피험자들이 선택한 것으로 나타났다. 각각의 양류계수가 -0.14와 -0.12로서 능력이 떨어지는 학생들이 보다 더 많이 선택하는 경향성에 있어서 나쁘지 않은(즉, -0.1보다 작음) 결과를 보이기는 하였지만 혹시 이들 오답지가 너무 명백한 오답이거나 문법 및 어법 측면에서의 문제점을 가지고 있는지에 대해서 살펴볼 필요가 있을 것이다. 문항 6은 "자료 분석, 통계학 및 확률"에 관한 지식을 묻는 문항이었으며 그 내용은 다음과 같다.

> 문항 6. 한 중학교에서 학교 마스코트를 바꾸는 문제를 결정하기 위하여 여론조사가 진행 중
> 이다. 아래의 장소 중 학생 전체를 잘 대표하는 학생 표집을 얻기 위한 장소로 가장 적
> 합한 곳은 어디인가?
>
> A. 수학 교실
> B. 학교 식당 (정답)
> C. 상담실
> D. 불어 교실
> E. 교무실

문항 6의 오답지 D의 경우는 불어를 선택해서 듣는 학생이 얼마 되지 않을 수 있는데다가 선택 수업인 불어 공부를 위해 모인 학생들이 학생 전체를 잘 대표한다고 보는 것은 매우 어렵기 때문에 대부분의 학생이 이를 선택하지 않은 것으로 보인다. 또한 '불어 교실'의 경우 다른 장소들에 비해 다소 이질적으로 들리는 탓에 문제의 답을 모르는 학생도 답으로 선택하지 않았을 가능성이 있다. 따라서 이를 수정한다면 '음악 교실'이나 '미술 교실' 정도의 대안이 가능할 것으로 보인다. 문항 8의 오답지 E의 경우에 양류계수가 -0.09로 -0.1보다 약간 큰 것으로 나타났다. 오답지의 양류계수가 음의 값으로부터 0에 점점 가까워지거나 더 나쁜 경우 양의 값을 갖는다면 이는 피험자의 능력이 높을수록 해당 오답을 택하는 경향성이 점점 약해져야 한다는 기대에서 벗어난다는 의미이다. 이는 검사가 측정하고자 하는 능력과 관계없는 다른 요인에 의하여 해당 오답에 대한 반응이 이루어진다는 의미일 수도 있다.

2) 문항반응이론을 통한 문항분석

문항반응이론(item response theory, IRT)은 1960년대부터 그 이론적 배경의 근간이 서서히 형성되기 시작하였으며(Birnbaum, 1968; Load & Novick, 1968), 현재는 문항분석뿐만 아니라 검사 개발, 차별적 기능 문항, 컴퓨터화된 검사, 문항 은행, 검사동등화 등의 영역에서 활발히 사용되고 있다. CTT와 대비되는 IRT의 강점은 여러 가지가 있지만(Embretson & Reise, 2000), 그중 CTT와 극적으로 차별화되

는 특징은 문항과 피험자 모수가 같은 척도상의 값으로 표현될 수 있다는 점이다. 대개의 IRT 모형은 단일차원성(하나의 검사가 단 하나의 교육 및 심리 구인만을 측정함)을 가정한다. 이에 따라 단일한 연속체(continuum) 위에 피험자의 능력 수준이 표시될 수 있는데, IRT의 특이한 점은 이러한 능력 척도상에 문항의 난이도 역시 표시할 수 있다는 점이다. 이에 따라 피험자의 능력 수준에 맞는 맞춤형 검사제작이 가능할 뿐만 아니라 특정 문항의 곤란도나 변별도 등을 알고 있을 경우 피험자 개인의 해당 문항에 대한 수행 즉 정답확률을 통계적 모형을 통하여 쉽게 계산할 수 있다. 즉 검사가 아닌 문항 단위에서 피험자의 반응을 모형화하고 분석함으로써 개별적응검사(adaptive testing)와 같이 기존 CTT에서는 접근이 난해했던 분야에서도 실질적인 해결책을 제공해 준다. 이하에서는 복잡한 이론적 설명보다는 전통적 문항분석에 대비되는 IRT하에서의 문항 난이도, 문항 변별도, 문항 추측도, 그리고 오답지에 대한 분석 방법을 간략히 소개한다.

 IRT의 수리적 모형들은 피험자의 능력과 문항의 특성들의 함수로서 문항에 대한 특정한 반응의 확률을 구할 수 있도록 구성된다. 일차원성 가정하에서 각 문항이 맞고 틀림에 따라 1과 0으로 채점되었을 때 흔히 쓰이는 모형으로는 1모수, 2모수, 그리고 3모수 로지스틱 모형(1-, 2-, and 3-parameter logistic model; 1PLM, 2PLM and 3PLM)을 들 수 있다. 세 모형은 위계적 관계를 가지는데 3PLM이 가장 일반화된 혹은 복잡한 모형이다.

$$P(X_{ij}=1|\theta_j,a_i,\beta_i,\gamma_i)=\gamma_i+(1-\gamma_i)\frac{\exp[a_i(\theta_j-\beta_i)]}{1+\exp[a_i(\theta_j-\beta_i)]}$$

 $X_{ij}=1$은 문항i에 대한 학생j의 반응이 정답이어서 문항 점수가 1이라는 의미이며, a_i, β_i, γ_i는 각각 문항i의 문항 변별도, 문항 곤란도, 문항 추측도를 의미한다. θ_j는 학생j의 능력모수(ability parameter)인데 비록 그 척도나 추정 방법에서 차이가 있기는 하지만 CTT에서의 진점수(T)와 크게 다르지 않은 개념이다. 다시 말해서, 측정하고자 하는 구인과 관련된 과제(task or item)를 얼마나 잘 수행할 수 있는지를 보여주는 지표로 이해할 수 있다. β_i는 이론적으로는 $-\infty$부터 ∞까지의 값을 가질 수 있지만 실제로는 대개 -4부터 4 사이에 존재하며 그 값

이 클수록 어려운 문항임을 의미한다. α_i는 문항특성곡선(item characteristic curve; ICC)의 변곡점에서의 기울기를 의미하는데 그 값이 클수록 문항이 피험자들의 능력을 변별하는 힘이 크다는 뜻이다. 역시 이론적으로는 $-\infty$부터 ∞까지의 값을 가질 수 있는데 실제로는 대개 0부터 3사이에 존재한다. γ_i의 경우 능력이 극히 낮은 피험자가 문항에 옳은 답을 할 확률을 의미한다. γ_i의 값을 0에 고정할 경우 위 모형은 2PLM이 되며, 덧붙여서 모든 문항의 변별도가 같다고 가정하면 위 모형은 1PLM이 된다. 아래의 그림 7-3, 7-4, 7-5는 각 문항 모수의 변화에 따라서 ICC가 어떻게 달라지는지를 보여준다.

[그림 7-3]은 서로 다른 문항 곤란도(-1, 0, 1)를 가지는 세 문항의 ICC를 보여주고 있는데, 이때 $\beta_i=1$인 점선의 ICC를 가지는 문항이 가장 어려운 문항이다. 이는 그림을 통해 확인할 수 있는 바와 같이 같은 능력 수준(예를 들어, $\theta_j=0$)에서 보았을 때 이 문항의 정답확률이 가장 낮기 때문이다. [그림 7-4]에서는 문항 곤란도가 같은 세 문항 중에서 문항 변별도 $\alpha_i=1.5$를 가지는 문항이 피험자들의 능력을 가장 예리하게 변별하고 있음을 볼 수 있다. [그림 7-5]는 문항 변별도와 문항 곤란도는 같지만 서로 다른 문항 추측도를 가진 세 문항을 보여주고 있다. $\gamma_i=0.3$인 문항의 경우 아무리 낮은 능력을 가진 피험자라고 하더라도 대략 0.3 정도의 정답확률을 갖는다는 의미이다.

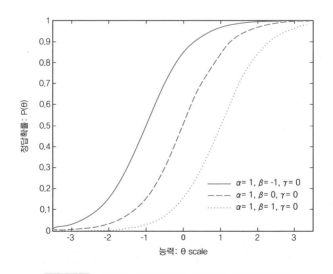

그림 7-3 문항 난이도가 다른 세 개의 문항특성곡선

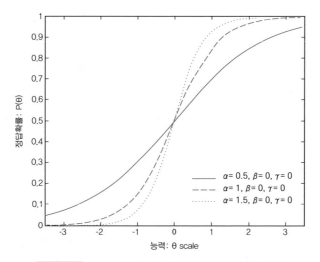

그림 7-4 문항 변별도가 다른 세 개의 문항특성곡선

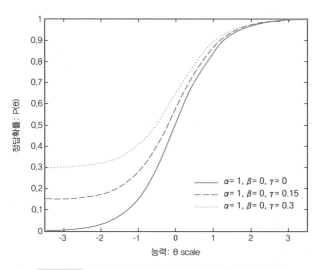

그림 7-5 문항 추측도가 다른 세 개의 문항특성곡선

IRT하에서 선다형 문항의 오답지 분석을 위해서는 특정한 수학적 모형이 사용될 수 있다. 예를 들어, 명목반응모형을 활용할 경우 다음과 같은 분석 결과 도출 및 해석이 가능하다. 선다형 문항의 경우 정답(1)과 오답(0)으로 채점한 뒤의 자료만을 분석하게 되면 각 오답지가 제공해 줄 수 있는 독특한 정보를 활용

할 수 없게 된다. 따라서 전통적 문항분석 방법에서는 각 오답지와 관련된 정보를 얻기 위하여 답지별 반응비율과 양류계수를 살펴보았다. 이와 같은 맥락에서, IRT하에서는 각 답지의 범주반응곡선을 나타낼 수 있는 특정한 모형을 통하여 각 오답지 및 정답지와 관련된 문항분석이 가능하게 된다. 대표적으로는 Bock(1972)의 명목반응모형(nominal response model)을 들 수 있는데, 본 절에서는 이를 통하여 오답지와 관련한 정보를 얻는 방법을 살펴보기로 한다. 선다형 모형은 명목반응모형을 바탕으로 해서 추측에 의한 정답 가능성을 모형 내에 포함시키고자 하는 시도로 이해할 수 있다.

[그림 7-6]에서는 앞에서 살펴 본 9개의 선다형 문항에 대해서 반응범주곡선을 보여주고 있다. 각 그림에서 +로 이어진 곡선은 정답 반응과 관련된 곡선이며 하나의 문항이 다섯 개의 범주를 갖기 때문에 나머지 네 개의 오답지에 대한 곡선도 함께 그려져 있다. 우선 모든 문항에서 정답의 경우 피험자의 능력이 증가함에 따라서 그 응답확률이 함께 증가함을 알 수 있다. 만약 어떤 문항에서 정답의 반응곡선이 단조증가함수의 모습을 보이지 못하고 능력이 증가함에도 오히려 감소하는 형태의 곡선을 갖는다면 높은 능력의 학생들이 왜 더 높은 정답확률을 보이지 못하는가에 대한 고찰이 필요할 것이다. 〈표 7-1〉에서 보았듯이, 문항 4의 오답지 A와 문항 6의 오답지 D는 겨우 1% 정도의 피험자들이 선택하였는데, 이들을 [그림 7-6]에서 보면 아주 낮은 능력 영역을 제외하고는 다른 답지들에 비해서 응답 확률이 현저히 낮은 것으로 나타났다.

문항 2의 경우는 능력이 낮은 학생들은 오답 C를 선택하는 확률이 꽤 높았다는 것을 보여주고 있으며 나머지 오답들의 경우는 상대적으로 선택되는 경우가 매우 드물었음을 알 수 있다. 이는 〈표 7-1〉에서 문항 2의 A, B, C, D, E의 선택 비율(p-value)이 0.04, 0.02, 0.24, 0.68, 0.02로 나타난 경향성과 일치하며, 다른 점은 이러한 정보를 각 주어진 능력에 따라서 조건적 확률로 나타내 주고 있다는 점이다. 실제 문항 2의 문두와 답지는 아래와 같았으며, 정답 1/3과 상대적으로 가까운 1/4가 많이 선택되었고 다른 오답들이 많이 선택되지 않았음을 알 수 있다.

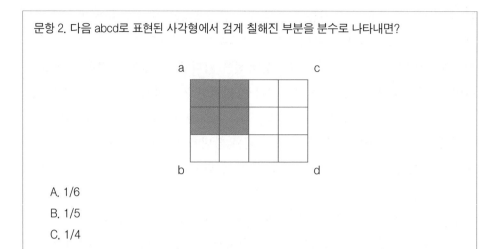

문항 2. 다음 abcd로 표현된 사각형에서 검게 칠해진 부분을 분수로 나타내면?

A. 1/6

B. 1/5

C. 1/4

D. 1/3 (정답)

E. 1/2

주어진 검사 자료에 대한 양적 문항분석을 실시할 때, CTT 및 IRT하의 각 문항분석이 갖는 장단점을 정리하면 〈표 7-2〉와 같다. 텝스, 토플, SAT 등 주요 검사 프로그램에서는 현대검사이론이라고 불리는 문항반응이론을 통하여 응시자들의 성적 산출과 문제은행 운영 등을 실시하고 있다. 하지만, 그러한 경우에도 고전검사이론을 통한 신뢰도 및 타당도 분석이나 문항분석이 제외되는 것은 아니다. 즉 여전히 많은 주요 검사 프로그램들은 그 운영을 위하여 고전검사이론을 문항반응이론과 함께 사용하고 있다. 이는 아래 표에서 확인할 수 있는 바와 같이, 고전검사이론을 통한 검사 자료 분석이 나름의 장점을 가지고 있기 때문이다.

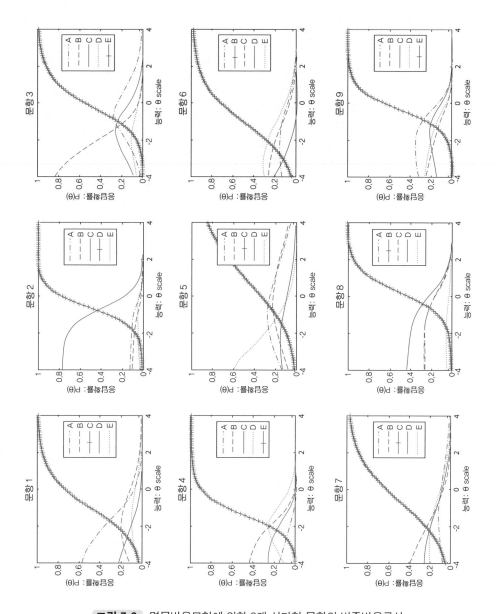

그림 7-6 명목반응모형에 의한 9개 선다형 문항의 범주반응곡선

표 7-2 고전검사이론과 문항반응이론을 통한 문항분석의 장단점

검사이론	장점	단점
고전검사이론	- 복잡한 수학적 모형에 기초하지 않기 때문에 결과 산출이 용이하고 해석이 쉬움 - 비교적 적은 표본크기로도 문항분석 실시가 가능하다. 대략 200명 정도의 응시자를 대상으로 한 자료만 있다면 안정적인 분석이 가능한 것으로 알려져 있음 - 측정이론에 전문성을 갖고 있지 않은 비전문가도 검사 제작 등의 목적으로 고전검사이론을 손쉽게 활용할 수 있음	- 문항분석 결과가 그 분석에 사용된 피험자 집단에 종속적이기 때문에 해석상 주의가 필요함 - 대규모 검사 프로그램을 위한 문제은행 관리를 위해서 사용되기에는 적절하지 않음 - 피험자 집단의 능력 수준에 맞는 맞춤형 검사 등을 제작하는 데에 사용되기에는 이론적 정교함이 부족함
문항반응이론	- 문항 모수와 응시자 모수가 각각 상호 독립적으로 정의될 수 있음 - 응시자의 능력 척도와 문항의 곤란도가 표시되는 척도가 동일하기 때문에, 맞춤형 검사 제작을 위한 이론적 기반을 제공함 - 고전검사이론으로는 용이하지 않은 개별적응검사 제작, 차별적기능문항 분석 등 보다 정교한 수준의 문항 활용 및 분석을 가능하게 해줌	- 복잡한 수학적 모형에 기초하기 때문에 이를 활용하고 관리하기 위한 전문적 인력이 반드시 필요함 - 어떤 모형을 사용하는지에 따라 다르지만 안정적 분석을 위해서 상대적으로 많은 피험자가 응시한 검사 자료가 필요함 - 단일차원성 가정 등 통계적 모형으로서 매우 강한 가정에 기반하기 때문에 그 적용이 제한적일 수 있음

핵심단어 정리하기

고전검사이론   오답지의 매력도
문항반응이론   오답지로서의 기능성
문항 난이도   문항특성곡선
문항 변별도
문항 추측도

연습 문제

1 다음 그래프는 문항반응이론의 3-모수 모형으로 문항의 난이도, 변별도, 추측도를 나타낸 문항특성곡선이다. 이에 대해 옳지 <u>않은</u> 설명을 고르시오.

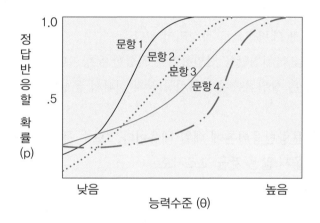

① 변별도는 문항 1이 문항 2보다 높다.
② 난이도는 문항 2가 문항 1보다 높다.
③ 추측도는 문항 2가 제일 높다.
④ 문항 1은 능력 수준이 낮은 사람들을 변별하는 데 적합하다.

2 다음은 A중학교 영어 시험 중 한 문항의 답지 ㉠~㉤에 대한 전체 응답자 100명의 반응을 분석한 표이다. 분석 결과에 대한 해석으로 옳지 않은 것은?

답지	전체응답자(100명)	상위집단(50명)	하위집단(50명)
㉠	7	0	7
㉡	12	5	7
㉢	20	5	15
㉣	1	0	1
▶ ㉤	60	40	20

(▶ 표시된 답지가 정답임)

① 적정 수준의 난이도를 갖춘 문항이다.
② 모든 답지가 매력적으로 작성되어 있다.
③ 상위집단과 하위집단을 변별하기에 적합한 문항이다.
④ 해당 문항은 상위집단에게 사실상 삼지 선다형 문항이다.

3 다음은 문항반응이론에 대한 내용이다. 3모수 문항반응모형에 대한 설명으로 옳지 않은 것을 고르시오.

① 문항 모수가 검사가 시행된 피험자 집단에 종속되지 않는다.
② 문항반응곡선에서 X축은 나이, Y축은 정답확률을 뜻한다.
③ 문항반응이론의 문항 모수는 문항 곤란도, 문항 변별도, 문항 추측도로 이루어진다.
④ 문항 변별도는 문항특성곡선의 기울기로 확인할 수 있다.

4 4지 선다형 문항에서 50명의 응답자 중 38명이 정답을 했을 때, 고전검사이론에 따른 이 문항의 곤란도는?

① 74% ② 76% ③ 78% ④ 80%

5 다음 중 곤란도와 변별도를 바르게 활용한 사례는?(99 중등)

① 변별도를 높이기 위해 시험문제를 어렵게 만들었다.

② 변별도 지수가 '0'이거나 음수로 나온 문항은 제외시켰다.

③ 특히 목표지향평가를 실시할 때 곤란도와 변별도를 중요하게 고려하였다.

④ 상위집단과 하위집단 간의 반응의 차이를 알아보기 위해 곤란도를 산출하였다.

6 다음 중 선다형 검사문항을 구성하는 답지들의 유용성을 판단하는 데 가장 적합한 것은?(01 중등)

① 문항 유형 분석

② 문항난이도 분석

③ 문항변별도 분석

④ 문항반응분포 분석

7 검사문항을 개선하기 위해 실시하는 문항분석에 관한 설명으로 옳지 않은 것은?(04 중등)

① 문항(답지)반응분포는 오답지 매력도에 관한 정보를 제공한다.

② 문항에 대한 정답자 비율로 산출되는 난이도 지수는 수험자 집단에 따라 변할 수 있다.

③ 한 문항에서 검사점수가 높은 상위집단과 낮은 하위집단의 수험자가 모두 정답을 골랐을 때 변별도는 1이 된다.

④ 검사점수가 낮은 하위집단이 높은 상위집단에 비해 정답을 고른 수험자의 수가 더 많을 때, 그 문항은 변별기능을 제대로 하지 못한 것이다.

8 다음은 A중학교 1학년 1반 30명의 사회과 기말고사 문항 중 1~4번에 대한 문항반응이다. 학생들을 성적에 따라 상하 각각 50%로 구분하고 상위집단의 정답비율과 하위집단의 정답비율의 차이로 문항변별도를 구할 때, 문항변별도가 가장 높은 것은?(05 중등)

집단 \ 문항		1	2	3	4
상위	정답자 수	10	8	12	13
	오답자 수	5	7	3	2
하위	정답자 수	5	9	9	4
	오답자 수	10	6	6	11

① 문항1　② 문항2　③ 문항3　④ 문항4

논의해 보기

- 다수의 선다형 문항으로 구성된 시험에 대해 200명 이상의 학생이 응답한 자료를 구하여, 문항 난이도와 문항 변별도, 오답지의 매력도, 오답지로서의 기능성을 구하고 수정되어야 할 문항이 있는지 찾아봅시다.

? FAQ

? 체크리스트를 통한 질적인 문항분석보다 양적인 문항분석을 하는 것이 더 효율적이라고 수업에서 말씀해주셨는데 왜 양적 문항분석이 더 효율적인지 잘 이해가 가지 않아요. 양적 문항분석도 한 문항당 4개의 기준으로 계속 판단을 하고 그 기준에 맞지 않는 문항은 전문가가 2차로 검토를 해야 한다고 설명해주셨는데 왜 훨씬 더 효율적인지 궁금합니다.

양적 문항분석의 경우 말씀하신 4개 기준의 판단을 컴퓨터가 해 줄 수 있거든요. 따라서 컴퓨터가 문제라고 제시해 주는 문항만 전문가가 살펴보면 되지요. 따라서 전문가가 모든 문항 각각을 체크리스트 항목들에 따라서 다 살펴봐야 하는 것에 비해서 효율적이라고 말하는 것입니다.

? 문항분석(문항 변별도, 오답지 매력도, 오답지의 기능성)을 통해서 나쁜 문항을 체크해 이를 전문가가 보아 수정하거나 삭제하는 것 혹은 그대로 두는 것이라고 이해하였습니다. 그런데 시험 문제는 계속 달라지고 문항을 수정하고 삭제하여도 이전에 시험 문제로 나왔던 것과 똑같은 시험 문제를 낼 수 없지 않나요? 시험 문제는 계속해서 바뀌고 똑같은 문제와 보기를 그대로 사용할 수 없을 텐데 문항분석을 통해 수정하고 삭제하는 것의 이유가 무엇인지 궁금합니다.

우리나라 정서상 수능 등에 기출문항을 다시 사용할 수 없겠지요. 하지만, SAT나 TOEFL 등 주요 시험에서는 기출문항 재사용이 광범위하게 이루어지고 있습니다. 오히려 "기출문항을 절대 다시 사용해서는 안 된다"는 것이 특이한 것인데, 우리나라 상황에 익숙한 분들은 오히려 이것이 당연하다고 생각하는 경향이 있지요. 또한 기출문항 재사용의 맥락이 아니더라도, 하나의 검사를 새롭게 제작하는 과정에서 예비 검사(pilot testing)를 실시했을 때 그 결과를 분석하여 최종 검사에 들어갈 문항들을 골라내는 상황을 생각해 볼 수 있습니다. 이때, 신뢰도, 타당도, 문항분석 등을 사용하여 각 문항에 대한 평가 및 선택을 하게 됩니다.

고전검사이론의 문항분석에서 오답지의 매력도와 기능성 부분은 선다형 문항에서만 된다고 배웠는데 그렇다면 OX를 골라야 하는 문항에는 고전검사이론을 적용하지 못하는 것인지 궁금합니다.

좋은 질문입니다! 답지가 네 개 있을 때 사지선다형 그리고 다섯 개 있을 때 오지선다형이잖아요. 물론, 선택형 문항 분류 시에 이분형, 배합형, 선다형으로 나누기는 합니다만, 또 다른 관점에서 보면 OX 문항은 이지선다형 문항이라고도 볼 수 있습니다. 따라서 OX 문항에 대해서도 오답지의 매력도와 기능성을 보는 것이 기술적으로 가능합니다.

고전검사이론과 문항분석에서, 기본 분석의 단위가 검사 점수라고 되어 있는데 검사 점수의 의미가 정확히 무엇인지 헷갈립니다. 문항의 변별도 정의가 '문항 점수와 검사 점수와의 상관계수'인데 이때 문항 점수는 각 문항의 배점이고 검사 점수는 피험자의 검사 결과 점수를 말하는 건가요?

검사 점수란 말 그대로 시험 점수나 100점 만점일 때 받은 85점, 90점 등의 점수를 말합니다. 문항 점수는 각 문항에서 받은 점수(선다형이면 맞으면 1점, 틀리면 0점 등)를 말합니다. 고전검사이론은 검사 점수에 대한 분석을 바탕으로 신뢰도를 유도하는 것이 중심이 됩니다. 고전검사이론 입장에서 보면 문항분석은 일종의 부수적 분야라고 볼 수 있습니다. 필요에 의해서 개발은 했지만 주요 관심사는 아니라고 보시면 됩니다.

CTT 문항분석의 문제점이 문항 모수 추정치는 검사가 실시된 피험자 집단에 종속적이라는 거라고 하셨는데, 이 부분 설명을 반복하여 들어도 잘 이해가 되지 않습니다. 혹시 한번 더 설명해주실 수 있을까요?

문항 모수 추정치가 피험자 집단에 종속적이라는 말은 알고 나면 어려운 개념은 아닙니다. 어떤 수학 검사를 수학 및 과학적 재능이 뛰어난 과학고 학생들에게 실시했을 때 1번 문항의 정답률이 0.95였다고 해 봅시다(전체 과학고 학생의 95%가 정답 반응함). 같은 검사를 학력이 떨어지는 시골 지역의 한 고등학교에 실시했을 때 이 학교에서 1번 문항의 정답률은 얼마가 나올까요? 0.95보다 작은 값이 나올 거라고 예측이 되시지요? 이렇게 같은 문항이더라도 해당 검사를 실시한 집단이 다름에 따라서 문항 모수 추정치(난이도)가 다르게 나오는 현상을 말하는 것입니다.

현대검사이론, 즉 문항반응이론이 고전검사이론에서 문항분석의 문제점을 어떻게 해결하였는지 궁금합니다.

간단히 말해서 기본 검사 문항을 피험자 모집단을 잘 대표하는 표본에 실시해서 문항 모수를 얻은 것을 절대적 척도라고 봅니다. 이후에 보는 다른 검사 문항들을 이 척도에 연결(linking)시키는 과정을 통해서 많은 검사 문항들의 절대적 척도(피험자 집단에 종속적이지 않은)로서 유지하는 것이 가능하답니다. 토플이나 토익 등에서 컴퓨터 시험이 가능한 기본적 논리이기도 하고요.

오답지의 기능성에 대해서 능력(총점)이 높을수록 해당 오답지를 선택하는 경향성이라고 말씀해주시면서 따라서 상관관계가 음수로 나와야 한다고 알려주셨는데, 이때 상관계수는 무조건 음수로만 나오면 오답지의 기능이 잘 되고 있다고 말할 수 있는 것인가요? 문항의 변별도나 오답지의 매력도에서는 숫자의 절대값이 커질수록 변별도가 높다고, 매력도가 높다고 말하는데, 오답지의 기능성에서는 음수의 절대값이 크냐 작으냐는 문제되지 않고 단순히 음수로만 나오면 오답지의 기능성이 좋다라고 말할 수 있는 것인지 궁금합니다.

네, 음수로서 절대값이 클수록 오답지 기능성이 더 좋다고 말할 수 있습니다. 다만 판단 기준이 음수(검사 회사에 따라서는 −0.1보다 작아야 한다고 기준을 두기도 합니다)인지 여부이기 때문에, 일단 음수이면 별 논의하지 않고요, 양수인 경우를 문제로서 발견하는 데에 중점을 둔다고 보시면 되겠습니다.

? 오답지 기능성에서, 오답지에 대해 새로 코딩한 변수와 검사 총점 간의 상관을 구한 값이 양수가 나온다면 기능성 측면에서 문제가 있음을 알 수 있습니다. 그렇다면 전문가의 회의를 통해 해당 오답지를 수정하거나 삭제해야 하나요? 아니면 꼭 수정하거나 삭제를 하지 않아도 되나요?

모든 양적 문항분석 결과에서 문제가 발견되면, 전문가들이 모여서 논의하고요, 수정 여부는 전문가 논의를 거쳐서 결정됩니다. 즉 수정할 수도 있고 수정하지 말자고 결정할 수도 있지요.

? 고전검사이론의 문항분석에서 기본 분석의 단위는 검사 점수라고 하는데, 수업 중 분석의 단위가 문항이라고 하셔서 질문드립니다. 문항의 난이도, 변별도, 오답지의 매력도, 기능성 모두 문항 단위로 분석이 가능한 것인가요? 오답지 매력도와 기능성의 경우 답지 단위라고 보아도 되나요?

고전검사이론은 기본적으로 신뢰도를 산출하는 것과 밀접하게 연관되어 있는 이론입니다. 그래서 검사 신뢰도를 구하는 것에서 알 수 있듯이 검사 단위로 분석한다고 말하는 것입니다. 고전검사이론에서 문항분석을 하는 것은 일종의 추가적 혹은 부수적 개념 확장의 결과라고 볼 수 있습니다. 즉 검사 단위, 문항 단위, 답지 단위로 점점 분석 단위가 작아진다고 볼 수 있고, 기본적으로 난이도와 변별도 등의 문항분석은 문항 단위에서 분석합니다. 다만 오답지 매력도와 기능성은 사실 답지 수준의 분석으로 볼 수 있습니다.

? 문항반응이론에서 문항 모수의 의미로 문항 곤란도, 문항 변별도, 문항 추측도가 있다고 말씀하셨는데, 여기서 곤란도가 난이도와 같은 의미인가요?

곤란도와 난이도의 의미는 같다고 보시면 됩니다. 다만 곤란도(곤란한 정도 혹은 어려운 정도)의 경우 그 값이 클수록 문항이 어렵다는 의미가 명확한데, 난이도(어렵고 쉬운 정도)라는 말은 좀 애매하지요. 하지만 보통 '난이도가 높다'고 하면 어렵다는 의미로 널리 쓰이고 있기 때문에 이를 같은 의미로 보시면 됩니다.

고전검사이론의 추측도에서 어려워질수록 추측도가 커질 수밖에 없기 때문에 난이도만 보면 된다고 말씀하셨는데, 그렇다면 IRT에서의 추측도는 어떤 의미가 있나요? 고전검사이론의 추측도처럼 실질적인 의미가 없는 건가요?

고전검사이론에서는 추측도가 난이도의 영향을 받지만 문항반응이론에서는 그렇지 않습니다. 즉 추측도와 난이도가 서로 독립된 개념으로 존재합니다. 말하자면, 고전검사이론에서는 문항이 어려울수록(난이도가 높을수록) 추측도가 자동으로 높아집니다. 하지만, 문항반응이론에서는 문항이 쉬워도 추측도가 클 수 있고 문항이 어려워도 추측도가 낮을 수 있다고 봅니다. 따라서 추측도를 따로 구해 보는 것이 의미가 있지요.

- 고전검사이론의 추측도: (정답이 무엇인지 모르면서) 우연히 정답 반응하는 학생들의 비율
- 문항반응이론의 추측도: 능력이 아무리 낮다고 해도 여전히 정답 반응할 수 있는 확률

8장

―

문항제작 및 유형

8장

문항제작 및 유형

 학습목표

✓ 문항을 제작할 때 유의할 점을 이해하고 설명할 수 있다.

✓ 문항제작 지침을 적용하여 본인 전공 영역의 문항을 제작할 수 있다.

✓ 문항의 종류와 특징을 설명할 수 있다.

피험자의 능력을 객관화하기 위해서는 검사를 제작해야 하고, 검사를 구성하는 것은 문항이다. 이때 제작된 문항을 토대로 피험자의 지식 수준, 이해 정도를 확인할 수 있기 때문에 문항을 제작하는 제작자는 해당 영역에 대해 높은 수준의 역량을 가지고 있어야 한다. 또한 각각의 문항의 제작 방법에 대해 충분히 이해하고 있어야 한다. 본 장에서는 문항을 제작하기 위해 제작자가 갖추어야 할 요건과 다양한 문항을 제작할 때 갖추어야 할 지침을 소개하고자 한다.

1 문항제작

1) 문항제작자의 요건

좋은 문항을 제작하기 위해서는 문항을 제작하는 제작자의 역량이 크게 작용한다. 문항제작자는 다음과 같은 조건을 갖출 필요가 있다(박미숙, 2013).

첫째, 평가하려는 교과목에 대해 충분히 이해하고 있어야 한다.

문항제작자는 해당 교과의 교육과정, 교과서, 교사용 지도서의 내용을 정확하게 이해해야 한다. 또한 해당 교과와 관련된 보편적인 오류나 오개념 등이 무엇인지 정리하며 해당 교과에 관한 최근 학문적인 변화와 발전내용을 수시로 습득할 필요가 있다.

둘째, 평가받는 학생에 대해 충실히 파악하고 있어야 한다.

학생의 인지 및 학습 발달의 수준을 이해해야 한다. 또한 학생의 어휘 수준이나 그들이 주로 사용하는 어휘를 파악해야 하고 학생들이 매우 어려워하거나 쉬워하는 문항들의 특성을 파악해야 한다.

셋째, 문항제작에 대한 지식과 기능 및 기술을 구비해야 한다.

문항제작의 일반적 제작 절차를 숙지하고 그 절차를 준용하는 것이 문항제작자가 필수적으로 갖춰야 할 요건이며, 나아가 검사이론을 숙지하고 그에 따라 검사 결과를 분석해야 한다.

넷째, 언어구사력과 문장력을 구비해야 한다.

문항에 대한 아이디어가 떠오르면 메모하고 이를 질문과 답지로 전환하는 연습을 해야 하며 자신의 문항을 동료 교사에게 검토를 받거나 다른 사람이 작성한 문항을 검토하면서 부적절한 표현을 찾아본다.

마지막으로, 문항제작 및 검토 경험을 많이 쌓아야 한다.

개인적인 차원이나 동료 교사와의 정기적인 문항제작 및 검토협의회를 가진다. 또한 자신이 제작·시행한 시험의 결과를 분석·평가하여 정리해본다. 나아가 타인의 조언이나 의견에 귀를 기울이는 자세를 견지하고자 노력한다.

이뿐만 아니라 성별이나 인종, 계층 등에 대한 편견이 없어야 한다. 이러한 편견은 문항을 제작할 때 포함될 수 있어 큰 문제를 초래할 가능성이 크기 때문이다.

2) 문항제작의 절차

문항을 제작하기 위해서는 체계적인 절차를 따를 필요성이 있다. 문항 및 검사 개발의 일반적인 절차와 세부내용을 정리하면 다음과 같다(경상남도교육청, 2015).

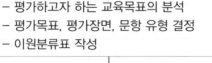

〈문항 및 검사 개발의 일반적 절차〉

검사의 목적 확인

검사의 청사진 작성
- 평가하고자 하는 교육목표의 분석
- 평가목표, 평가장면, 문항 유형 결정
- 이원분류표 작성

문항 초안 작성

문항 검토 및 수정

검사 편집 및 인쇄

그림 8-1 문항 및 검사 제작의 절차

출처: 2015. 평가문항 제작 역량강화 연수(경상남도교육청, 2015)

　우선 문항 및 검사를 제작하기 위해서는 목적을 확인하는 것이 중요하다. 검사의 목적이 무엇인가에 따라 측정하고자 하는 내용, 문항 유형, 난이도 수준, 시행 절차 및 방법 등이 달라진다. 검사를 계획할 때는 새로운 수업을 진행하기 위한 학습 이전을 평가하는 진단평가인지, 수업 중 과정을 파악하여 피드백 부여의 목적을 가지고 있는 형성평가인지, 또는 수업 종료 시점에 학생들의 달성도를 파악하기 위한 총합평가인지를 명확히 해야 한다. 또한 검사해석 기준에 따른 분류도 고려해야 하는데, 학생들의 상대적 위치를 비교하기 위한 목적을 강조하는 규준지향평가인지, 교육목표 달성 여부를 파악하는 절대평가인지를 명확히 할 필요가 있다.

　목적이 확인되었다면 두 번째 단계에서는 평가하고자 하는 교육목표를 분석해야 한다. 기본적으로 교육을 통해서 달성시키려는 교육목표가 무엇인지를 분석하는 작업이 선행되어야 한다. 교육목표의 분석은 교육과정 및 교과서 전반에 걸친 분석에서 비롯하여 현재와 미래의 사회적 적합성 및 학교사태에서 성취 가능성 분석의 측면에서 구체화하여 학생 개개인에게 성취시키고자 하는 교육목표를 구명 확인 또는 설정하는 것이라 할 수 있다. 교과목별·학년수준별 목표와 내용을 세분화하고 전문 및 비전문 인사의 광범위한 능동적 참여를 통한 집단적 사고를 전제로 하지 않고서는 이루어지기 어렵다. 이러한 작업은 교과목 속에서 비교적 독립된 부분으로 구성된 몇 개의 학습단위를 분류하는 데서 시작되며 학습단위 분석을 통해 교수-학습 사태의 개선에 매우 적절한 정보제공원을 제시해 주는 것이다. 분석 및 세분화된 목표는 Bloom이 제시하는 이원분류법이나 Gagne가 제시하는 과제분석법에 의해 체계적으로 조직되는 것이 바람직하다.

 표 8-1 Bloom 교육목표분류학 행동분류 예시

분류	내용
지식영역	기억 능력(재생, 재인 능력, 단순 암기 등) 지적영역의 가장 낮은 수준
이해영역	의미 파악 능력(해석, 추리할 수 있는 능력 등) 그래프 해석, 번역 등
적용영역	전이 능력(배운 내용을 구체적인 또는 새로운 장면에 활용하는 능력) 규칙, 개념, 원리 등을 적용하는 것을 의미함
분석영역	조직 및 구성요소의 상호관계를 이해하는 능력(주어진 사실을 관련 구성 요소로 분석하거나 요소 간의 관계 파악) 이해와 적용보다 높은 지적능력
종합영역	주어진 자료를 정리하고 조직하는 능력(주어진 사실을 하나의 체계로 구성, 새로운 아이디어 창출) 독창적 의사전달, 관계 요약
평가영역	특정한 목적과 의도를 근거로 하여 작품, 해결책, 방법 등의 가치를 판단하는 능력(가치 유무 판단, 주어진 사실들을 비교 검토해서 가치 유무 판단 능력, 일관적 설명) 가장 높은 정신기능

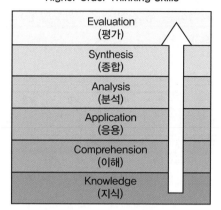
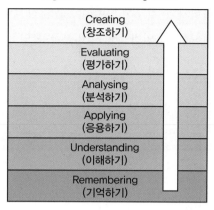

그림 8-2 Bloom 교육목표분류학 및 개정된 분류학

출처: 2020 고등학교 교육과정-수업-평가-기록과 서·논술형 평가문항(서울특별시교육청교육연구정
　　보원, 2020)

　평가도구가 잘 만들어지기 위해서는 가능한 목표와 내용을 구체적으로 진술
하여 각 목표에 대한 달성 여부를 결정하기 위한 최저 성취수준을 제시하는 것
이 필요하다.

　목표를 분석하고 나면 평가목표를 설정해야 한다. 교육목표를 분석, 조직,
진술한 후에 평가할 대상 목표·내용을 확인하거나 선정하는 것이 평가도구 작
성의 최초단계라고 할 수 있다. 또한 무엇을 평가하겠다는 목표, 내용이 분명해
지면 이를 측정하기 위한 도구 제작을 위해 어떤 평가장면이 가장 적절한가를
결정해야 한다. 이는 어떤 행동의 성취 증거가 나타날 수 있는 장면을 선정하는
것이다. 문항 제작상의 유의점을 지키고 좋은 문항의 조건을 충족시킨 문항 장
면이 좋은 평가장면이다. 문항 유형을 결정하는 것은 선정된 평가장면에서 어
떤 형태의 검사 문항을 사용할지 결정하는 것이다. 제작자는 검사 형태별 특징
을 이해하여 형태를 고려할 수 있어야 한다. 두 번째 단계에서 마지막으로 해
야 할 일은 이원분류표 작성이다. 이원분류표는 출제하고자 하는 각 문항의 측
정 내용과 행동을 재확인하고 구체화하는 일을 하는 것으로 출제자가 참고하는

표를 의미한다. 보통 측정하고자 하는 내용영역은 세로 방향, 문항을 풀기 위해 피험자가 갖추고 있어야 할 지식 수준을 의미하는 행동 영역은 가로 방향으로 제시한다. 일반적인 이원분류표 양식은 다음과 같다.

계	부장	교감	교장

2013년도 1학기 (1차 지필) 평가		(2)학년 총 문항수 (25)문항					
평가일시 2013년 _월 _일 _교시			공동출제자 : (인)				
총점 (100) 점			선다형 (71) 점 서답형 (29) 점				

선다형 문항

문항번호	내용영역	성취기준	행동영역			난이도			배점	정답
			적용	이해	지식	어려움	보통	쉬움		
1	사회·문화 현상의 특성	자연 현상과 비교하여 사회·문화 현상이 갖는 특성을 분석할 수 있다.		○				○	2	④
2	사회·문화 현상의 연구 방법	사회·문화 현상에 대한 양적 연구와 질적 연구 방법의 특성과 차이점을 설명할 수 있다.			○		○		3.5	⑤
3	자료수집방법	사회·문화현상을 탐구할 때 사용하는 여러 가지 자료수집방법의 특징을 설명할 수 있다.		○		○			5	③
4	사회·문화 현상의 탐구 절차	사회·문화 현상에 대한 탐구 절차를 설명하고, 실제 사례에 적용할 수 있다.		○			○		3.5	①
5	사회화 기관	여러 가지 사회화 기관의 유형을 구분하고 그 특징과 기능을 설명할 수 있다.	○				○		3.5	②
6	지위와 역할	사회적 지위와 역할의 의미를 파악하고 역할 갈등의 원인 및 해결 방안을 제시할 수 있다.		○				○	2	⑤
7	사회 집단과 사회 조직	사회 집단과 사회 조직의 의미를 이해하고 그 유형에 따른 특징을 비교·분석할 수 있다.			○		○		3.5	⑤
8			○				○		3	②

그림 8-3 이원분류표 예시

출처: 고교 보통교과 성취평가제 2013학년도 1학기 시범학교 운영 자료집-사회과-(한국교육과정평가원, 2013).

이원분류표 작성이 완료되면 이후 단계에서는 평가목표에 따라 구체적인 문항을 작성하는 단계이다. 설정된 평가 대상 목표의 성취 정도를 파악할 수 있는 문항으로 작성하며, 최종 확정시킬 목표의 2배수 정도를 작성한다. 초안을 완성하고 나면 문항카드에 기록한다. 문항카드는 문항에 대한 정보를 쉽게 알기 위해 기록하는 것으로 예시는 다음과 같다.

문항 카드						
문항 유형	내용 영역	학습 경로 및 학습 내용	성취 기준 코드	예상난이도		
		FRC.A2-3	[4수01-12]	쉬움	보통	어려움
객관식	수와 연산	단위분수를 시각적으로 표현하지 않고, 크기를 비교한다.	분모가 같은 분수끼리, 단위분수끼리 크기를 비교할 수 있다.		○	
현재 문항에서의 오개념/어려움 진단						

문항내용	
문항 줄기	○안에 알맞은 기호(<, >, =)를 써 봅시다. ㉠: $\frac{1}{3}$ ○ $\frac{1}{7}$, ㉡: $\frac{1}{4}$ ○ $\frac{1}{5}$

유형	단일정답	○	복수정답-부분점수없음

답가지	답가지 번호	답가지 내용	정답 여부	오개념 진단(학습 경로 코드)
	①	㉠:>, ㉡:<		
	②	㉠:<, ㉡:<		분모가 클수록 단위분수의 크기가 더 크다고 생각한다.
	③	㉠:>, ㉡:>	○	
	④	㉠:<, ㉡:>		
	⑤	㉠:=, ㉡:=		

해설	단위분수의 크기는 분모가 작을수록 크기 때문에 ㉠은 $\frac{1}{3}$이 더 크고, ㉡은 $\frac{1}{4}$이 더 크므로 기호는 >, >가 되는 것이 맞기 때문에 정답은 ③번이 된다. ②번으로 정답을 표시한 학생의 경우, 기호를 헷갈렸는지를 먼저 살펴볼 필요가 있으며, 분모가 클수록 단위분수가 크다고 생각한다면 자연수의 크기 비교와 분수의 크기 비교의 차이점을 보충지도한다. 특히 전체에 대한 단위분수의 크기를 시각적으로 비교한다면 분모가 커졌을 때 단위분수의 크기가 작아짐을 쉽게 이해할 수 있다. 이외의 답에 대해서는 기본적으로 전체와 부분에 대한 분수의 개념을 시각적인 자료를 활용하여 지도할 필요가 있다.

그림 8-4 문항카드 예시

출처: 수학 학습 어려움 진단을 위한 평가 문항 개발(김희정 외, 2020).

작성된 문항을 논리적 측면에서 검토하는 문항 초안 작성 단계에서는 교과전문가 및 평가전문가, 경험 있는 현장 교사가 참여해야 하나 학교급에서는 다양한 전문가의 참여가 현실적으로 어렵기 때문에 문항을 만든 교사 이외에 다른 교사와의 협업을 통해 여러 번 검토할 필요성이 있다. 또한 문항을 직접 풀게 될 피험자의 관점에서도 검토해야 한다. 문항 검토는 최종 검사 편집 및 작업을 시작하기 전에 최종 문항을 완성하는 것이 바람직하다. 이후 문항의 수정 및 보완 작업이 완료된 후 최종 문항과 검사를 편집하고 인쇄한다. 이때, 가능하다면 소규모의 예비 검사를 실시하여 그 결과를 반영하는 것도 좋은 방법이다.

2 좋은 문항의 특징

좋은 문항의 특징은 다음과 같다(박미숙, 2013)

첫째, 문항에서 요구하는 능력이 측정하고자 하는 능력과 일치하여야 한다.

둘째, 복합성(Complexlty)을 지녀야 한다.

단순 지식의 기억 및 재생을 묻기보다는 사고력을 묻는 문항이어야 한다. 또한 특정 주제나 장르에 치우치지 않는 교과 통합적 내용이 포함되어야 한다.

셋째, 참신성(Novelty)을 지녀야 한다.

문항의 형식 혹은 내용, 구성면에서 학생들에게 새로운 경험을 주는 것이어야 한다. 단, 중요하지 않은 문제거나 지나치게 생소한 문항을 제작하는 우를 범하지 않도록 해야 한다.

넷째, 문항이 모호하지 않도록 구조화되어야 한다.

학생들이 답해야 할 방향을 명확하게 구체화해야 한다.

다섯째, 학습 동기를 유발하여야 한다.

시험 준비를 위한 교수 · 학습에 긍정적으로 영향을 끼칠 수 있어야 하며 학생들의 사고력과 학습에 대한 흥미와 도전감을 북돋우도록 제작한다.

여섯째, 문항의 난이도가 적절해야 한다.

대단히 쉽거나 반대로 너무 어려운 문항은 제외되어야 한다.

일곱째, 문항의 변별력이 높아야 한다.

잘하는 학생과 그렇지 않은 학생을 분명히 구별할 수 있는 문항을 제작하기 위해 노력해야 한다.

여덟째, 문항의 제작 원리(유의사항)와 검토 지침 등에 충실하여야 한다.

요약하자면, 검사 문항은 검사의 목적과 학생의 수준에 적합하고, 문항제작

원리 및 유의점에 충실해야 한다. 또한 윤리적·교육적으로 바람직하고 특정 집단에 유리하거나 불리하지 않은 공정한 문항이어야 한다.

3 문항의 유형

박도순, 홍후조(2008)가 제시한 문항 유형은 채점방식에 따라 객관식과 주관 식으로 구분되고, 학생의 문항 반응 양식에 따라 선택형과 서답형으로 구분된 다. 다음과 같이 나눌 수 있다.

 표 8-2 문항 유형

채점방식	유형		세부유형	반응유형
객관식	진위형			선택형
	배합형	단순배합형, 복합배합형, 분류배합형, 관계분석형, 관계분류형, 공변관계형		
	선다형	최선답형, 정답형, 다답형, 합답형, 불완전 문장형, 부정형		
	배열형			
	완결형(완성형)			서답형
	단답형		단구적 단답형 서술적 단답형	
주관식	응답제한 논문형		분량제한 논문형 내용범위제한 논문형 서술양식제한 논문형	
	응답자유 논문형	단독과제형 자료제시형	읽기능력형 교과관련능력형	

1) 선택형 문항

선택형 문항은 주어진 답지에서 정답을 선택하는 것으로 해당 문항에 속하는 유형으로는 진위형, 선다형, 연결형, 배열형이 있다.

(1)진위형

진위형은 피험자가 진술문을 읽고 맞는지, 틀린지를 판단하게 하는 문항이다. 진위형 문항은 제작이 어렵지 않아 자주 활용된다.

진위형 문항 예시

점수 해석 기준으로 평가를 분류하면 규준지향평가와 준거지향평가가 있다.(T/F)

진위형 문항은 오류지적형과 오류수정형으로 나눌 수 있는데, 오류지적형은 피험자가 주어진 진술문의 진위를 판단한 다음 해당 내용이 틀리다고 생각할 경우 잘못된 부분에 표시하도록 하는 형식을 의미한다.

오류지적형 예시

아래 진술문에서 틀린 부분을 표시하시오.

형성평가는 학생의 상태를 파악하여 피드백을 제공해주는 특징이 있는데 이를 위해서는 학습 이전에 실시해야 한다.

→ 기대 반응: T/F 중 하나를 고르고 진술문 중 잘못된 부분인 '학습 이전에 실시'에 표시

오류수정형은 주어진 진술문의 진위를 판단한 다음 그것이 틀리다고 생각될 경우 틀린 부분을 지적하고 맞게 고치도록 하는 형식이다.

오류수정형 예시

아래 진술문에서 틀린 부분을 표시하고 바르게 고치시오.

형성평가는 학생의 상태를 파악하여 피드백을 제공해주는 특징이 있는데 이를 위해서는 학습 이전에 실시해야 한다.

→ 기대 반응: T/F 중 하나를 고르고 진술문 중 잘못된 부분인 '학습 이전에 실시'를 '학습 과정 중에 실시'로 고쳐 적음

진위형 문항에서 위와 같은 유형을 고려하여 출제할 경우 문항의 난이도를 높일 수 있다는 특징이 있다. 진위형 문항의 작성을 위해서는 다음의 지침을 준수해야 한다.

첫째, 가능한 간단명료하게 단문으로 구성해야 한다.

진술문이 복문이나 여러 개의 단문을 연결할 경우 질문하고자 하는 내용이 명확해지지 않을 수 있으며, 복잡한 진술문은 해당 고유의 역량을 확인하기보다는 독해력을 요구하여 검사의 신뢰도를 저해시킬 수 있다.

둘째, 하나의 문항에는 하나의 주제만 포함되어야 한다.

진위형 진술문에 두 개 이상의 주제가 포함되면 진위판단이 여러 개가 되어 모든 내용을 알아야만 문항에 답을 할 수 있다. 해당 문항을 통해 학생의 능력을 정확히 구분하기 위해서는 한 가지 주제만 담아야 한다.

셋째, 진술문에는 유의미하고 중요한 내용을 포함한다.

중요하지 않은 내용을 통해 피험자가 오답을 선택하지 않도록 중요한 내용만 포함하는 것이 좋다.

넷째, 부정문은 가급적 사용하지 않는 것이 좋다.

부정문이 잘못 인지될 경우 긍정문으로 인식되어 피험자는 실수를 할 수 있다. 부정문을 사용해야 될 경우 피험자가 부정어임을 인지할 수 있도록 밑줄을 그어 주어야 한다.

다섯째, 일반화되지 않은 주장이나 이론의 옳고 그름을 묻지 않아야 한다.

일부의 견해 혹은 의견을 묻게 되면 진위를 판단하기 어렵기 때문에 포함하지 않는 것이 좋다.

여섯째, 답의 단서가 되는 단어를 사용하지 않는다.

절대, 항상, 모두, 전혀, 단지와 같은 단어는 오답의 단서가 될 수 있고, 흔히, 대체로는 정답의 단서가 될 수 있다. 가능한 해당하는 단어는 사용하지 않는 것이 좋다.

일곱째, 교과서에 있는 문장을 그대로 사용하지 않는다.

교과서에 있는 문장을 그대로 사용할 경우 피험자의 기억력을 토대로 답을 맞힐 확률이 높아져 단순암기형 문항이 될 수 있다.

진위형 문항의 장점은 간단한 진술문을 토대로 구성되어 제작이 용이하고 정답이 명확하여 채점이 객관적이고 논란이 적다. 또한 정해진 시간 내에 많은 문항을 적용하여 넓은 영역을 평가할 수 있다. 반면 단점은 정답이 단순히 참 또는 거짓이어서 피험자가 추측하여 문항에 정답할 확률이 크다. 진술문을 잘 못 작성할 경우 모호한 진술문이 될 수 있다. 마지막으로 심층적인 역량을 평가 하기보다 단편적인 내용에 대한 기억을 평가하기 쉽다.

(2) 선다형

선다형 문항은 보편적으로 활용되는 유형으로 진술문에 대한 여러 개의 선 택지 중에서 옳은 선택지를 고르는 문항이다. 선다형 문항은 답지의 선택에서 한 개 또는 두 개 이상의 선택지를 고를 수 있도록 구성하기도 한다. 선다형 문 항의 답지 수는 일반적으로 4지 선다, 5지 선다이며 매우 쉬운 문항부터 어려운 문항까지 전체를 고려하여 구성할 수 있다.

선다형 문항을 제작하기 위해서는 다음과 같은 유의점을 고려하여야 한다.

첫째, 평가가 학습 내용임을 염두에 두고 문항을 제작해야 한다.

이원분류표를 토대로 미리 정해 놓은 내용을 연결하여 문항을 제작해야 하 는데, 피험자가 반드시 알아야 할 내용을 토대로 문항을 제작해야 한다.

둘째, 답지들의 의미나 내용이 중복되지 않아야 하고 답지만을 분석하여 정 답을 찾게 해서는 안된다.

셋째, 정답의 번호가 일정 형태를 유지하거나 일정 번호에 치우치지 않아야 한다.

넷째, 정답 없음이나 모두 정답은 되도록 피하며 사용할 때에는 주의를 기울 여야 한다.

다섯째, 답지 길이는 비슷하게 하고 길이에 따라 순차적으로 배열하는 것이 좋다.

여섯째, 오답지는 매력적이어야 한다. 확실한 지식을 가지고 있지 않은 피험 자의 경우 매력적인 틀린 답지에 혼동하게 된다. 이러한 오답지가 많을수록 고 차원적인 사고를 측정하는 좋은 문항이 될 수 있다.

일곱째, 질문에 그림이나 표를 사용할 경우 그림이나 표와 답지가 모두 한

페이지에 인쇄되도록 구성한다.

선다형을 제작할 경우 장점은 채점이 객관적이라는 것이다. 답이 명확하게 정해져 있어 누가 채점한다고 해도 채점 결과는 동일하다. 또한 넓은 학습 내용을 포함할 수 있어 측정의 범위가 넓다. 단점은 선다형 문항의 지침을 고려하여 제작하는 것이 일반적으로 어렵다. 흔히 선다형 문항 제작이 어렵지 않다고 오해하는 경우가 있지만, 암기나 단순 지식을 묻는 것이 아닌 고등정신능력을 측정하기 위한 선다형 문항을 만드는 것은 결코 쉽지 않다. 또한 정답지가 아닌 오답지를 작성할 때 매력적으로 만들기 위해서는 노력이 든다. 선다형 문항은 주어진 답지에서 답을 선택하게 하므로 추측에 의하여 답을 맞힐 확률이 있다. 따라서 중요한 시험에서는 답지의 수를 5개 이상으로 늘리기도 한다.

(3) 연결형

연결형 문항은 해당 문항에서 문제와 답지를 배열하여 문제의 질문에 대한 정답을 답지에서 찾아 연결하는 문항 형태를 의미한다. 이러한 문항 유형을 배합형 문항이라 부르기도 한다. 질문을 답지 중에서 하나를 선택하는 것이므로 답지가 많은 선다형 문항으로 간주할 수 있다. Linn과 Gronlund(1995)는 문제와 답지를 연결하는 연결형 문항의 제작 내용을 다음과 같다고 하였다.

 표 8-3 연결형 문항 문제와 답지 내용

문제	답지
업적	사람 이름
역사적 사건	연/월
용어	정의
규칙	예
기호/부호	개념
작품	저자
기계	사용목적

문제	답지
동/식물	분류
위계부분	기능

5. (가)~(다) 지형의 형성 작용에 가장 큰 영향을 미친 요소로 옳은 것은?

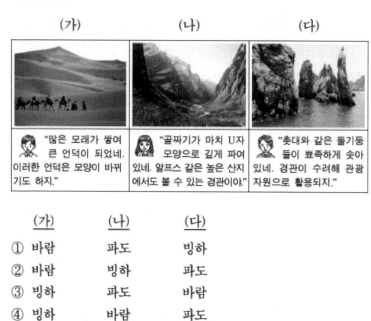

그림 8-5 연결형 문항 예시

출처: 2013 국가수준학업성취도 중3 사회

연결형 문항의 제작하는 원리는 다음과 같다.

첫째, 문제와 답지는 동질성이 있어야 한다.

한 검사 내에서 인물이나 장소 등 이질적인 내용을 동시에 사용하는 것은 좋지 않으며, 피험자에게 불필요한 혼란을 야기시킬 수 있다. 또한 이질성으로 인해 난이도가 낮아질 수 있다.

둘째, 문제와 답지의 항목이 중첩되지 않아야 한다.

문제와 답지는 동질성이 있어야 한다. 그러나 동질성으로 인해 항목 간 분류나 유목이 서로 중첩되거나 한 항목이 다른 항목을 포괄해서는 안 되는데 이는 정답을 두 개 이상 나오게 하는 문제를 발생시킬 수 있다.

셋째, 문제 수보다 답지의 수가 많아야 한다.

문제의 수와 답지의 수가 동일하면 문제지의 정답을 답지에서 고르고 한 문제의 답을 모르는 경우 남은 하나의 답지가 자연적으로 정답이 된다. 따라서 답지의 수를 문제의 수보다 많게 하여 시험 요령으로 답을 맞히는 일이 일어나지 않아야 한다.

넷째, 문제와 답지는 일관적으로 배치하고 번호는 달라야 한다.

문제지는 왼쪽 혹은 위쪽에 배치하고 답지는 오른쪽 혹은 아래쪽에 배치한다. 또한 문제지와 답지의 번호는 각기 다르게 부여한다. 문제 번호가 ①, ②, ③이었다면 답지는 ⓐ, ⓑ, ⓒ로 한다.

연결형 문항의 장점은 다양한 학습 영역을 다룰 수 있으며 답이 정해져 있어 채점이 용이하다. 또한 전제와 대응에 관한 지식을 연결 지어 생각할 때 유용한 유형이다. 반면 단점은 독립적 개념을 평가하기에는 적합하지 않으며, 단순한 사실과 사건에 대해 질문하여 높은 인지적 기능을 확인하는 것은 불가하고 이는 사실적 지식을 암기의 교육으로 유도하는 문제가 발생할 수 있다.

(4) 배열형

배열형 문항은 주어진 문장들을 재배열하거나 열거된 문장을 논리적 순서에 맞게 배열하는 형태의 문항을 의미한다.

36.

According to the market response model, it is increasing prices that drive providers to search for new resources, innovators to subtitute, consumers to conserve, and alternatives to emerge.

(A) Many examples of such "green taxes" exist. Facing landfill costs, labor expenses, and related costs in the provision of garbage disposal, for example, some cities have required households to dispose of all waste in special trash bags, purchased by consumers themselves, and often costing a dollar or more each.

(B) Taxing certain goods or services, and so increasing prices, should result in either decreased use of these resources or creative innovation of new sources or options. The money raised through the tax can be used directly by the government either to supply services or to search for alternatives.

(C) The results have been greatly increased recycling and more careful attention by consumers to packaging and waste. By internalizing the costs of trash to consumers, there has been an observed decrease in the flow of garbage from households.

① (A) − (C) − (B)
② (B) − (A) − (C)
③ (B) − (C) − (A)
④ (C) − (A) − (B)
⑤ (C) − (B) − (A)

그림 8-6 배열형 문항 예시

출처: 2022 대학수학능력시험 영어

  배열형 문항을 작성하기 위해서는 답지들은 서로 중복이 없어야 한다. 내용이 중복될 경우 먼저 와야 할 내용의 순서를 결정하는 데 혼란을 줄 수 있기 때문이다. 또한 전후 관계가 뚜렷한 것들을 묻는 것이 좋다.

  배열형 유형의 장점은 선택지의 내용을 모두 이해해야 풀 수 있는 문항으로 학습 내용을 포괄적으로 이해했는지 확인하기 유리하다. 반면에 선택지의 배열이 명확하지 않은 경우 논란이 야기될 수 있고 배열형의 경우 부분적으로 배열한 후 유추할 가능성도 존재한다.

2) 서답형 문항

서답형 문항은 주어지는 선택지 없이 피험자가 스스로 답을 작성하는 문항 유형으로 구성된다. 서답형 문항은 피험자의 보다 구체적이며 고차원적인 이해도를 확인할 수 있다는 특징이 있다. 서답형 문항을 제작하는 원리는 다음과 같다.

첫째, 서답형 문항의 특징에 부합하는 내용들로 측정되어야 한다.

단순 암기 위주의 지식을 묻기보다는 지식을 응용하여 새로운 사태나 문제를 해결하도록 측정해야 하며, 문항 내용이나 지시문의 어휘 수준이 평가하고자 하는 피험자의 수준에 적합하도록 하고 교과서의 문장을 그대로 사용해서는 안 된다. 일반적인 광범위한 문제보다는 구체적인 내용을 측정할 수 있도록 질문을 구조화시키고 응답의 방향과 한계를 명확히 해야 한다.

둘째, 채점 기준 및 문항 점수를 미리 제시하도록 한다.

응답요소의 종류를 나열하도록 할 경우에는 가지 수를 한정해야 하며 문항 간에 난이도에 따라 점수 비중의 차이를 두어 변별력을 높일 수 있으며 한 문제에 대한 다양한 응답이 예견될 때, 정답 또는 오답이라 판단할 수 있는 분명한 근거를 미리 제시하도록 해야 한다. 문항제작과 함께 모범 답안과 유사 답안까지 제작하도록 하여 문항의 오류 가능성을 배제할 수 있으며 채점 기준을 명료히 할 수 있다.

셋째, 평가하고자 하는 요소와 관련 없는 요인들을 제거한다.

문항을 배열할 때 가능하면 쉬운 문항에서 어려운 문항으로 배열하며 답을 쓸 수 있는 여백을 적절하게 마련한다. 문항 수는 학생의 능력과 적절한 응답 시간을 고려하여 결정해야 한다.

(1) 단답형 문항

단답형 문항은 간단한 단어나 구, 절 혹은 수나 기호로 응답하는 형태를 의미하며 정답이 한두 개의 짧은 단어 또는 숫자로 구성되는 문항이다. 단답형 문항을 제작하기 위해서는 가능한 간단한 형태의 응답이 되도록 질문해야 하며 교과서에 있는 구, 절의 형태와 같은 문장을 그대로 사용하지 않는다. 또한 채점 전에 채점기준이 준비되어야 하고 계산문제일 경우 계산 절차의 수준을 명시한다. 정답이 수로 표기될 때는 단위를 표기한다.

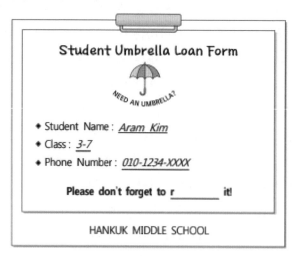

[서답형 1] 대화를 듣고, 빈칸에 적절한 말을 주어진 철자로 시작하여 한 단어로 쓰시오.

그림 8-7 단답형 문항 예시

출처: 2018 국가수준학업성취도 중3 영어

단답형 문항의 장점은 문항제작이 용이하며 넓은 범위의 학습 내용에 대한 질문이 가능하다. 채점의 경우 논술형보다 객관적일 수 있다. 또한 직접 작성해야 하며 추측으로 응답할 가능성이 적다. 반면에 단점은 짧은 답을 요구하는 단답형은 단순지식, 개념, 사실 등을 측정할 가능성이 높고 유사 정답이 많은 경우 채점의 객관성을 확보하기 어려우며 띄어쓰기나 맞춤법을 실시한 경우 채점 기준이 모호하다.

(2) 완성형 문항

완성형 문항은 진술문의 일부를 괄호 또는 밑줄로 비워놓고 피험자가 빈자리에 알맞은 내용을 넣어 문장을 완성하는 유형이다. 완성형 문항의 경우 문항을 제작하기 쉽고 채점이 객관적이다. 완성형 문항을 제작할 경우 중요한 내용을 여백으로 두는 것이 좋으며, 여백은 가능한 질문의 후미에 둔다. 또한 정답이 가능한 단어나 기호로 응답되도록 질문하며, 교과서에 있는 문장을 그대로 사용하지 않는다. 질문의 여백 뒤의 조사가 정답을 암시하지 않게 하여야 하며 여백에 들어갈 모든 정답을 열거한다. 또한 채점 시 여백 하나를 채점단위로 한다.

【서답형 4】 <자료>의 ㉠~㉢에 들어갈 알맞은 말을 쓰시오.

<자료>

(가) 영수: 왔어? 밖은 많이 춥지?

지영: 바람이 많이 불긴 해. 집 (㉠)(으)로 들어오니 한결 따뜻하다.

(나) 영수: 오늘도 자전거 타고 왔어?

지영: 응. 바람을 많이 맞아서 좀 춥다. 우리 코코아 한 잔 타서 먹을까?

(가)에서 영수가 사용한 '밖'과 지영이가 사용한 '(㉠)'은/는 '반의 관계'에 있다.

(나)에서 영수와 지영은 모두 '타다'라는 단어를 사용하고 있다. 영수가 사용한 '타다'는 '탈것에 올라서 이동하는' 것을 의미하고, 지영이가 사용한 '타다'는 '다량의 액체에 소량의 가루 따위를 넣어 섞는' 것을 의미한다. 그러므로 두 단어는 (㉡)은/는 같지만, (㉢)은/는 다르다는 것을 알 수 있다.

㉠: ＿＿＿＿＿＿＿＿＿

㉡: ＿＿＿＿＿＿＿＿＿

㉢: ＿＿＿＿＿＿＿＿＿

그림 8-8 완성형 문항 예시

출처: 2018 국가수준학업성취도 중3 국어

완성형 문항은 정답 단서가 없어 추측요인을 배제할 가능성이 있으며 문항 제작이 선택형의 선다형 문항보다 수월하다. 또한 채점이 용이하며 채점의 객관성을 유지할 수 있다. 반면에 단순한 지식이나 개념, 사실 등을 측정할 가능성이 높다.

(3) 논술형 문항

논술형 문항은 주어진 질문에 제한 없이 응답하는 형태를 말하며 피험자가 지시문을 읽고 이해한 바와 견해에 따라 다양하게 응답할 수 있다. 따라서 단답형 문항의 유형과 비교 시 분석, 종합, 비판력 등 고차원적인 능력을 측정할 수 있어 다양한 선발시험에서 활용되고 있다.

논술형 문항 제작 및 채점 유의사항은 다음과 같다.

첫째, 평가하려는 집단의 성질을 고려해야 한다.

문항 내용이나 지시문 등의 어휘 수준이 피험자 수준에 적합해야 하며 문항에 충실히 답할 수 있도록 적절한 응답 시간이 주어져야 한다. 제한 시간 내에 학습한 것을 고루 평가할 수 있도록 출제하며 피험자는 시간을 적절히 안배할 수 있어야 한다.

둘째, 단순 암기 위주의 지식보다는 고등정신능력을 측정하도록 한다.

측정하기 어려운 사고력, 추리력, 종합력, 비판력, 분석력 등 종합적인 사고력을 측정할 수 있도록 문항을 제작할 필요성이 있다.

셋째, 구체적인 학습 결과를 측정할 수 있도록 질문을 구조화하고 제한을 갖도록 한다. 문항이 요구하는 영역을 규정하고 제한하며 이것을 구조화할 수 있도록 한다.

넷째, 여러 문항 중 선택해서 응답하는 것을 지양한다.

논술형 유형의 경우 여러 개의 문항을 주고 피험자가 자유롭게 선택하게 하는 경우 피험자에게 자유로움과 융통성을 주는 것 같아 바람직하게 생각될 수 있으나 여러 개의 논술형 문항의 경우 서로 이질적인 경우 타당도가 떨어진다. 각기 다른 문항을 선택해서 답했을 경우 채점 점수는 피험자의 서로 다른 능력을 재고 있기 때문에 점수를 상호 비교하기 어려워진다. 또한 옵션 문항에 익숙해진 학생들은 넓은 교과 내용 중 본인이 원하는 내용만을 공부하는 부분학습 습관과 요행심을 키우게 될 가능성이 높아진다.

다섯째, 채점기준 및 문항 점수를 미리 제시한다.

채점기준을 미리 제시하면 피험자의 반응을 한 곳으로 방향 짓게 하는 데 도움이 되며 문항의 점수를 고려하여 문항에 응답하는 전략을 세울 수 있다. 또한 출제자는 문항제작과 함께 모범 답안을 제작할 필요가 있으며 모범 답안을 통해 문항의 오류 가능성을 배제하며 채점기준을 명료히 할 수 있다.

여섯째, 문항을 배열할 때 쉬운 문항에서 어려운 문항으로 배열한다.

피험자가 검사 시작 시부터 어려운 문항을 접하면 검사불안감으로 능력을 제대로 발휘하기 어려울 수 있다. 피험자의 능력 추정의 오차가 발생해 검사의 신뢰도가 떨어진다.

일곱째, 논쟁을 다루는 문항은 한편의 견해를 지지하기보다는 자신의 견해를 밝히고 그의 견해를 논리적으로 전개할 수 있도록 유도해야 한다.

자신이 평소 관심을 가지고 있거나 어떤 입장을 분명히 할 경우 그 관심내용에 대해 글쓰기가 수월하다. 그러나 논쟁을 다루는 문항에서 평소의 입장과 견해가 다를 경우 피험자 입장에서는 불리할 수 있다. 따라서 한편의 지지보다는 본인의 입장을 밝히게 하는 것이 효과적이다.

논술형 문항의 채점 유의사항은 다음과 같다.

첫째, 채점기준을 사전에 명료히 한다.

채점기준을 사전에 명료히 하여 채점의 오류를 줄일 필요성이 있다. 채점자의 일관성 있는 채점을 위해 모범 답안을 제작해야 한다.

둘째, 문항 단위로 채점이 이루어져야 한다.

답안지 단위로 채점이 이루어질 경우 문항의 점수가 다음 내용에 영향을 줄 수 있고 답안지별로 채점기준의 일관성이 지켜지지 않을 가능성이 있어 채점기준이나 결과가 다른 문항에 영향을 주는 것을 극소화하기 위해 문항 단위로 채점하는 것이 좋다.

셋째, 출제자도 채점에 참여하고 여러 사람에 의해 채점이 이루어져야 한다.

채점자는 출제 의도와 채점기준에 대해 충실히 이해할 수 있어야 한다. 이를 위해 출제에 참여한 사람이 채점 과정에도 참여하는 것이 좋으며 나아가 한 사람의 채점보다는 여러 사람의 전문가에 의해 채점되는 것이 채점의 객관성과 신뢰성을 높일 수 있다.

넷째, 답안지에 있는 피험자의 성명과 번호를 가리고 채점해야 한다.

답안지가 어떤 피험자의 것인가를 알 경우 평소의 인상이나 관점이 반영될 소지가 있다. 채점의 객관성과 공정성을 위해 답안지에서 피험자의 정보를 가려야 하며 학습 번호 순서에 따르지 말고 무작위로 채점해야 한다.

다섯째, 답안지를 일차적으로 한 번 읽은 뒤 구체적으로 채점한다.

피험자에 따라 서술하는 방법이 다르므로 응답의 내용이나 다른 순서에 의하여 기술될 수 있으므로 한 번 읽은 뒤 구체적으로 채점한다.

다음은 ○○고등학교에 재직하고 있는 김 교사가 대학 시절 친구 최 교사에게 쓴 이메일의 일부이다. 이 내용을 읽고 '학생의 선택과 결정의 기회를 확대하는 교육'이라는 주제로 교육과정, 교육평가, 수업설계, 학교의 의사결정을 구성요소로 하여 서론, 본론, 결론을 갖추어 논하시오. [20점]

> 보고 싶은 친구에게
>
> … (중략) …
>
> 학생의 선택과 결정의 기회를 확대하기 위해 우리 학교가 학교 운영 계획을 전체적으로 다시 세우고 있어. 그 과정에서 나는 교육과정 운영, 교육평가 방안, 온라인 수업설계 등을 고민했고 교사 협의회에도 참여했어.
>
> 그동안의 교육과정 운영을 되돌아보니 운영에 대한 나의 관점이 달라진 것 같아. 교직 생활 초기에는 국가 교육과정의 내용을 있는 그대로 실행하는 관점으로 교육과정을 운영해 왔어. 그런데 최근 내가 새롭게 관심을 가지게 된 관점은 교육과정을 교사와 학생이 함께 생성하는 교육적 경험으로 보는 거야. 이 관점으로 교육과정을 운영하는 방안을 찾아야겠어.
>
> 오늘 읽은 교육평가 방안 보고서에는 학생이 주체가 되는 평가가 학습에 도움이 된다는 내용이 담겨 있었어. 내가 지향해야 할 평가의 방향으로는 적절한데 그 내용이 구체적이지는 않더라. 학생이 스스로 자신을 평가하게 하면 어떠한 효과를 거둘 수 있을지, 그리고 내가 수업에서 이러한 평가를 어떻게 실행할 수 있을지 더 자세히 알아봐야겠어.
>
> … (중략) …
>
> 요즘 온라인 수업을 하게 되었어. 학기 초에 학생의 일반적인 특성과 상황은 조사를 했는데 온라인 수업과 관련된 학생의 특성과 학습 환경에 대해서도 추가로 파악해야겠어. 그리고 학생이 자신만의 학습 목표를 설정하고 학습의 주체가 되는 수업을 어떻게 온라인에서 지원할 수 있을지 고민하다가, 학습 과정 중에 나와 학생뿐만 아니라 학생들 간에도 소통이 이루어지도록 토론 게시판을 활용하려고 해.
>
> 교사 협의회에서는 학교 운영에 학생들의 요구를 반영하는 방안에 대해 논의했어. 다양한 의사결정 방식들이 제안되었는데 그중 A안은 문제를 확인한 후에 목적과 세부 목표를 설정하고, 가능한 대안들을 모두 탐색하고, 각 대안에 따른 결과를 예측하고 비교해서 최적의 방안을 찾는 방식이었어. B안은 현실적인 소수의 대안을 검토하고 부분적으로 수정해서 현재의 문제 상황을 조금씩 개선해 나가는 방식이었어. 많은 논의를 거친 끝에 B안으로 결정했어. 나는 B안에 따른 구체적인 방안을 다음 협의회 때 제안하기로 했어.
>
> … (하략) …

그림 8-9 논술형 문항 예시

출처: 2021 중등학교교사 임용후보자 교육학

논술형 문항제작 시 장점은 피험자의 응답 형태에 제한을 두지 않기 때문에 고차원적인 정신능력을 물을 수 있어 유용하게 사용될 수 있다는 것이다. 논술형 문항의 단점은 기대하는 반응이 모호하고 명확하지 않게 보일 때가 많다는 점이다. 따라서 요구하는 영역을 가능하면 제한하고 잘 규정하여 구조화할 필요가 있다. 또한 논술형 검사는 많은 문항을 출제하기 어려워 넓은 교과영역을 확인하기는 쉽지 않다. 또한 문장력이 작용하여 채점에 영향을 줄 수 있다. 이를 위해서는 채점기준이 명확할 필요성이 있는데, 채점자가 다수일 때 채점의 일관성을 확보하기 어려울 수 있다는 단점이 있다. 이를 위해서는 채점 시 유의사항을 정확히 숙지하여 임할 필요가 있다.

핵심단어 정리하기

선택형 문항	서답형 문항
진위형	단답형
선다형	완성형
연결형	논술형
배열형	

연습 문제

 1 다음 중 옳은 문장을 고른 것은?

A. 선다형 문제를 제작할 때는, 오답을 확실하게 하여 복답시비의 가능성을 낮춰야 한다.

B. 논문형 문항은 진위형이나 선다형 문항에 비해서 동일 시간 대비 물어볼 수 있는 문항 수가 적기 때문에 문항의 표본수가 제한되며, 검사의 신뢰도가 낮다는 단점이 있다.

C. 높은 신뢰도를 요구하는 고부담 시험을 논문형으로 보는 경우에는, 피험자가 자유롭게 자신의 능력을 구사하고, 스스로 내용을 구조화할 수 있도록 높은 자유도의 문항을 제시해야 한다.

D. 중요한 용어나 개념을 물어보는 선다형 문제를 만들 때는, 정의나 의미를 답지로 사용할 경우 사람에 따라서 다르게 해석할 수 있으므로, 용어나 개념을 고를 수 있는 명확한 답지를 사용해야 한다.

① A   ② B   ③ C   ④ D

 2 다음 좋은 선다형 문항을 내기 위한 출제자들의 대화이다. 양질의 문항 출제를 위해 옳게 조언한 이들을 모두 묶은 것은?

ㄱ: 가능한 문두는 긍정문이어야 하고 부득이하게 부정문을 쓸 경우 부정 표현에 밑줄을 그어야 해.

ㄴ: 답지를 만들 때에는 정답과 오답을 모두 분명하게 제시해서 학생들이 문항을 잘 맞힐 수 있도록 해야 해.

ㄷ: 모든 선다형 문항은 기본적으로 최선답형이기 때문에 가장 등의 부사는 문두에 제시하지 않는 것이 복답시비를 피하기 위한 방법이야.

ㄹ: 문두는 자세히, 답지는 간결히 적어야 하기 때문에 상대적으로 문장이 긴 정의나 의미보다는 중요한 용어나 개념에 관한 지식을 물을 때는 그 용어나 개념을 고르도록 해야 해.

ㅁ: 답지에는 절대적 어구를 포함시키면 오답일 가능성이 높아지기 때문에 학생들이 답지 자체가 아니라 절대적 어구를 보고 단서를 얻어 답을 선택할 수 있어. 따라서 답지에 절대적 어구는 포함하지 않는 것이 좋아.

① ㄱ, ㅁ ② ㄴ, ㅁ ③ ㄱ, ㄷ, ㄹ ④ ㄱ, ㄷ, ㅁ

3 다음 중 선다형 문항제작에 대한 내용으로 옳은 것은?

① 문두는 간결히, 답지는 자세히 만든다.
② 답지 중 정답과 오답을 분명하게 만든다.
③ 절대적 어구를 사용해 학생을 환기시킨다.
④ 부정문으로 문항을 만들 때는 '않는', '틀린' 등의 부정어에 밑줄을 긋는다.

4 다음 <보기>는 학생들이 진행한 문항제작에 대한 토론의 내용을 기록한 것이다. 다음 중 옳은 이야기를 한 학생을 모두 고르면?

a. 선다형 문항의 최선답형은 선지 중 가장 맞는 답을 고르게 하는 문제 유형으로, 복답시비가 생기기 쉽다.

b. 선다형 문항의 종류 중 하나인 불완전 문장형 문제의 장점은 피험자가 시험 범위의 내용을 완전히 이해해야 맞힐 수 있다는 것이다.

c. 선다형 문항을 작성 시, 오답지의 매력도를 높이기 위한 고도의 문항 작성능력이 필요하며, 개념에 대한 지식을 물을 때는 선지에서 해당 용어나 개념을 선택하도록 하는 간결한 문항 형태를 사용해야 한다.

d. 입시 논술 시험 같은 고부담 시험에서 논술형 형태를 사용할 시, 응시자가 자유롭게 자신의 의견을 피력할 수 있도록 주제와 답의 방향을 포괄적으로 제시할 필요가 있다.

e. 논술형 문항은 한 명의 채점자가 아닌 여러 명이 채점하여 평균을 내는 것이 바람직하며, 학생 단위가 아닌 문항 단위로 채점해야 한다.

① a, b   ② a, e   ③ b, c   ④ b, c, d

5 A교사와 B교사는 평가 문항 제작원리에 따라 수업 시간에 배운 내용을 바탕으로 서로 다른 유형의 시험지를 제작하였다. A교사의 시험지와 비교했을 때, B교사의 시험지에 대한 설명으로 옳지 <u>않은</u> 것을 고르시오.

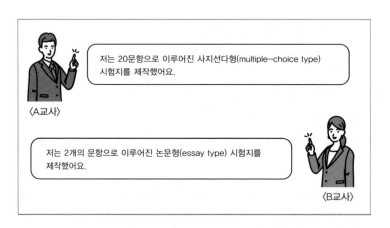

① 정답을 모르는 학생이 추측으로 정답을 할 가능성이 낮다.

② 채점할 때 채점자의 주관이 개입될 가능성이 높다.

③ 채점 시간과 노력이 많이 필요하다.

④ 문항표집의 대표성이 높다.

6 다음은 선다형 문항에 대한 설명이다. 다음 중 옳은 것을 모두 고른 것은?

가. 4지 선다형이 5지 선다형보다 추측의 요인이 더 작게 작용한다.

나. 문항의 답지를 조금만 수정해도 쉽게 문항의 난이도를 조정할 수 있다.

다. 선다형 문항 제작 시 답지 중 정답과 오답은 모두 분명하게 만들어야 한다.

라. 합답형 문항은 피험자가 학습 내용을 완전히 이해해야 맞힐 수 있다는
   장점이 있다.

---

① 가, 라   ② 나, 다   ③ 가, 다   ④ 나, 라

7 주관식 평가와 객관식 평가의 비교가 <u>잘못된</u> 것은?(91 중등)

　　　　　　〈주관식〉 ―――――――――〈객관식〉

① 반응의 자유도: 넓음 ――――――――― 좁음

② 반응의 강조점: 종합적 이해 ――――――― 정확한 지식

③ 추측의 가능성: 비교적 큼 ―――――――― 비교적 작음

④ 채점의 객관도: 비교적 낮음 ――――――― 비교적 높음

8 다음 논술형 문항의 행동 지시어 가운데 가장 고차적인 정신능력을 요
구하는 것은?(01 중등)

① 한국 사회의 병리현상을 열거하라.

② 한국 사회의 병리현상을 평가하라.

③ 한국 사회의 병리현상을 서술하라.

④ 한국 사회의 병리현상을 제시하라.

9 A교사는 평가 문항 제작원리에 근거하여 수업 시간에 다루었던 중요한 교과내용을 중심으로 <보기>와 같이 두 가지 유형의 시험지를 제작하고 이 중 어느 하나로 학기말고사를 실시하려고 한다. ㉮형과 비교해 볼 때, ㉯형에 대한 설명으로 <u>잘못된</u> 것은?(08 초등)

㉮형: 30개의 문항으로 된 4지선다형(multiple-choice type) 시험
㉯형: 2개의 문항으로 된 논술형(essay type) 시험

---

① 문항표집의 대표성이 높다.
② 채점 시 채점자의 주관이 개입될 가능성이 높다.
③ 학생이 정답을 모를 때 추측으로 정답을 할 가능성의 거의 없다.
④ 학생의 표현력과 문장력이 평가결과에 영향을 미칠 가능성이 높다.

논의해 보기

• 다양한 문항 유형 중 하나의 유형을 선택해 본인 전공의 문항을 만들어봅시다.
• 실제 출제된 문항의 예를 찾아 문항제작 지침에 근거하여 문항을 수정 및 개선해봅시다.

? FAQ

? 한 단어를 정답으로 요구하는 단답형의 경우, 주관형에 해당되지만 주관이 개입할 여지가 없기에 객관형으로도 볼 수 있는 것인가요?

서답형 중에 단답형, 완성형, 논술형이 있지요. 단답형이 객관형에 속하냐는 질문은 고민해 볼 만합니다. 주관형과 객관형을 채점자의 주관이 개입할 여지가 있느냐 여부로 본다면 객관형에 넣을 수도 있겠네요. 하지만 단답형이라고 해도 일부 문항은 미세하게 다양한 답이 나올 수 있기 때문에 이들의 인정 여부는 채점자가 주관적으로 판단해야 할 수도 있어요. 예를 들어, '신뢰도'가 답인데 일관도, 정확도, 신뢰성, 일관성, 정확성, 측정의 표준오차가 적은 것 등등 다양한 답변들을 어떻게 채점할지는 채점자가 정해야겠지요. 이런 관점에서는 주관형이라고 볼 수도 있겠지요. 또한 보통 주어진 후보 답변(답지 혹은 선지) 중에서 정답을 고르는 형태를 Multiple-Choice item(선다형)이라고 보고, 피험자가 직접 정답을 적어야 하는 문항은 Construct-Response item(구성형 혹은 서답형)이라고 구분하는 것이 일반적입니다. 이런 식의 구분에서 단답형은 분명히 구성형 문항입니다.

9장

검사 점수의 보고와 해석

9장

검사 점수의 보고와 해석

 학습목표

✔ 검사 결과 해석 기준에 대해 이해하고 이를 적용하여 해석할 수 있다.
✔ 준거점수를 산출하기 위한 준거설정에 대해 이해하고 적용할 수 있다.
✔ 검사를 실시한 후 해석, 보고 과정에서 유의할 점을 이해하고 설명할 수 있다.

---

1 검사 점수의 해석

검사를 통해 산출되는 총점, 즉 원점수(raw score)는 해석 기준에 따라 규준점수와 준거점수로 해석될 수 있다. 규준점수로 해석하는 경우 원점수는 전체 피험자에 비추어 상대적으로 어디에 위치해 있는지를 알려주는 서열적인 정보를 제공한다. 규준점수로 해석할 경우 다수의 피험자 중 해당 피험자가 상대적으로 어디에 위치해 있는지를 알려주므로 위치 파악이 용이하다는 장점은 있으나 실제적으로 피험자가 세부적으로 알고 있는 정보에 대해서는 정확한 제시가 어렵다는 것이 단점이라 할 수 있다.

준거점수로 해석하는 것도 가능한데, 피험자가 학습목표라고 할 수 있는 준거에 도달했는지 여부를 확인하여 파악하는 것으로 준거, 분할점수(cut-off score, cut score)를 기준으로 파악한다. 이때, 준거를 설정하는 것은 내용 전문가의 전문성을 필요로 하며 최대한의 주관을 배제하고 산출하기가 어렵다. 준거를 설정하는 방법은 다양하며 본 장에서 알아보도록 한다.

1) 규준점수

규준(norm)은 원점수의 상대적 위치를 파악하기 위해 적용되며 규준집단 즉 검사를 치른 집단과 비교하여 정보를 파악할 수 있다. 규준에 비추어 피험자의 원점수에 대한 상대적 서열을 나타내는 점수를 규준점수라고 한다. 규준점수에는 백분위(percentile rank), 표준점수가 대표적이다.

(1) 백분위(percentile rank)

백분위는 피험자로부터 얻은 자료를 크기 순으로 늘어놓아 100등분한 값을 의미하며, 해당 점수보다 아래 있는 사람들의 비율을 나타내는 점수로, 원점수를 백분위로 변환하면 상대적인 서열을 파악하는 것이 가능하다. 한 학생의 원점수가 60점이고 이에 대한 백분위가 40이라면 비교하고자 하는 집단의 40%가 해당 학생의 원점수보다 낮은 점수를 받았음을 의미한다. 백분위는 산출하기가 쉽고 결과 해석이 용이하다는 장점이 있어 다양한 검사 분야에서 적용되고 있다. 그러나 백분위는 서열적인 정보만 갖기 때문에 평균이나 표준편차를 계산할 수 없으며 동간성이 없다. 이는 A, B, C 학생이 각각 40, 60, 80의 백분위를 얻었을 때 차이값으로는 20만큼 차이가 있지만 차이의 의미는 동일하지 않음을 의미한다.

원점수를 백분위로 환산하는 방법은 다음과 같다.

$$\text{백분위}(PR(X)) = \frac{cf(X) + (f(X)/2)}{N} \times 100$$

위 식에서 $cf(X)$는 원점수 X보다 낮은 점수를 받은 학생의 수, $f(X)$는 원점수 X를 받은 학생 수(동점자 수), N은 전체 사례 수를 의미한다. 100명의 학생들이 치른 10점 만점의 검사에서 원점수 8점에 해당하는 학생의 백분위를 식에 적용하면 다음과 같다.

$$PR(X{=}8) = \frac{8점미만학생수 + (8점학생수/2)}{100} \times 100$$

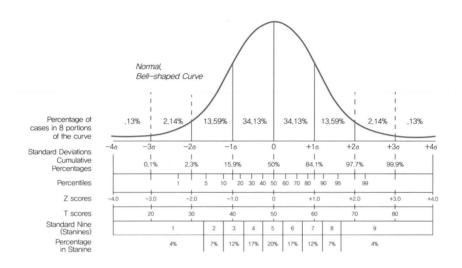

그림 9-1 정규분포에 의한 백분위 및 표준점수

출처: https://benbaab.com/steinberg/class3.html

정규분포에서 피험자의 점수가 평균과 같다면 학생의 규준점수는 50백분위가 된다. 다른 학생의 점수가 평균보다 2 표준편차 위에 있다면 97.72 백분위가 되고 이를 상위 2.28%라고도 할 수 있다.

(2) 표준점수

표준점수는 정규분포 가정하에서 평균과 표준편차를 적용하여 변화하는 척도로 원점수가 평균을 기준으로 얼마나 떨어져 있는지를 표준편차로 나누어 산출한다. 표준점수는 z점수와 T점수가 있다. 표준점수는 피험자가 얻은 점수의 간격이 동간성이 유지되고 다른 역량의 검사를 통해 얻은 점수 간의 비교가 가능하다는 장점이 있다. 즉 국어 검사에서 65점을 얻고 영어 검사에서 70점을 받았다면 두 검사의 속성은 다르기 때문에 원점수만 가지고 어떤 검사를 더 잘 보았는지를 해석하기 어렵다. 이때 표준점수로 변환하면 집단의 점수 분포를 고려하여 상대적으로 과목 간에 비교가 가능해진다. 또한 표준점수로 변환할 경우 원점수의 분포에 따라 최대값이 달라질 수 있어, 이론적으로 정해진 최대값과 최소값이 없으나 원점수가 정규분포할 경우 대부분의 점수는 −3에서 +3 사이의 값을 가지게 된다.

z점수는 평균을 0, 표준편차를 1로 고정하는 점수 계산공식은 다음과 같다.

$$Z = \frac{X - \overline{X}}{S}$$

위 식에서 S는 검사 점수의 표준편차, X는 학생의 원점수, $\overline{X}$는 원점수의 평균을 의미한다. 예를 들면 국어 검사의 평균이 60이고 표준편차 10일 경우 70점을 받은 학생의 표준점수는 (70-60)/10=1이다. 이 학생의 원점수를 기준으로 평균보다 10점 높은 점수를 받았고 표준편차 10단위로 환산하면 1, 즉 평균보다 1표준편차 높은 성적을 받았다고 해석할 수 있다. 평균 점수보다 아래의 점수를 받은 경우 z점수는 음수가 되고 평균보다 높을 경우 + 점수가 산출된다.

원점수를 z점수로 변환하고 나면 T점수로 적용할 수 있다. z점수의 경우 원점수가 평균보다 낮은 경우 음수로 산출되고 소수점의 값을 갖게 되어 해석의 불편함이 있어 평균이 50, 표준편차가 10인 T점수로 변환한다. T점수는 다음과 같이 구할 수 있다.

$$T = 10Z + 50$$

z점수는 평균은 0, 표준편차는 1이기 때문에 z점수에 10을 곱해주고 50을 더해 주면 T점수로 변환할 수 있다. 위에서 구한 z점수를 T점수로 변환하면 (10*1)+50=60점이다.

(3) 스테나인

스테나인 점수는 표준점수를 9개의 구간으로 나눈 값이다. 이는 [그림 9-2]의 9개 구간에서 알 수 있듯이 원점수의 분포를 정규분포로 가정하고 낮은 점수부터 높은 점수로 배열하여 맨 아래의 4%에 1을, 7%에 2를 12%에 3을, 17%에 4를, 20%에 5를 부여한다. 상위 4%에 만점인 9를 부여한다. 그러나 대학수학능력시험에서 스테나인 점수는 1을 9로, 9를 1로 하는 것이 다른 점이다. 원점수가 정규분포할 경우 z점수 기준 –1.75 이하를 최하위 급간(구간 1)으로 설정하고 0.5점씩 z점수를 올려 급간을 구성하여 마지막 급간(구간 9)은 z점수 1.75점 이상으로 설정한다. 각 그룹의 z점수를 T점수로 환산하면 구간 1은 32.5점 이하이고 이후 5점 단위로 점수가 높아져 구간 9는 67.5 이상이 된다.

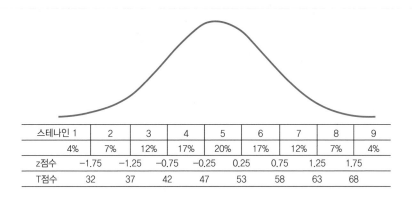

스테나인	1	2	3	4	5	6	7	8	9
	4%	7%	12%	17%	20%	17%	12%	7%	4%
z점수		−1.75	−1.25	−0.75	−0.25	0.25	0.75	1.25	1.75
T점수		32	37	42	47	53	58	63	68

그림 9-2 스테나인 등급 분할 점수

출처: 대학수학능력시험의 안정적 등급 산출을 위한 요건 탐색(양길석 외, 2006)

2023학년도 대학수학능력시험 성적통지표(예시)						
수험번호	성 명	생년월일	성별	출신고교 (반 또는 졸업 연도)		
12345678	홍 길 동	04.09.05	남	한국고등학교 (9)		
영 역	한국사	국어	수학	영어	탐구	제2외국어/한문
선택과목		화법과 작문	확률과 통계		생활과 윤리 / 지구과학Ⅰ	독일어Ⅰ
표준점수		131	137		53 / 64	
백분위		93	95		75 / 93	
등급	2	2	2	1	4 / 2	2

2022. 12. 9.

한국교육과정평가원장

그림 9-3 2023학년도 수능 성적통지표(예시)

출처: 2023학년도 대학수학능력시험 Q&A자료집(한국교육과정평가원, 2022)

2) 준거점수

위에서 설명한 규준점수는 학생들의 상대적 위치 파악에 용이하다는 장점이 있으나 해당 규준점수를 받은 학생이 교육과정을 통해 학습한 내용의 구체적인 파악과 실제로 할 수 있는 일과 부족한 부분에 대한 정보를 전달하는 데는 한계가 있다는 단점이 있다. 이를 보완하기 위한 준거점수는 정해진 기준에 피험자가 도달하였다면 기준에 해당하는 역량을 습득한 것으로 해석될 수 있다.

학습에서 달성하고자 하는 수업목표에 도달하였는지 여부를 결정하기 위해 준거점수를 설정하여 사용할 수 있으며, 설정된 기준에 따라 학습자가 기준에 도달한 완전학습자인지 또는 도달하지 못한 불완전학습자인지를 구분할 수 있다. 이때 완전학습자와 불완전학습자를 나누는 기준을 분할점수(cut score)라고 부른다. 분할점수는 범주의 개수에서 −1을 하게 되는데, 예를 들면 합격과 불합격을 나눌 경우 2개의 범주가 존재하기 때문에 −1을 하여 합격선과 불합격선을 나누는 한 개의 분할점수가 필요하다. 그리고 A, B, C, D의 네 개의 범주에 대해 분할점수를 구분한다면 3개의 분할점수가 필요하게 된다. 분할점수를 사용하면 성취평가제가 지향하는 바와 같이 교과목별 성취기준을 토대로 학생의 학업성취를 파악할 수 있다.

성취평가제 알아보기!

💡 성취평가제
상대적 서열에 따라 누가 더 잘했는지를 평가하는 것이 아니라 학생이 무엇을 어느 정도 성취하였는지를 평가하는 제도(한국교육과정평가원, 2020)

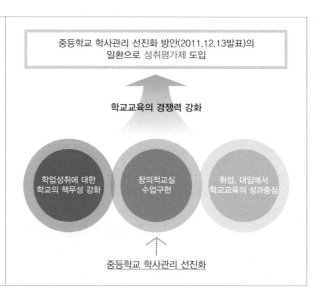

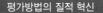

평가방법의 질적 혁신	성취평가제 도입	학사관리 선진화 여건조성
▪ 서술형 평가 및 수평평가 내실화	▪ A-B-C-D-E 평가 실시	▪ 교과목별 성취기준 · 성취수준 개발 ▪ 교원의 평가 책무성 및 전문성 제고 ▪ 성적 부풀리기 방지를 위한 학업성적 관리 체제 구축 ▪ 학교 교육 중심 대입전형 정착 지원 ▪ 성취평가제 도입 추진체계 구축

- 국가 교육과정에 근거하여 교과별 성취기준에 도달한 정도를 평가

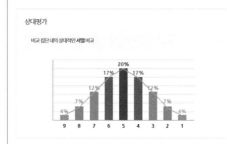

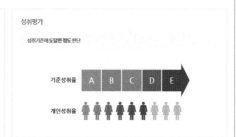

- 교육과정에 맞춰서 개발된 교과목별 성취기준 및 성취수준에 따라 학생의 학업 성취수준을 평가하고 A-B-C-D-E로 성취도 부여

● 성취도별 정의 및 성취율 (예시)

성취도	정의	성취율(원점수)
A	내용영역에 대한 지식습득과 이해가 매우 우수한 수준이며, 새로운 상황에 일반화할 수 있음.	90% 이상
B	내용영역에 대한 지식습득과 이해가 우수한 수준이며, 새로운 상황에 대부분 일반화할 수 있음.	90% 미만~80% 이상
C	내용영역에 대한 지식습득과 이해가 만족할 만한 수준이며, 새로운 상황에 어느 정도 일반화할 수 있음.	80% 미만~70% 이상
D	내용영역에 대한 지식습득과 이해가 다소 미흡한 수준이며, 새로운 상황에 제한적으로 일반화할 수 있음.	70% 미만~60% 이상
E	내용영역에 대한 지식습득과 이해가 미흡한 수준이며, 새로운 상황에 거의 일반화할 수 없음.	60% 미만

출처: https://www.kice.re.kr/sub/info.do?m=010304&s=kice

(1) 준거점수 설정방법

준거점수 설정방법은 절대적 혹은 규준적 기준을 도출하기 위한 것으로 기준은 준거설정방법 내에 존재하기보다 교사나 평가전문가의 마음속에 가정하

고 있는 심리적 구인이다(Shepard, 1984). 준거설정은 일반적으로 해당 내용의 전문가인 다수의 패널이 참여하여 선택된 준거설정방법에 따라 의견 수렴을 통한 적용을 반복하여 실시하며 최종 준거점수, 즉 분할점수를 산출하는 것이다. Hambleton(2001)은 준거점수의 설정 절차를 11단계로 제시하였다. 그 절차는 다음과 같다.

제 1단계: 패널의 구성

교육적 사정활동을 위한 의사결정 시 교사, 교육과정 전문가, 학교 행정가 등으로 구성

제 2단계: 준거설정방법 선택, 훈련자료 준비, 회의안건 완성

성취기준 설정 도구 다양, 패널의 과업특성(평가자료와 문항 검토하여 판단, 문서 선정, 분석적 판단 등 피험자 성과에 대한 판단, 시험 점수 분석표에 대한 판단, 후보자에 대한 판단), 준거설정방법 선택 시 시간제한, 방법활용 등 고려

제 3단계: 성취범위에 대한 기재문 작성

타당도 높은 성취기준 제작 위해 성취수준 기재문의 중요성 높아짐

피험자의 지식, 기술, 능력이 구체적으로 진술됨

제 4단계: 선택된 방법을 패널이 활용할 수 있도록 훈련

효용성과 타당성 높은 성취기준 설정 위해 패널에게 효과적인 훈련과 연습 필요

제 5단계: 패널로부터 문항등급의 자료 수집

제 6단계: 패널 토의 실시

최초 등급설정에 대한 재고의 기회 제공과 오류, 잘못된 인식, 오해 찾기

제 7단계: 토의를 통한 2차 문항등급 결과 수집

제 8단계: 패널이 부여한 등급결과 수집 및 성취기준 수립

제 9단계: 패널에게 결과자료 제시

앞선 단계의 선정 기준이 패널의 경험과 합리적 기준에 부합하지 않는 경우 수 정기회 제공

제 10단계: 필요시 수정을 통한 성취기준 완성 및 결과물에 대한 패널평가 실시

제 11단계: 타당한 근거 수집과 기술 내용의 문서화

(2) 준거점수 설정방법

일반적으로 준거점수를 설정하기 위해서는 여러 명의 전문가들이 참여하여 합의된 준거설정방법을 통해 의견을 조율해 나가며 최종적인 준거점수를 결정하게 된다. 이를 결정하기 위한 준거설정방법을 Mills와 Melican(1998)은 현재까지 제안된 준거설정방법을 네 가지 범주로 나누었다. 이는 규준적 준거설정방법, 피험자 집단 특성평가에 의한 준거설정방법, 검사도구 내용분석평가에 의한 준거설정방법, 절충적 준거설정방법이다.

다양한 준거설정방법 중 한국의 기초학력진단평가와 국가수준 학업성취도평가의 준거설정방법으로 사용되고 있는 수정된 앵고프(Angoff) 방법과 북마크(Bookmakr) 방법에 대해 살펴보고자 한다.

① 앵고프(Angoff) 방법

검사를 바탕으로 준거점수를 설정하는 대표적인 방법인 앵고프 방법은 가장 널리 사용되어 오는 방식이다. 앵고프 방법은 전문가인 패널이 최소한으로 수용 가능한 사람(minimum compentency person, MCP; 혹은 minimum competency examinee, MCE)의 집단을 가정하고 문항을 분석하는 것이다. MCP 혹은 MCE란 해당 기준선을 통과하기에 최소의 능력을 가진 사람을 의미한다. 준거설정자는 문항분석 시 각각의 문항에 대해 MCP 집단이 정답할 비율을 추정하게 된다. 예를 들면, [그림 9-4]를 보면 첫 번째 문항에 대해 MCP의 56%가 정답할 것이라고 예상했다면 첫 문항에 0.56의 점수를 부여한다. 그다음 문항에 부여된 점수의 총합을 합격-불합격을 구분하는 분할점수로 사용한다. 이를 적용 시 준거설정자는 다수이므로 평균 점수를 합산하여 적용하게 된다.

앵고프 방법은 준거설정방법의 적용이 간단하여 효율적으로 사용될 수 있고 선다형, 주관식, 논술형 등 다양한 유형의 문항에도 적용할 수 있다는 장점이 있다. 반면 문항에 응답할 확률을 패널의 주관에 의존하여 결정하기 때문에 올바르지 않을 수 있을 가능성이 제기된다. 현재 국가수준학업성취도 평가에서 사용하고 있는 준거설정방법은 수정된 앵고프 방식이다.

문항	패널					
	A	B	C	D	E	F
1	0.56	0.67	0.59	0.52	0.87	0.65
2	0.76	0.82	0.70	0.82	0.89	0.45
3	0.23	0.45	0.56	0.45	0.78	0.34
4	0.87	0.88	0.90	0.70	0.82	0.98
5	0.54	0.51	0.68	0.45	0.67	0.57

그림 9-4 6명의 전문가에 의한 수정된 앤고프 방식 준거점수 설정 예시

② 북마크 방법

북마크 방법은 앤고프 방법과 동일하게 전문가들의 판단을 통해 MCE의 수행 정도를 추정하여 준거를 설정한다. 앤고프 방법과 다른 점은 검사 문항에 대한 분석을 바탕으로 준거를 설정하는 방법이라는 것이다.

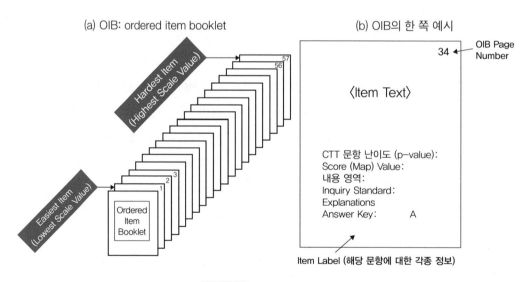

그림 9-5 OIB 형태 및 예시

북마크 방법은 문항반응이론에 의하여 문항 난이도를 추정하고 문항 난이도에 따라 문항을 배열한 문항순서집(ordered item booklet; OIB)을 통해 준거를 설정한다. 문항반응이론은 문항의 난이도 모수와 피험자의 능력모수를 동일한 척도상에서 다룰 수 있기 때문에, 북마크된 문항의 위치 정보를 활용하여 이러한 척

도상에서 피험자를 구분하는 분할점수를 찾아낼 수 있다. OIB는 [그림 9-5]에서 볼 수 있는 바와 같이, 문항 난이도에 의해 쉬운 문항부터 어려운 문항 순으로 각 문항의 위치를 결정하여 한 페이지에 한 문항씩 정렬한 문항집을 의미한다. 북마크 준거설정에 참여한 패널은 OIB의 첫 번째 페이지부터 살펴 보면서 MCE가 해당 문항을 맞힐 확률이 0.67(=2/3) 이상이라면 그다음 페이지를 보기를 반복한다. 그리고 MCE 정답확률이 0.67 이상이라고 볼 수 있는 마지막 문항(그다음 쪽의 문항은 어려워서 정답 확률이 0.67보다 작다고 생각됨)에 북마크를 한다. 문항반응이론하에서 문항의 난이도 모수와 피험자의 능력모수는 동일한 척도상에서 해석되기 때문에 북마크한 문항의 문항특성곡선상에서 정답확률이 0.67일 때의 척도점수가 분할점수가 된다. 세 개의 성취수준을 위해 두 개의 분할점수를 북마크 방법을 통하여 정하고자 할 때, 구체적으로 북마크를 하도록 하는 방식은 [그림 9-6]에 제시된 바와 같다. 이 그림에서 보면 A(가장 높은 수준), B, C 세 성취수준에 대하여 준거설정에 참여한 패널은 두 명의 가상 MCE(A/B, B/C)를 상정한다. 그리고 OIB의 첫 번째 문항부터 차례로 살펴보면서 MCE 정답률이 2/3 이상이 되는 마지막 문항을 찾아서 북마크해야 한다.

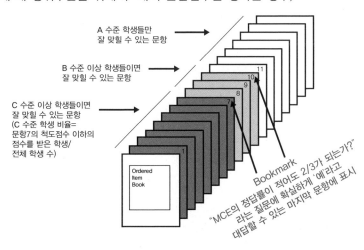

그림 9-6 세 개의 성취수준이 존재할 때 OIB상에서 패널이 북마크하는 위치

　　각 패널마다 북마크하여 정해진 분할점수들의 평균이나 중앙값을 계산하여 통계적으로 합의된 분할점수를 산출하게 되는데, 이를 토대로 반복되는 토의 및 수정 작업을 거쳐 최종적으로 분할점수를 결정하게 된다. 북마크 방법은 문항반응이론을 통하여 각 문항의 모수를 미리 계산해 두고 간단한 북마크 행위를 통하여 분할점수를 정할 수 있다는 장점이 있다. 즉 앵고프 방식에서처럼 각 문항마다 구체적 수치를 추정하도록 요구하지 않는다는 장점이 있다. 그러나 문항순서집을 제작해야 한다는 번거로움과 함께 그 적용을 위하여 문항반응이론의 기본 가정인 일차원성과 지역독립성의 가정이 만족되어야 하는 제약이 있다.

핵심단어 정리하기		
규준점수	스테나인	
백분위	준거점수	
표준점수	앵고프 방법	
z점수	북마크 방법	
T점수		

연습 문제

1 다음은 우리나라에서 현재 시행되고 있는 전국 수준 학업성취도 검사의 성취수준을 나타낸 그림이다. 이와 같은 검사의 분할점수를 구하는 절차에 대한 설명으로 옳은 것은?

① 기준은 임의적 기준에 의하여 설정할 수 있다.

② 대학수학능력시험도 같은 방식으로 분할점수가 결정된다.

③ 분할점수를 정할 때 전문가가 반드시 참여할 필요는 없다.

④ 분할점수는 최소능력피험자가 받을 것으로 기대되는 점수로 결정된다.

2 다음은 학생들이 〈보기〉를 보고 나눈 대화이다. 옳지 <u>않은</u> 설명은?

〈보기〉

[A]은/는 하나의 교육 및 심리검사와 관련하여 cutoff score를 결정해야 할 때 어느 조직이나 기관에 의해 실시되는 공식적 연구 절차이다.

① [A]에 들어갈 말은 준거설정 혹은 기준설정이야.

② 분할점수는 과학적 기준설정 절차에 따라 임의적으로 설정할 수 있어.

③ 준거설정 방법 중 문항 내용에 기반을 둔 판단 방법에 속하는 Angoff 방법은 가장 유명하고 주관식에서도 활용이 가능하다는 장점이 있어.

④ 전반적 인상에 기반한 방법은 전문가들에게 MCE들이 받을 수 있는 검사 점수를 제시하도록 요구하는 거야. 이 방법은 심리측정학적 방법이라고 보기는 어려워.

3 N=200, M=72, σ=9인 점수분포에서 90점 이상의 득점자는 약 몇 명인가?(91 중등)

① 5명 ② 10명 ③ 15명 ④ 20명

4 표는 어떤 학생의 점수를 분석한 것이다. 잘못 해석한 것은?(92 중등)

과목	점수	학급평균	표준편차	T점수
국어	84	75	9	60
영어	70	70	8	50
수학	65	60	10	55

① 이 학생의 성적은 중간 이상이다.
② 이 학생의 Z점수로는 수학이 가장 높다.
③ 이 학생의 백분위 점수로는 국어가 가장 높다.
④ 이 학급에서 개인차가 가장 적은 과목은 영어다.

5 어떤 학급에서 학생들의 시험점수가 평균 70점이고 표준편차 10인 정상분포를 나타낼 때, 다음 중 성적이 가장 높은 학생의 점수는?(04 중등)

① 원점수 50 ② Z점수 1 ③ T점수 50 ④ 백분위 50

6 세 과목의 시험에서 얻어진 점수를 합산한 총점으로 학생들의 성적을 서열화하고자 한다. 합산된 총점의 서열화에 각 시험점수가 미치는 비중(weight)을 가능한 한 동등하게 하기 위해 고려해야 할 사항으로 가장 적합한 것은?(06 중등)

① 각 시험의 문항 유형을 동일하게 출제한다.
② 각 시험의 실시시간을 동일하게 조정한다.
③ 각 시험의 점수분산이 같아질 수 있도록 한다.
④ 세 과목의 시험이 같은 날에 실시되도록 한다.

7 평균이 50점이고 표준편차가 10점인 정규분포를 이루고 있는 수학 시험에서 60점을 얻은 A학생에 대한 설명으로 옳은 것은?

① Z점수는 1.0이다.
② T점수는 40이다.
③ 60백분위에 해당한다.
④ A학생보다 높은 점수를 얻은 학생은 10%이다.

논의해 보기

• 중학교 3학년 수학 선다형 문항을 10개 구하여 한 검사를 구성하고, 중학교 졸업 자격을 결정하는 분할점수는 10점 만점 중 몇 점이 되어야 하는지 정하기 위한 준거설정을 실시해 봅시다.

? FAQ

? 백분위 구하는 것과 관련해서 궁금한 점이 있어서 질문드립니다. 백분위는 연속변수를 가정할 때 사용할 수 있는 규준점수라고 들었고요, 우리가 일반적으로 보는 시험의 경우 연속변수를 가정하지 않기 때문에 바로 백분위를 구할 수 없고 새로운 방법을 사용해야 한다고 배웠습니다. 그런데, 만약 시험의 성적분포가 정규분포라고 가정하면 엑셀 프로그램의 함수인 NORMSDIST( )로 백분위를 구할 수 없나요?

말씀하신 대로 백분위 자체는 연속변수일 때 존재할 수 있습니다. 그런데 검사 점수에 대해서 백분위를 구하기 위해서 개발된 방법이란 것은 정수인 점수를 억지로 연속변수라고 가정해서 백분위를 구하는 것이지요. 이와 마찬가지로, 시험 점수가 정규분포를 따른다고 가정할 때 이 역시 처음에는 연속변수로 각 개인에게 점수가 주어졌는데 이를 반올림하여 정수 상태로 존재하게 되었다고 상상하는 것은 가능할 것입니다. 이때 정수로 되어 있는 표본 학생들의 점수를 가지고 평균과 표준편차 추정치를 구하고 이를 이용하여 엑셀에서 =NORMSDIST() 함수로 백분위 추정치를 구하는 것은 엄밀히 보면 옳은 방법은 아닙니다. 다만 시험 점수는 보통 0에서 100점으로 꽤 많은 수의 변수값들을 가지고 있기 때문에 정확하지는 않겠지만 백분위의 근사치를 구할 수 있다고 보는 것입니다. 보통 단위학교에서 산출되는 특정 과목 시험의 점수 분포는 정규분포일 리 없고요, 또 전교생 집단 자체로 모집단(내신 고사는 해당 학교 학생들한테만 관심이 있으므로)이기 때문에 '정규분포를 가정'한다는 것도 말이 안 되지요. 정규분포를 가정한다는 것은 우리가 표본 자료를 가지고 있을 때 '모집단 수준에서 정규분포일 거야'라고 가정하는 것이니까요! 따라서, 각 학교에서의 시험 점수 백분위를 구하고자 할 때 정규분포를 가정하여 =NORMSDIST( )를 활용하는 것은 추천하지 않습니다.

스태나인은 정규분포를 이용하여 원점수를 9등급으로 나누기 위한 방법이라고 하셨습니다. 정규분포를 가정할 때의 등급을 분할하는 Z점수와, 모집단 자료를 확보한 경우의 기술통계(예: 수능)에서 등급을 분할하는 Z점수가 다를 수 있다고 하셨는데 이해가 잘 안 됩니다. 정규분포를 가정할 때나, 가정하지 않을 때나 한 개인의 원점수는 일정한데 그렇다면 Z점수도 똑같은 것이 아닌가요?

한 개인의 Z점수가 같더라도 정규분포를 가정할 때와 그렇지 않을 때 백분위 측면에서 그 의미가 다를 수 있지요. 정규분포에서는 Z=1.75 이상이면 상위 4%이잖아요? 그럼 1등급과 2등급을 나누는 분할점수는 1.75이지요. 그런데, 정규분포를 따르지 않으면 Z=1.75가 때로는 상위 0.1%일 수도 있고요, 또 때로는 상위 10% 등 분포 양상에 따라서 얼마든지 다른 값일 수 있어요. 그냥 고등학교 때 기말고사 본 뒤에 나의 내신 등급이 어떻게 결정되었나 생각해 보시기 바라요. 당연히 시험 점수분포는 정규분포가 아니었겠지요. 이때 Z점수를 계산해서 1.75보다 높으면 나의 등급이 1등급으로 결정되었을까요? 아니죠. 자연스럽게 상위 4%에 들었는지 열심히 따져 보셨을 겁니다. 즉, 백분위 96%에 해당하는 Z점수가 분할점수가 되고요, 그 값은 1.75가 아닐 확률이 높지요.

T점수의 표준편차가 10인 이유가 이해가 잘 안 됩니다. Z점수에 10을 곱해주고 50을 더하는 이유가 무엇인가요? 앞 질문에 덧붙여 언어, 수리, 외국어영역에서 2를 곱해주는 이유는 무엇인가요?

Z점수에 10을 곱하고 50을 더하면 T점수로 변환이 됩니다. 정규분포를 따른다고 가정할 때 보통 대부분의 Z값들이 −3에서 3 사이에 존재한다고 배우셨지요. 10과 50을 선택한 이유는 그렇게 하면 T점수가 20에서 80 사이에 대부분 존재하기 때문에 우리가 익숙한 100점 만점 점수 체계에서와 비슷하게 값들이 산출되기 때문입니다. T점수에 다시 2를 곱해주면 변환점수의 표준편차가 20, 평균이 100이 됩니다. 이러한 척도를 택하는 필연적인 이유가 있었다기보다는, 선택 과목들의 표준점수(T점수)와 차별화하려는 목적입니다. 예를 들어, 토플 점수의 경우 예전에는 600점이면 잘 봤다는 식의 얘기를 하다가 요즘은 100

점 넘으면 잘 보았다고 얘기하잖아요. 이런 식으로 점수의 척도는 검사 제작자들이 설정하기 나름이고 사용자들은 이후 그에 따라서 해석을 할 뿐입니다. 우리가 토익 시험 보면서 왜 800점, 900점 이런 점수대를 쓰냐고 따지지 않는 이유이기도 합니다.

수능에서 T점수를 사용할 때 언수외 영역에서 T점수에 2를 곱해준 점수를 사용하는 이유가 무엇인가요?

혹시 토익 점수의 만점은 990점이고 토플 점수의 만점은 120점이라는 것에 대해서 왜 그런지 의문을 가져보신 적이 있을까요? 중요 시험에서 제공되는 성적표상의 점수를 척도점수라고 하는데요, 이는 검사 제작자가 얼마든지 임의로 그 범위와 평균 및 표준편차 등을 설정하는 것이 가능하답니다. T점수의 경우, 대개 20-80점 사이로 분포하게 되고요(z=-3, 3에 대응), z값이 5보다 크면 100점을 넘을 수도 있고 -5보다 작으면 음수가 될 수도 있지만, 대개는 z값이 5보다 큰 경우 모두 100점으로 그리고 z값이 -5보다 작은 경우는 모두 0으로 보고하기로 약속한답니다. 그렇게 되면 0~100점 사이의 값으로 보고됩니다. 아시다시피 T값의 표준편차는 10이지요. 이런 식으로 성적표에 기입되는 점수의 척도는 앞에서 말씀드린 바와 같이 검사 제작자가 정하는 것이고요. 피험자는 이를 받아들여서 자신의 능력 수준을 가늠할 뿐입니다. 토익에서 900점을 넘으면 영어를 잘한다고 생각하는 것처럼요. 마찬가지로, 수능에서 국어, 영어, 수학의 경우는 검사 제작자(평가원)들이 평균 100 그리고 표준편차 20을 쓰기로 결정한 것뿐입니다. 즉 T점수에 2를 곱했다는 것은 결국, $2(10z+50)=20z+100$이니까요. 보통 수능 성적표에서 이들 과목은 0~200 사이로 보고가 되지요.

Angoff 방법에 대해 질문드립니다. 이 방법에 따르면, 판단자가 MCE들이 문항에 정답을 할 수 있는 비율을 추정해보도록 요구받는데, 이때 추정하는 기준이 되는 것이 판단자의 직관인 건지 궁금합니다. 전문가라고 해도 직관에 의존하여 판단 내리는 경우 합리적이고 과학적인 것이라고 볼 수 있는 건지 개인적인 의문이 듭니다.

전문가의 전문성에 의존하는 것이 Angoff 방법의 핵심입니다. Angoff 방법 자체가 정말 합리적이고 과학적인 것인지에 대한 의문 제기는 무척 타당합니다. 저도 일정 부분 동의하고요. 하지만, 그러면 어떻게 하는 것이 정말 더 합리적이고 과학적인지에 대한 대안 제시를 고민해 볼 필요가 있겠지요. 이러한 맥락에서 많은 대안적 방법이 제시되어 왔습니다. 하지만 기본적으로 전문가의 판단을 완전히 배제하는 대안은 아직 나오지 못하였습니다. 오히려 Angoff 방법의 장점이 더 많은지라 아직까지 가장 흔히 쓰이는 준거설정방법으로 남아 있다고 봐야겠지요. 모두가 동의할 수 있는 합리적이고 과학적인 분할점수 도출방법이 나올 수 있다면 정말 좋겠어요!

준거설정방법 중 Angoff 방법에 관한 질문인데요! Angoff 방법을 다양하게 변형해서 사용할 수 있어서, 어떤 경우 각 문항마다 0점 혹은 1점을 패널이 부여하는 방식이 될 수도 있다고 들었습니다. 또한 보통의 Angoff 방법에선 MCE가 맞힐 확률로 이를 구한다고 하셨는데요, 이때 패널이 문항마다 MCE가 맞힐 확률을 어떻게 알 수 있나요? 전자의 경우는 0점 혹은 1점을 부여하기 때문에 MCE가 맞힐 수 있을지 없을지 그나마 쉽게 판단을 내릴 수 있을 것 같은데, 패널에게 확률을 요구하면 어떻게 문항마다 MCE 정답확률을 이야기할 수 있을지 궁금해져서 여쭤봅니다.

네, 그래서 일단 패널의 구성이 내용 전문가들로 이루어져야 하고요, 또 한번의 라운드로 준거설정을 끝내는 것이 아니라 상호 논의를 통해서 여러 번 의견을 수정할 기회를 부여하는 것입니다. MCE 정답확률을 추정하는 것이 어려운 작업인 만큼 전문성을 바탕으로 서로 협력하여 결정해 나가자는 것이지요. 사실 'MCE 정답 여부'를 추정하는 것도 쉬운 것은 아닙니다. 하지만, 어느 정도 그러한 예측이 가능하다면 맞힐지 틀릴지 여부에서 한 걸음 더 나아가 문항 난이도까지 더 고려해서 판단해 보자는 것이 MCE 정답확률을 추정하는 일이 됩니다. MCE가 맞힌다고 예측한다는 것은 확률로 보면 적어도 정답확률이 0.5는 넘는다는 의미겠지요. 그런데 어느 두 문항에 대해서 MCE가 맞힌다라고 예측한다고 해도 한 문항은 다소 어려워서 확률적으로는 0.6 정도 될 수 있고 다른 문항은 상대적으로 쉬워서 0.95에 달한다고 예측할 수도 있을 겁니다. 결코 쉬운 일은 아닌데요... 수능 제작에 여러 번 참여하신 노련한 선생님들의 경우 새로 만든 문항이 수능에 사용될 경우 정답률이 얼마나 나올지를 꽤 정확하게 추정하시는 경우가 자주 있거든요. 따라서, 패널들의 이러한 전문성에 기대어서 각 문항에 대한 MCE 정답확률을 예측하시도록 부탁하는 것이 앵고프 방법이라고 보시면 됩니다.

10장

검사동등화의 개념 및 실제

10장

검사동등화의 개념 및 실제

 학습목표

✓ 검사동등화의 개념을 설명할 수 있다.
✓ 두 검사 간 점수를 연계하는 방법의 종류 및 의미를 이해한다.
✓ 고전검사이론에 따른 검사동등화 방법을 이해하고 실제 예시에 적용할 수 있다.

1 검사동등화의 개념

검사동등화(test equating)란 동일한 구인을 측정하는 두 다른 검사(편의상 X, Y 라고 부른다면)의 난이도 등 통계적 차이를 교정하여 한 검사에서 받은 점수가 다른 검사에서는 몇 점에 해당하는지 연결하는 작업을 말한다. 이는 두 검사 결과들을 같은 능력 수준을 의미하는 상호 대등한 값끼리 연결한다는 의미이다. 달리 말하여, 동일한 내용을 다루는 복수의 검사들이 사용되었을 때 이들 검사 점수들의 비교가능성 및 교환가능성을 확보하기 위한 절차를 검사동등화라고 한다. 한 검사의 점수를 난이도 차이와 무관하게 다른 검사의 점수와 직접적으로 비교할 수 있게 되면, 피험자는 어느 검사를 치르는가에 관계없이 공정한 측정 결과를 얻을 수 있을 것으로 기대할 수 있다.

[그림 10-1]에서는 검사 X(새로 실시된 검사, new test)의 특정 점수 x가 이전에 실시된 검사 Y(old test)의 몇 점(y*)에 해당하는지를 연결하는 상황을 표현하고 있다. 이 그림에서 특정 점수가 구체적으로 제시되지는 않았지만 x보다 y* 점수가 더 높은 곳에 있다는 것은 무슨 의미일까? 이는 난이도 측면에서 검사 Y

가 더 쉬웠기 때문에 검사 X에서 주어진 점수 x에 비해서 같은 능력 수준을 의미하는 검사 Y상의 점수는 더 높아야 한다는 뜻으로 이해할 수 있다.

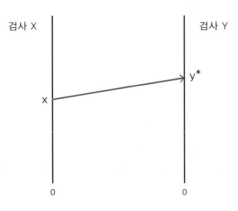

그림 10-1 검사 X의 x와 같은 능력 수준을 의미하는 검사 Y에서의 대응점수

현재 실시되고 있는 많은 검사 프로그램(토플, 텝스, 국가수준학업성취도평가 등)의 경우, 두 개 이상의 검사형(test forms)을 쓰는 경우가 흔히 있다. 단일한 검사 실시에 있어서 복수의 검사형을 사용하는 목적은 다양하다. 우선 불특정 다수의 피험자들이 정기적으로 응시할 수 있는 토플이나 텝스의 경우 지난번에 실시된 시험 Y와 이번 시험 X가 동일한 문항들로 이루어진 검사일 경우 검사 보안이나 결과의 공정성 측면에서 문제가 발생할 수밖에 없다. 두 검사가 다른 문항들로 구성된 경우 검사동등화가 이루어지지 않는다면 약간의 난이도 차이로 인해서 더 어려운 검사를 치른 응시자들이 불이익을 받게 될 것이다. 또 다른 이유로는, 교육학적 목적으로 학생 행동의 계획적 변화를 추구하는 경우 그 인지적 · 정의적 특성에 있어서의 변화 내지는 성장을 파악하기 위한 목적이 있다.

검사동등화를 위하여 개발된 여러 방법론이 존재하는 바, 크게 두 종류로 나누어보면 하나는 고전검사이론(classical test theory; 이하 CTT)에 기반한 기법들이고 다른 하나는 문항반응이론(item response theory; 이하 IRT)에 의한 기법들이다(Kolen & Brennan, 2014). CTT 기법 중 가장 널리 쓰이는 방법은 바로 선형 동등화 및 동백분위 동등화이다. 이들 방법은 두 검사형 X와 Y가 같은 구인을 측정하며 동일한 정도의 신뢰도를 가지고 있을 때 두 검사 결과 각각에서의 z점수나 백분위 점수가 상호 같으면 같은 정도의 능력 혹은 특성을 의미한다는 전제를 가진다. IRT 검사동등화 기법으로는 검사특성곡선을 이용하는 진점수 동등화와 모형을 통해 예측된 관찰점수 분포를 이용하는 관찰점수 동등화가 있다. 본 장에서는 고전검사이론에 따른 검사동등화 기법을 소개하고 그 활용 예시를 살펴보기로 한다.

2 두 검사 점수의 연계

1) 예측, 척도화, 동등화

검사동등화 맥락뿐만 아니라 두 다른 점수 혹은 두 다른 변수(예를 들어, '키와 몸무게' 혹은 '수능의 물리 점수와 생물 점수' 등) 간 두 값을 연계(linking)하는 상황은 흔하게 발생한다. 두 값을 연계하는 경우는 1) 예측(prediction), 2) 척도화(scaling 혹은 scale aligning), 그리고 3) 동등화의 세 가지로 크게 나눌 수 있다. 우리가 본 장에서 다루는 검사동등화는 이 중 세 번째에 해당한다고 볼 수 있다.

'예측'의 경우 한 시험에서의 검사 결과(X)를 바탕으로 다른 시험을 시행했을 때의 점수(Y)를 추정하는 기능을 한다. 이 방법은 회귀식을 사용하여 X로 Y를 추정할 때와 Y로 X를 추정할 때 그 대응되는 값들이 다르기 때문에 대칭성(symmetry)이 성립하지 않게 된다. 예를 들어 설명하면 다음과 같다. 한 도시에 사는 중학교 2학년 남학생들의 키와 몸무게를 조사한 뒤 키 및 몸무게라는 두 변수 간 관계를 선형적으로 모형화하여 표현하고자 할 수 있다. 이러한 분석을 통계학에서는 단순선형회귀분석(simple linear regression)이라고 부른다. 이런 경우 한 학생의 키를 알고 있을 때 몸무게를 예측해 보고자 한다면 각 키의 값에 대해서 몸무게 값을 연계한 직선식이 있다면 편리할 것이다.

'척도화'의 경우 두 변수의 값이 서로 '크고 작음' 혹은 '높고 낮음' 식으로 비교가능하게 만들어 주는 연계를 말한다. 예를 들어, 어떤 대학에서 수능에서 물리를 선택한 학생들과 생물을 선택한 학생들을 서로 비교하려면 어떻게 해야 할까? 일반적으로 두 과목에 대해서는 부여된 점수가 같다고 하더라도 물리를 택한 학생들이 생물을 택한 학생들보다 더 과학 능력이 뛰어나다고 알려져 있다. 그렇다면 두 과목에서 각각 주어진 점수를 그대로 비교하는 것보다는 [그림 10-1]에서처럼 서로 같은 수준의 과학 능력을 가진 것으로 생각되는 x와 y* 간의 연계를 찾고 사용하는 것이 공정할 것이다. 이러한 작업을 하게 되면 물리 (X)를 택한 학생이든 생물(Y)을 택한 학생이든 그 점수들 간 비교가능성을 확보하는 것이 가능하다. 왜냐하면 모든 물리 선택 학생들의 점수를 y*로 연계하면 이 점수들을 생물 선택 학생들의 점수 y와 같은 척도에서 비교하여 입학 사정에 사용할 수 있기 때문이다. 이러한 비교가능성은 위의 '예측'에서는 필요하지 않다. 왜냐하면 모든 학생들에 대해서 키(X)와 몸무게(Y)를 모두 구하였기 때문에 굳이 키 x를 몸무게 척도상의 y*로 바꾸어 다른 학생들의 y와 비교할 필요는 없기 때문이다. 또한 척도화에서는 X 검사에서 Y 검사 점수로 바꾼 연계 결과 (x → y*)와 Y 검사에서 X 검사 점수로 바꾼 연계 결과(말하자면, y → x*)가 일치해야 한다. 즉 성공적인 척도화가 이루어질 경우 대칭성(symmetry)을 충족하게 된다. 하지만 앞에서 언급한 바와 같이 단순선형회귀분석에서의 예측에서는 이러한 대칭성이 충족되지 않는다.

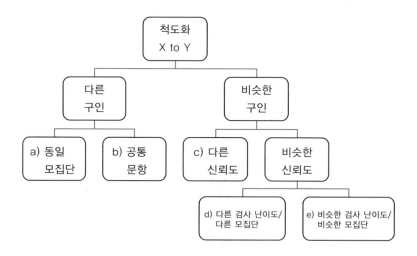

그림 10-2   척도화(scaling)의 여러 가지 종류(강태훈, 송미영, 2012, p.288)

다시 말하여, 두 검사 간 '척도화'가 이루어지면 다른 두 검사의 점수 결과들이 공통척도상에 배열될 수 있다고 보며, 또한 비교 가능한 점수 척도를 얻었다고 본다. 이와 같은 척도화는 [그림 10-2]에서와 같이 다시 여러 종류로 나뉠 수 있다(Pommerich, 2011). 이 그림에서 a)와 b)는 '통계적 조절'(statistical moderation)이라고 불리며, 서로 다른 구인을 재고 있는 두 검사의 결과를 표준화하거나 공통시험 점수를 이용하여 서로 비교 가능하도록 만들어 주는 것을 뜻한다. 예를 들어, 수능에서 서로 다른 선택과목을 치른 학생들의 점수를 비교 가능하도록 만들어주는 경우를 들 수 있다. c)는 보통 '조정'(calibration)이라고 하며 두 검사가 비슷한 구인을 재고 있지만 검사 길이가 다른 등의 이유로 신뢰도가 다르거나 두 집단의 능력 차이가 있는 경우에 이루어지는 점수 연계를 뜻한다. 이 경우의 예로는, 개인형 지능검사 대신에 간편한 집단형 지능검사를 만든 경우 간편 검사의 결과를 원래의 검사 결과와 비교 가능하도록 만들어주는 작업을 들 수 있다. e) 같은 경우, 두 검사 간 검사동등화를 위하여 동일한 구인·신뢰도·난이도 등의 엄밀한 요건을 최대한 충족시키려 하는 상황 속에서도 현실적으로 두 검사 간의 난이도나 신뢰도 등이 조금씩 다를 수밖에 없으므로, 우리가 흔히 동등화라고 부르게 되는 검사 결과 간 연계는 대부분 여기에 속한다고도 볼 수 있다.

'동등화'는 앞에서 설명한 바와 같이 같은 구인을 측정하는 두 다른 검사 간에 동일한 능력 수준을 의미하는 대응점수를 찾아내는 것이며 다른 말로 두 검사 간 난이도 차이에 대한 통계적 조정이라고 볼 수도 있다. 검사동등화는 다른 두 검사가 내용적·심리측정학적 측면에서 일치할 때, 즉 사실 동등화가 필요하지 않을 정도의 평형검사일 때 엄밀한 의미에서 가능하다. 이때, 연계된 점수는 마치 동일 검사에서 산출된 것처럼 교환 가능한 것으로 해석할 수 있다. 그러나 두 검사가 이렇게 완벽한 평형검사가 되는 것은 매우 어렵기 때문에, 검사동등화의 이름으로 행하여지는 많은 검사 점수 연계는 실제로는 척도화 수준에 머무는 경우가 많다.

검사동등화에 대한 예시를 들어보면 다음과 같다. 올해 3월과 5월에 실시된 토익 시험을 생각해 보자. 응시자는 어느 달의 시험을 치른지와 무관하게 주어진 점수를 자신의 영어 능력 수준이라고 생각하게 된다. 이는 ETS와 같은 검사 회사들이 3월과 5월 두 검사의 각 원점수를 조정하여 동등화된 결과로서 성적표에 제시해 주는 것이기 때문이다. 즉 동등화가 이루어졌다는 것은 3월과 5월 토익 검사에 대하여 '비교가능성'을 확보할 수 있다는 의미이다. 추가적으로 어떤 구직자가 인턴이나 입사 목적으로 특정 기관에 토익 점수를 제공해야 하는 상황에서 1년 동안 한 번만 토익 시험을 보아야 하며 그 점수를 제출해야 한다는 제약이 있다고 생각해 보자. 이는 3월에 토익 시험을 보고 그 점수를 제공한 사람이나 5월에 토익을 보고 점수를 제공한 사람이나 그 결과를 비교 가능할 뿐만 아니라 어느 달에 얻은 점수이든 상호 교환 가능한 영어 실력 혹은 능력 수준에 대한 정보를 얻을 수 있다는 의미이다. 즉 3월에 토익 시험 본 사람의 영어 점수 및 그것이 의미하는 영어 능력 수준을 5월에 시험 본 사람들의 영어 점수 및 능력 수준과 동일한 것으로 해석할 수 있다. 하지만, 앞의 '척도화' 예시에서 언급한 수능 물리 점수(x)를 비교 가능한 생물 점수(y^*)로 연계하였다고 하더라도 y^*를 생물 과목의 능력 수준으로 보고 해석한다는 것은 불가능하다. 정리하자면, 대칭성 및 비교가능성은 척도화와 동등화 모두 갖는 속성이지만 교환가능성은 성공적인 동등화가 이루어졌을 때 얻을 수 있는 속성이다.

2) 수직척도화의 의미 및 예시

척도화 중 근래 교육 분야에서는 '수직척도화'(vertical scaling)에 대한 관심이 매우 높으며 각 시도교육청 차원에서 증거기반 정책 수행 및 평가를 위한 수단으로 활발하게 분석 및 활용되고 있다. 본 절에서는 [그림 10-2]의 d)에 해당하는 수직척도화의 의미와 예시에 대하여 자세히 알아보기로 한다. 교육적 수준(예를 들어, 다른 학년 혹은 연령대)에서 차이가 나는 집단들에게 각 해당 수준에 적합한 난이도의 검사가 실시되었다고 할 때, 이러한 두 개 이상의 검사로부터의 측정 결과를 같은 점수 척도상에 놓는 방법을 수직척도화라고 한다. 말하자면, 이러한 과정을 거쳐 서로 다른 학년에 속하는 학생들의 점수를 공통의 혹은 동일한 척도상에서 비교하는 것이 가능해지는데, 이를 수직척도(vertical scale)를 구축했다고 표현한다. 수직척도를 만드는 방법은 단순하지 않으며 자료 수집 설계, 피험자 집단의 속성, 적용 검사이론 등 다양한 요소들의 영향을 받게 된다(Kolen & Brennan, 2014; Harris & Hoover, 1987; Skaggs & Lissitz, 1988; Tong & Kolen, 2007). 수직 척도화를 수행하는 방법은 복잡하고 다양하지만, 사실 수직척도를 구축하는 목 적은 매우 간단한데 그것은 바로 "개인과 집단의 교육적 발전 혹은 성장 정도를 수치화하여 손쉽게 보고할 수 있는 틀을 확보"하는 것이다.

학교에서 혹은 사회적 맥락에서 학생의 인지적 성장을 확인하여 교육적 처 치의 효과를 검증하거나 교육 정책의 효과성을 파악하고자 하는 것은 매우 흔 하면서도 중요한 일이기 때문에 수직척도의 유용성은 쉽게 짐작할 수 있다. Yen(2007)은 수직척도 구축을 통하여 학생성장 정보와 학교 교육 성과평가에 활 용할 수 있다고 하였으며, 비교하고자 하는 관심의 대상이 되는 모든 학년의 검 사 점수를 공통척도상에 올려놓음으로써 학년 변화에 따른 학업지식과 능력의 성장을 확인할 수 있다고 하였다. 앞에서 말한 바와 같이, 이렇게 구축된 수직 척도는 기존의 학년 간 검사 점수 비교·해석의 범위를 넘어서서 개별 학생의 학업능력 전반에 걸친 성장과정의 확인 및 이에 대한 교육적 처치 혹은 학교 교 육의 적절한 투입에 대한 판단과 평가에 기초가 되는 결과를 산출하게 해줄 것 이다. 앞의 논의에 기초하여 국가 및 지역 단위에서 전수 혹은 모집단을 대표하 는 표본을 대상으로 정기적 학업성취도 평가를 실시하는 주된 이유를 두 가지 로 정리하면 다음과 같다. 첫째, 성취도 측면에서 학생들의 변화 및 성장을 파 악하고, 둘째, 이에 기초하여 학교 및 지역 단위 교육처치 및 정책의 효과를 평 가하기 위한 토대를 마련하는 데에 있다. 앞에서 언급한 바와 마찬가지로 여러 학년에 걸쳐 치러진 동일 교과의 검사 점수들을 공통척도상에 놓음으로써 개별 학생의 수년간에 걸친 성취도 변화를 양적으로 파악하기 위해서는 수직척도화 를 수행해야 한다.

성공적으로 수직척도화가 이루어질 경우, 수직척도를 통해 얻은 척도점수 를 통하여 다음과 같은 활용이 가능하다. 먼저 개별 학생들의 성취도 변화 정도 를 손쉽게 파악할 수 있다. 예를 들어, 2021년에 중학교 1학년인 A 학생과 B 학 생이 있을 때, A의 중1(2021), 중2(2022) 학년 영어 검사 척도점수가 각각 950점 과 1010점, 그리고 B의 중1, 중2 영어 검사 척도점수가 각각 1010점과 1015점이라고 하자. 이 경우, A의 중1 때 점수는 B보다 낮았지만 1년 동안 훨씬 더 많은 향상을 보였다고 말할 수 있다. 또한 이러한 수직척도화 점수 정보가 학생, 학부모, 교사, 학교 관련 배경변인들 및 교육정책 관련 변인들과 함께 확보되는 경우 교육현상에 대한 심층적 이해를 위한 다양한 분석이 이루어질 수 있다.

특정 교과에 대해서 초·중·고 학생의 변화 및 성장 정도를 수치로 제시할 수 있는 척도를 개발할 수 있다면, 해당 분야의 성취기준(standards)으로 표현되는 교육목표가 어느 정도 달성되었는지 확인할 수 있을 것이다. 물론 이는 각 학년에 적합하며 신뢰도와 타당도가 높은 측정도구의 제작을 전제로 한다. 이때 중요한 것은 다른 두 학년에서 각기 다루는 교육과정의 성취기준 측면에서 교육과정상의 수직적 연계성(vertical alignment)이 존재해야 한다는 것이다. 즉 학습을 통하여 학생이 알아야 하고 할 수 있어야 하는 것을 설정한 성취기준상의 공통점이 존재할 때 능력의 변화를 유의미하게 이해할 수 있다. 이러한 학습 측면에서의 연속성(continuum)이 담보될 때 교수(instruction)의 영역과 순서(scope and sequence)가 규정될 수 있을 뿐만 아니라 학생의 변화 및 성장을 평가하는 것도 가능하다.

수직척도를 활용함으로써 얻을 수 있는 이점을 Udofia와 Uko(2016)가 정리한 바에 따르면 다음 일곱 가지로 요약할 수 있다. 첫째, 수직척도는 폭넓은 능력 수준의 연속선상에서 시간의 흐름에 따라 특정 집단 혹은 개인이 얼마나 변화 및 성장하였는지를 파악하는 데에 도움을 준다. 이는 다른 나이 혹은 학년 집단 각각에 적합한 시험을 시간의 흐름에 따라 반복적으로 측정한 결과를 토대로 각 학생의 성장 정도를 추적하여 추정할 수 있도록 해준다는 의미이다. 둘째, 수직척도화된 성취도 검사를 실시함으로써 성취도 정도 및 변화 측면에서 어떤 시간대에서든 다른 집단(예를 들어, 두 개 이상의 학교 혹은 복수의 코호트 집단) 간의 비교가 가능해진다. 셋째, 검사의 수직척도화를 통하여 개별 문항들에 대한 비교 역시 가능하게 된다. 다시 말하여 어느 문항이 제대로 기능하고 있는지 그리고 더 변별력 있는 문항인지 등에 대한 정보를 얻을 수 있다. 넷째, 수직척도화를 통하여 새로운 교육내용 혹은 성취기준이 그 난이도 측면에서 어떠한 집단에 더 적합한지를 분석해 볼 수 있다. 새로운 교육내용이 다른 두 능력대의 집단에 가르쳐졌을 때 어느 집단에 보다 적합한지를 가늠해 볼 수 있다는 것이다. 다섯째, 각 문항 역시 여러 능력 수준이 다른 집단을 아우를 수 있는 공통척도 상에서 모수가 규정됨으로써 특정 집단에 적합한 수준의 문항이 무엇인지 확인 할 수 있게 된다. 여섯째, 준거설정을 실시할 때 수직척도를 통해 학생들의 성 장 파악에 보다 적합한 형태로 판단이 이루어질 수 있다. 마지막으로, 준거설정 을 통한 성취수준 측정이 보다 정확하게 이루어질 수 있는데 이는 보다 풍부한 문항들이 공통척도상에 존재하기 때문에 정교한 능력 수준의 구분이 가능해지 기 때문이다.

3 고전검사이론을 통한 검사동등화 기법

고전검사이론을 통한 전통적 검사동등화 기법은 일반적으로 다른 두 검사 가 각각 치러진 피험자 집단이 동일한 사람들로 구성되거나 혹은 동일한 능력 분포를 가진 집단들이라는 가정을 갖는다. 다시 말하여 두 검사의 점수분포에 어떤 차이가 존재한다면 이는 응시자들 때문이 아니라 검사 난이도 등 두 검사 의 차이에서 발생한다고 본다. [그림 10-3]에서는 검사 X와 검사 Y가 각각 집 단 A와 집단 B에서 실시된 상황을 묘사하고 있다. 편의상 이 두 검사 모두 동일 한 수학 학업성취도 구인을 측정하는 목적으로 제작된 것이라고 하자. 그림 왼 편에서 확인할 수 있는 바와 같이 두 집단의 수학 능력분포는 동일하다. 그러나 그림 오른편에서 볼 수 있는 바와 같이, 검사 X를 집단 A에 실시한 후 얻은 결 과와 검사 Y를 집단 B에 실시한 후 얻은 결과는 다르다. 대략적으로 집단 A의 평균은 50점 부근인데 집단 B의 평균은 60점 부근임을 알 수 있다. 즉 집단 B에 속한 학생들은 상대적으로 더 높은 원점수를 획득하고 있는 것으로 나타났고 이는 검사 Y가 더 쉬운 검사였음을 의미한다. 전통적 검사동등화 기법은 이런 상황하에서, 검사 X에서 특정한 점수 x를 받은 학생이 만약 검사 Y를 치렀다면 몇 점(y^*)이었을지를 찾기 위한 방법이라고 볼 수 있다. 물론 두 집단의 능력분 포가 다른 경우에 대비하여 검사동등화를 실시하기 위한 고전검사이론과 문항반응이론 각 분야에서 다양한 기법이 개발되어 있기는 하다. 하지만, 본 장에서는 고전검사이론하에서 두 집단의 능력분포 동일성을 가정할 때에 국한하여 활용 가능한 동등화 기법을 논의하기로 한다.

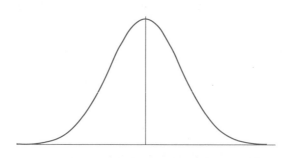

'집단 A'와 '집단 B'는 위와 같은 동일한 능력분포를 가짐

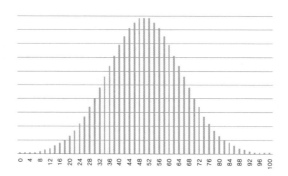

집단 A에 대한 검사 X 실시 결과: 원점수 분포

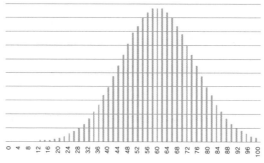

집단 B에 대한 검사 Y 실시 결과: 원점수 분포

그림 10-3 전통적 검사동등화 기법의 기본 가정: 능력분포 동일성

전통적 검사동등화 기법은 다음과 같이 세 가지 종류가 있다: 1) 선형 동등화, 2) 평균 동등화, 그리고 3) 동백분위 동등화 기법이다. 여기서 기억할 것은 이러한 각 기법은 [그림 10-2]에서 제시한 척도화의 목적으로도 활용될 수 있다는 점이다. 달리 말하면, 어떠한 두 변수 간의 점수 연계에 있어서 '동등화 기법'이 사용되었다고 해서 반드시 동등화를 한 것은 아니며 척도화 수준에 머물 수도 있다는 것이다. 동등화가 이루어졌다고 말하려면, 두 검사의 내용 및 통계적 측면에서 일치해야 하며 연계 결과를 통해 비교가능성과 교환가능성을 획득할 수 있어야 한다. 예를 들어, 수능 과목에서 물리, 생물, 화학과 같은 선택 과목들을 연계하고자 할 때 선형 동등화 기법이 활용될 수 있지만 이는 앞에서 말한대로 척도화가 이루어졌다고 보아야 한다.

선형 동등화 기법은 z점수를 만드는 데 쓰이는 표준화 공식을 이용한다. 검사 X와 검사 Y를 각각 치른 집단 A와 집단 B의 능력분포가 동일할 때, 각 점수 분포가 [그림 10-3]에서처럼 두 검사 간의 난이도 차이에 의해서 다른 형태로 나타난 상황을 생각해 보자. 각 검사 점수 분포를 표준화 공식을 통하여 z점수 분포로 만들게 되면 당연히 표준화된 각 z_x와 z_y 점수분포는 평균 0과 표준편차 1을 갖게 된다. 선형 동등화 기법은 이처럼 표준화 공식을 활용하고 나면 능력 분포 동일성 가정하에서 z_x와 z_y를 마치 동일 척도상에 놓인 값처럼 다룰 수 있다는 점에 착안한 것이다. 선형 동등화 기법의 수학적 공식은 아래와 같다. 즉 검사 X에서 특정한 점수 x를 획득한 학생이 만약 검사 Y를 치렀다면 몇 점(y^*)을 받았을지를 알고 싶다면 아래 공식을 활용하면 된다. 이때, 필요한 정보는 검사 X와 검사 Y의 각 평균(mean)과 표준편차(standard deviation, SD)이다.

$$\frac{x-mean(x)}{SD(x)} = \frac{y^*-mean(y)}{SD(y)}$$

$$y^* = SD(y) \left[\frac{x-mean(x)}{SD(x)} \right] + mean(y)$$

예를 들어, 검사 X의 평균이 50 그리고 표준편차가 12이고, 검사 Y의 평균이 60 그리고 표준편차가 11이었다고 해보자. 검사 X에서 x=52점을 획득한 학생이 만약 검사 Y를 치렀다면 몇 점(y^*)에 해당한다고 보아야 할까? 선형 동등화 기법을 적용하면 다음과 같이 y^*=61.83으로 보아야 한다. 검사 Y가 더 쉬운 검사였던 만큼 직관적으로 볼 때도 타당한 연계 결과임을 알 수 있다.

$$y^* = 11\left[\frac{52-50}{12}\right] + 60 = 61.83$$

평균 동등화 기법은 평균보정방법이라고도 불린다. 이 방법은 선형 동등화 기법에서 표준편차를 제외한다고 보면 된다. 관련 공식은 다음과 같다. 즉 두 검사 점수 변수 간의 평균 차이만 고려하여 변환 점수 y^*를 찾는 셈이다.

$$x - mean(x) = y^* - mean(y)$$

$$y^* = x - mean(x) + mean(y)$$

이는 두 점수 변수가 동일한 표준편차를 갖는다고 가정하면, 선형 동등화 기법 공식으로부터 쉽게 유도할 수 있다. 하지만 실제 평균 등등화 기법이 사용되는 맥락하에서는, 이러한 동일 표준편차 가정보다는 그저 두 검사 간 평균 차이만 고려하고 싶은 상황하에서 표준편차를 무시하는 것이라고 보아야 하는 경우가 자주 발생한다. 예를 들어, 대학 X와 대학 Y의 졸업생 간 학점을 비교하는 상황을 생각해 보자. 일반적으로 대학 Y에서는 학점 인플레이션 현상이 심해서 매우 후한 학점이 주어지고 있다. 그 결과, 올해 대학 X 졸업생의 평균 학점은 3.2이고 대학 Y 졸업생은 평균 학점이 3.9에 달한다고 한다. 만약 대학 X와 대학 Y 출신 졸업생의 학점을 비교해야 하는 특정한 상황하에서 이들의 학점을 있는 그대로 비교한다면 당연히 대학 X 졸업생(학점 x=3.3)이 불이익을 보게 된다.

$$y^* = 3.3 - 3.2 + 3.9 = 4.0$$

그렇다면 이 졸업생의 학점을, 만약 대학 Y에서라면 몇 점(y^*)에 해당할지를 계산하여 대학 Y 졸업생의 학점과 비교하는 것이 공정할 것이다. 계산 결과 $y^*=4.0$이 되기 때문에 대학 X 졸업생이 받을 수도 있었던 불이익이 해소되었음을 알 수 있다.

동백분위 동등화는 대략 다음과 같은 두 단계로 이루어진다. 첫째, X와 Y 검사 결과를 이용하여 상대적 누적 빈도 분포를 각각 표로 작성한다. 둘째, 같은 백분위를 갖는 두 검사에서의 백분위 점수를 연결($x \rightarrow y^*$)함으로써 동등화 결과를 산출할 수 있다. 이러한 기법이 가능한 이유는, 역시 두 검사를 각각 치른 집단 A와 집단 B의 능력분포가 동일하다는 가정을 하였기 때문에, 각 점수 분포 상에서 백분위가 같다면 동일한 능력 수준이라고 볼 수 있다는 점이다. 예를 들어, [그림 10-4]에서 검사 X를 치른 한 학생의 점수는 $x=46$점이었다. 그리고 검사 X를 치른 집단 A 내에서 이 학생의 백분위는 약 38%이었는데, 즉 46점보다 같거나 낮은 점수를 받은 학생들이 집단 A에서 약 38%라는 의미이다. 그렇다면 이 학생이 만약 검사 Y를 치렀다면 몇 점(y^*)을 받았다고 추정할 수 있을까? 동백분위 동등화 기법에서는 검사 Y를 치른 집단 B 학생들 중에서 백분위 38%에 해당하는 원점수(y^*)를 찾는 것으로 이 질문에 답하고자 한다. [그림 10-4]에서 확인할 수 있는 바와 같이 $y^*=57$점인 것을 알 수 있다.

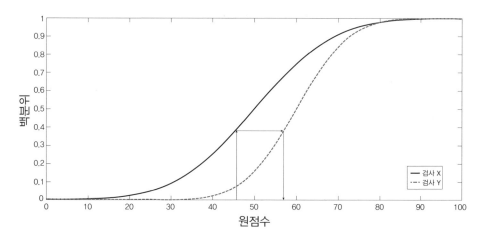

그림 10-4 동백분위 동등화 기법의 적용 예시

두 검사의 원점수 각각에 대한 빈도가 주어졌을 때 실제로 어떻게 동백분위 동등화 기법을 적용할지를 습득하려면 우선 각 원점수에 해당하는 백분위를 어떻게 찾는지부터 이해할 필요가 있다. 사실 백분위라는 개념 자체는 관심 변수가 연속변수일 때 존재할 수 있는 것이기 때문에 정수 단위로 주어지는 이산변수일 수밖에 없는 검사 점수에 이를 적용하려면 다소 특별한 절차를 거쳐야 한다. 이러한 절차를 〈표 10-1〉의 예시를 통하여 살펴보기로 한다. 이 예시에서 검사 X에 대해서 177명의 응시자가 획득한 원점수 범위는 17~33점이었다.

 표 10-1 원점수와 빈도가 주어졌을 때 백분위 계산하기

원점수	f (빈도)	비연속성 교정점수	CF (누적빈도)	ACF = CF + f/2	ACP= ACF/N	백분위= ACP*100
		33.5	177			
33	0			177	1.000	100
		32.5	177		.	.
32	4			175	.989	98.9
		31.5	173		.	.
31	7			169.5	.958	95.8
		30.5	166		.	.
30	17			157.5	.890	89
		29.5	149		.	.
29	22			138	.780	78
		28.5	127		.	.
28	18			118	.667	66.7
		27.5	109		.	.
27	28			95	.537	53.7
		26.5	81		.	.
26	15			73.5	.415	41.5
		25.5	66		.	.
25	22			55	.311	31.1

		24.5	44		.	.
24	14			37	.209	20.9
		23.5	30		.	.
23	8			26	.147	14.7
		22.5	22		.	.
22	6			19	.107	10.7
		21.5	16		.	.
21	7			12.5	.071	7.1
		20.5	9		.	.
20	5			6.5	.037	3.7
		19.5	4		.	.
19	3			2.5	.014	1.4
		18.5	1		.	.
18	0			1	.006	0.1
		17.5	1		.	.
17	1			.5	.003	0.0
		16.5	0			

ACF = Actual Cumulative Frequency, ACP = Actual Cumulative Percent

특정 원점수에 해당하는 백분위의 개념은 해당 원점수보다 같거나 낮은 점수를 받은 사람들의 비율이라고 하였다. 또한 백분위라는 개념은 원래 이산변수가 아니라 연속변수일 때 사용되는 것임을 설명한 바 있다. 따라서 실제 원점수 및 관련 빈도(frequency, f)가 주어졌을 때, 이를 무시하게 되면 잘못된 계산을 하게 된다. 예를 들어, 원점수 22점에 해당하는 백분위를 구하려고 할 때, 단순히 22점 이하가 22명(=1+0+3+5+7+6)이기 때문에 백분위를 12.4%(=22/177)로 계산한다면 틀린 방법을 적용한 셈이 된다. 이 표에서는 원점수 22점에 해당하는 백분위를 10.7%로 제시하고 있는데 이는 어떻게 구한 것일까? 이러한 계산을 위하여, 우선 우리는 마치 원점수가 연속변수였는데 반올림 과정을 통하여 정수로 주어졌다고 상상을 할 필요가 있다. 예를 들어, 위 표를 통하여 원점수 22

점을 받은 빈도는 6명임을 알 수 있는데 사실 이들 6명이 받은 점수는 22점 자체가 아니라 21.5점 이상과 22.5점 미만에 다양하게 위치하는 점수들인데 그저 22점 정수로 점수를 부여받았다고 상상해 보는 것이다. 그리고 한 가지를 임의로 더 상상하자면, 이 길이 1에 해당하는 간격 안에서 같은 차이를 두고 6명의 점수가 존재한다고 보자. 이와 같은 두 가지 상상은 [그림 10-5]에 표현된 바와 같다.

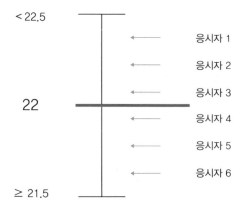

그림 10-5 22점 정수로 최종 성적을 부여받은 6명 응시자의 원래 점수 상상하기

앞에서 말한 두 가지 상상하에서 계산을 해보면 22점보다 같거나 낮은 점수를 받은 응시자는 19명(=1+0+3+5+7+(6/2))이 됨을 알 수 있다. 결과적으로 원점수 22점에 해당하는 백분위는 10.7%(=19/177)가 된다. 이렇게 백분위를 구하는 방법을 하나의 공식으로 표현하면 다음과 같다. 여기서 CF(x)는 원점수 x보다 낮은 점수를 받은 응시자의 수이며 f(x)는 원점수 x를 받은 학생 수이다.

$$\text{백분위} = \frac{CF(x) + f(x)/2}{N} \times 100 = \frac{16 + 6/2}{177} \times 100 = 10.7$$

앞에서 정수 형태의 이산변수로 주어지는 검사 점수의 백분위를 계산하는 방법을 파악하였기 때문에, 이하에서는 두 검사 실시 결과에 대하여 각각 백분위 파악 후 어떻게 동백분위 동등화 기법을 적용하는지 살펴보기로 하자. 〈표 10-2〉에서는 검사 X 및 검사 Y에 대해서 계산한 원점수와 각 백분위 결과를 제시하고 있다. 예를 들어, 검사 X에서 원점수 x=24점을 획득한 한 학생의 경우 만약 검사 Y를 치렀다면 몇 점(y^*)을 받았다고 볼 수 있을까? 〈표 10-2〉에서 확인할 수 있는 바와 같이 이 학생의 백분위는 20.9%이다. 그렇다면 검사 Y에서 백분위 20.9%에 해당하는 원점수(y^*)는 무엇일까?

 표 10-2 검사 X 및 검사 Y 실시 결과 계산된 백분위

점수	백분위 (검사 X)	백분위 (검사 Y)
33	100	100
	·	·
32	98.9	95
	·	·
31	95.8	92
	·	·
30	89	83
	·	·
29	78	80
	·	·
28	66.7	78
	·	·
27	53.7	75
	·	·
26	41.5	52
25	31.1	36
24	20.9	22
		·

23	14.7	15
	.	.
22	10.7	12
	.	.
21	7.1	6
	.	.
20	3.7	4
	.	.
19	1.4	2
	.	.
18	0.1	1
	.	.
17	0.0	0

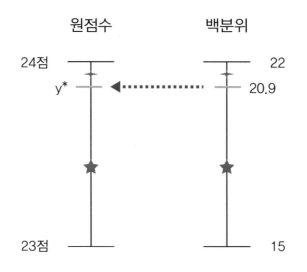

그림 10-6   선형 보간법의 적용 방법 예시

우리가 눈으로 확인할 수 있는 것은 검사 Y에서 백분위 20.9%에 해당하는 원점수는 23점과 24점 사이에 존재한다는 점이다. 이러한 상황에서 실제로 검사 Y에서 백분위 20.9%에 해당하는 정확한 원점수를 찾는 것은 불가능하다. 다만, 이렇게 해당 정보가 존재하지는 않지만 두 점수 사이의 값을 추정해 보는 방법이 존재하는데 이를 흔히 보간법(interpolation)이라고 부른다. 이하에서는 가장 간단히 적용해 볼 수 있는 보간법에 해당하는 선형 보간법을 활용하여 y*를 찾아보기로 한다.

선형 보간법의 원리를 간단히 설명하면, 백분위에서 존재하는 값들의 차이 비율(말하자면, '15와 20.9 차이'와 '20.9와 22 차이'의 비율)이 이에 해당하는 원점수들인 '23점과 y* 차이'와 'y*와 24점 차이'의 비율과 일치한다고 본다는 점이다. 다시 말하여, [그림 10-6]에서 이해할 수 있는 바와 같이 원점수와 백분위 각 척도상에서 비례 관계가 동일하다고 가정함으로써 백분위 20.9%에 해당하는 y*를 추정할 수 있게 된다. 이러한 방법을 수식으로 표현하면 다음과 같다. 정리하자면, 검사 X에서 x=24점을 획득한 한 응시자가 만약 검사 Y를 치렀다면 얻게 되었을 점수 y*는 동백분위 동등화 기법하에서 선형 보간법을 적용하면 23.84가 된다.

$$\frac{y^*-23}{24-23}=\frac{20.9-15}{22-15}$$

$$y^*=23+\frac{20.9-15}{22-15}\times(24-23)=23.84$$

위에서는 고전검사이론을 적용하여 수행할 수 있는 동등화 기법들과 각각의 예시를 살펴보았다. 각 검사를 치른 집단들의 능력분포 동일성을 가정할 수 없는 상황에 적용할 수 있는 기법이나, 문항반응이론을 통한 검사동등화 기법 역시 다양한 목적을 위하여 이미 개발되어 활용되고 있다. 다만, 본 장에서는 검사동등화 기법에 생소한 학부 학생들이 이해하기 용이한 수준에서 검사동등화 개념을 설명하고 손쉽게 적용해 볼 수 있는 기법들을 위주로 설명하였다. 검사

동등화는 ETS나 ACT와 같은 미국의 대형 검사 회사(testing company)들뿐만 아니라 우리나라의 한국교육과정평가원 등 중요한 검사 프로그램을 다루는 곳에서 필수적으로 활용되고 있는 교육측정 분야의 매우 중요한 개념이다. 토플이나 토익처럼 한 번 검사를 치른 후 몇 달 뒤에 다른 문항으로 이루어진 다른 검사를 치른 경우, 우리가 성적표상의 점수를 보고 영어 실력이 늘었거나 줄었다고 말할 수 있는 이유 또한 검사동등화가 적용되고 있기 때문이다.

**핵심단어
정리하기**

검사동등화
수직척도화
선형 동등화
평균 동등화
동백분위 동등화
선형 보간법

연습 문제

1 검사 X를 치른 한 학생의 점수가 x=30점이었다고 할 때, 만약 이 학생이 검사 Y를 치렀다면 받게 되었을 점수(y^*)는 무엇인가? 동백분위 동등화를 이용하여 찾아보라.

검사 X		검사 Y	
점수	백분위=ACP*100	점수	백분위=ACP*100
30	88	31	99
			.
29	75	29	75
			.
28	63	27	55
			.
27	52	25	51

① 29.54점　　② 29.94점　　③ 30.04점　　④ 30.08점

2 검사 X의 평균은 25점, 표준편차는 3점이었다. 검사 Y의 평균은 27점, 표준편차는 4점이었다. 검사 X를 치른 한 학생의 점수가 x=30점이었다고 할 때, 만약 이 학생이 검사 Y를 치렀다면 받게 되었을 점수(y^*)는 무엇인가? 선형 동등화를 이용하여 찾아보라.

① 32.00점　　② 33.67점　　③ 34.00점　　④ 35.34점

S대 사범대와 사회대 학생들은 동일한 영어 실력을 가지고 있다(즉 영어 능력분포가 같다). 20xx년 5월 5일 모든 사범대 학생들과 사회대 학생들을 대상으로 장학금 수여와 관련한 영어 말하기 평가가 실시되었다. 사범대 학생들은 James 선생님이, 사회대 학생들은 Mary 선생님이 각각 10점 만점으로 말하기 시험을 채점하였다. 그 결과 James 선생님과 Mary 선생님이 부여한 점수들의 평균은 5.3점과 4.2점으로 각각 나타났다. 한 사범대 학생이 James 선생님께 받은 원점수는 4.9점이었다. 이 점수를 사회대 학생들의 원점수와 비교하면 공정한 것이라고 보기 어려울 것이다. 평균보정방법을 사용하여 사회대 학생들과 공정하게 비교할 수 있는 점수로 바꾸면 몇 점이 되어야 하는가?

① 3.4점　　　② 3.8점　　　③ 4.2점　　　④ 4.9점

논의해 보기

- 수능에 검사동등화 기법이 도입되려면 어떠한 제도적 · 현실적 준비가 필요할지 논의해 보자.
- S대에 다니는 A는 절친한 친구 B와 함께 운전면허 필기시험을 공부하였지만 서로 다른 날 시험을 보러 갔다. 나중에 얘기해 보니 서로 다른 문항들로 구성된 시험을 치른 것을 알게 되었다. 2종 면허의 경우 100점 만점에 60점을 넘어야 한다고 하는데, 검사동등화가 되어 있지 않다면 이 시험은 공정하다고 할 수 있을까?

?　**FAQ**

?　검사동등화의 필요성을 논의하기 위해서 '작년에 본 수능 성적을 올해
도 인정해주기로 한다면, 검사동등화를 시행할 필요가 있다'는 문장에
대해서 의문이 듭니다. 관련하여 미국의 TOEFL이나 SAT 등과 같은 대
규모 시험에서 검사동등화를 사용하는 이유 역시 어떻게 이해하면 될
까요?

TOEFL이나 SAT 경우 미국에서 전자는 외국인 유학 지원자의 영어 실력 평가,
후자는 수능 역할을 합니다. SAT는 한 해 최대 7번의 시험이 실시되기 때문에,
입학 사정을 할 때 이들 성적을 보낸 지원자들이 모두 같은 시험을 본 것은 아니
겠지요? 토플의 경우 2022년 5월에 시험을 본 지원자도 있고 2023년 1월에 시험
을 본 지원자도 있을 것입니다. 그리도 이 둘은 같은 시험지로 시험을 보지 않았
을 것(다른 문항으로 이루어진 검사를 치렀음)입니다. 따라서 검사동등화가 되어 있어
야 이 둘의 시험을 같은 척도상에서 비교할 수 있을 것입니다. SAT도 보통 1년에
7번 정도 실시되기 때문에 검사동등화의 필요성이 생기는 것이지요.

?　내가 작년에 본 A라는 시험의 결과를 올해 새로(다른 문항들로 구성된)
시험을 본 학생들의 점수와 함께 공정하게 비교하려면 검사동등화가 사
용될 수 있다고 이해했습니다. 검사동등화를 한다면 올해 시험 점수를
내년 시험의 난이도에 맞춰서 조정한 후에 내년 피험자들의 점수와 비교
할 수 있게 되는 것인가요? 또한 검사동등화를 통해 붙을지 떨어질지를
안다면 내년 시험을 보지 않아도 되는 장점이 있다는 것에 대해서도, 붙
을지 떨어질지를 어떤 기준으로 어떻게 알게 되는 것인지도 잘 모르겠습
니다.

토익 시험을 생각해 보시면 더 이해가 빠를 것 같아요. 학생 A는 토익 시험을

올해 3월에 쳐서 880점을 받았다고 가정해 봅시다. 친구인 학생 B는 9월달에 토익 시험을 보고 900점을 받았다고 합시다. 12월달에 어떤 회사에 입사 시험을 보러 A, B 학생 모두 갔는데, 그 회사에서 토익 시험 점수를 요구하고 점수가 높을 수록 전형 과정에서 유리하다고 합니다. 그럼 학생 B가 더 많은 점수를 받았으니까 더 유리하겠지요. 근데 조금 이상하지 않나요? 3월에 본 시험이랑 9월에 본 시험이랑 다른 문항들로 이루어진 시험이었는데 어떻게 비교 가능한 점수라고 우리는 받아들이고 있을까요? 비결은 토익을 주관하는 미국 ETS라는 회사에서, 두 시험 간에 동등화를 해서 비교 가능한 점수로서 성적표에 제공해 주고 있기 때문입니다. 이를 보통 '척도점수'라고 합니다. 우리나라에서 이러한 동등화 과정을 거쳐서 시험 성적을 제공해 주는 대표적 예시로 텝스 등을 들 수 있을 것입니다.

질문하신 내용으로 돌아가 보지요. 〈중요 시험을 동등화한다면 올해 시험 점수를 내년 시험의 난이도에 맞춰서 조정한 후에 내년 피험자들의 점수와 비교할 수 있게 되는 것인가요?〉라는 질문에 대해서는, 거꾸로 일을 하게 된다고 보시면 됩니다. 다시 말하여, 내년 피험자들의 점수를 두 시험 간의 난이도 차이를 고려하여 조정 후 올해 시험 점수와 비교하게 된다고 보시면 됩니다. 즉 올해 성적표에 기입된 점수를 y라고 하면, 내년 피험자의 점수 x를 올해 시험의 난이도에 따라서 조정한 점수들을 y*라고 하여 성적표에 제공한다는 것이지요. 그러면, 올해 성적표에 적혀 있는 점수와 내년 성적표에 적혀 있는 점수는 서로 비교 가능한 점수(동일 척도상의 점수)라고 할 수 있습니다. 〈검사 동등화를 통해 붙을지 떨어질지를 안다면 내년 1차 시험을 보지 않아도 되는 장점이 있다는 것에 대해서도, 붙을지 떨어질지를 어떤 기준으로 어떻게 알게 되는 것인지도 잘 모르겠습니다〉라고 하셨는데요, 올해 붙었다면 내년에도 1차에 붙었다고 본다는 것입니다. 그러니까 올해 붙은 사람들은 내년에 시험 볼 필요 없다는 말을 하는 것입니다. 내년 피험자들이 직접 시험을 봐서 얻는 점수를 y*로 변환했을 때 y 점수 척도상 당락을 가르는 분할점수보다 높으면 합격이고 낮으면 불합격일 것입니다.

? 선형 동등화 방법의 특수한 경우인 평균보정방법의 예시로 사범대와 사회대 학생들의 강의평가 연습문제를 풀었습니다. 평균보정방법을 사용하기 위해서는 검사의 점수분포가 평균의 차이만 있고 변산도는 같다고 전제하는데 전자의 예시에서 변산도가 같다고 추정할 수 있는 이유가 무엇인지 궁금합니다.

정말 좋은 질문이네요! 사실은 주어진 점수를 보다 공정하게 교정하고자 할 때 무엇을 고려할까에 대한 고민에서 두 방법이 갈리는 것 같습니다. 공식으로만 볼 때, 선형 동등화 방법에 대한 식에서 두 시험의 표준편차가 같다고 가정하면 평균보정방법에 대한 식이 되지요. 따라서, 평균보정방법이 두 검사의 표준편차가 같다고 가정한다는 표현도 일리가 있습니다. 그런데, 두 공식이 서로 독립적이라고 보고 생각해 보면, 선형 동등화 방법은 한 집단 A의 점수를 교정하면서 두 집단(A, B) 점수분포의 평균과 표준편차를 모두 고려한다는 함의가 있습니다. 즉 A 집단 각 개인들의 점수를 모두 교정하고 나면, 교정된 점수들의 평균과 표준편차가 B의 그것들과 같도록 한다는 것입니다. 하지만, 평균보정방법에서는 두 집단의 평균의 차이만 고려해서요, A 집단 개인들의 교정된 점수들의 평균이 B의 평균과 같도록 바꾸어 주는 데에 집중하고 있습니다. 정리하자면, 평균보정방법 공식을 바라볼 때, "선형 동등화 방법에 기초해서 두 집단의 표준편차가 같다고 가정하는 특수한 경우"로 생각할 수도 있고, 다른 한편으로는 "표준편차 차이는 무시하고 그냥 두 집단 간 평균 차이만 보정해 주는 방법"으로 볼 수도 있습니다. 둘 다 맞는데, 저는 후자로 이해하는 것이 보다 직관적이고 또 현실에서 평균보정방법이 쓰이는 맥락에 맞는 것 같습니다. 그리고 이러한 관점에서 볼 때, 평균보정방법은 두 집단 간 표준편차가 같다고 가정한다기보다는 그냥 그 차이를 무시하는 방법이라고도 말할 수 있을 것 같습니다.

11장

수행평가

수행평가

 학습목표

✓ 수행평가의 유형별 특징을 설명할 수 있다.
✓ 수행평가 절차를 적용하여 문항을 개발할 수 있다.
✓ 수행평가의 장점과 단점을 비교하여 설명할 수 있다.

1 수행평가

평가의 패러다임이 변화하면서 평가를 교수·학습과 분리하여 적용하는 것이 아닌, 교수·학습의 하나의 과정을 보는 방향으로 변화하고 있다. 교육부 역시 과정중심평가 확대 시행을 추진하는 방향으로 학교생활기록 작성 및 관리지침을 개정, 시대적 요구에 부응하고 있으며 현장 교사들도 과정중심 수행평가 확대에 찬성하는 입장을 보이고 있다(한국교육과정평가원, 2017).

수행평가는 단순 지식의 암기 여부를 묻는 전통적인 평가의 한계를 비판하며 인위적인 평가 상황이나 구체적인 장면을 제시해 주고 실제로 피험자인 학생이 수행하는 과정과 결과를 종합적으로 판단하는 방식이다. 기존의 전통적인 평가가 결과에 중심을 두고 실행되었다면 수행평가는 문제를 해결해 나가는 과정에 중심을 두고 평가한다는 데 있어서 차이가 있다. 평가 상황을 실제 상황과 유사하게 제공하거나 실제 상황에서의 능력을 확인하므로 실제적 평가라고도 할 수 있다. 과제해결을 위한 사고를 추구하는 수행평가를 통해 기대할 수 있는 효과는 다음과 같다(지은림, 2016).

첫째, 선택형 검사는 단편적인 지식 암기에 유용했던 반면에 수행평가는 고차적 사고능력(문제해결능력, 사고력 등)의 수준을 판단하고 평가를 통해 학습의 효과를 가져 올 수 있다.

둘째, 수행평가의 효과로서 더욱 중요한 것은 21세기 인재가 필요로 하는 협력적 문제해결역량을 기르는 데 적합하다는 것이다. 수행평가를 실시하게 되면 줄 세워 비교하기보다 정성적인 판단의 비중이 커져, 학생들이 수행평가 과제를 해결하는 데 있어 경쟁하기보다 서로 협력하는 것을 기대할 수 있다. 이는 학생들의 협력적 의사소통능력을 향상시킬 뿐만 아니라 친구들과 협력하여 수행과제를 해결해나가는 과정에서 타인을 배려하고 함께 소통하는 인성도 함양될 수 있음을 의미한다.

셋째, 수행평가는 학생들의 학습 과정을 이해할 수 있도록 하고 학생들의 학습을 돕는다는 점에서 교수-학습을 개선해가는 데도 유용한 정보를 제공할 수 있을 것이다. 이는 평가가 점수를 매기기 위한 선발관에 기반한 결과지향적 활동이 아니라 학생 발달을 지원하기 위한 교육적 활동이라는 것을 확인해주는 것이기도 하다.

1) 수행평가의 유사 개념

수행평가의 경우 유사한 용어들이 현재 교육 현장에서 혼용되어 사용되고 있다. 수행평가의 개념 이해를 위해서는 혼용되는 용어들을 살펴볼 필요가 있다. 수행평가와 유사 개념으로 많이 사용되는 용어들은 다음과 같다(김진규, 2009).

(1) 대안적 평가(alternative assessment)

대안적 평가는 수행평가의 유사 개념으로 많이 언급되는데 한 시대의 주류를 이루는 평가체제와 성질을 달리하는 평가체제이다. 선택형 문항을 사용하는 표준화된 검사의 대안적인 평가(선택형이 아닌 서술형이나 논술형 문항 강조)로 평가방법의 특성을 염두에 두고 사용된 용어가 아니며 기존의 어떤 평가방법을 대치할 수 있는 평가방법을 말한다.

(2) 참평가(authentic assessment)

평가 상황이 실제 상황과 동일해야 함을 강조하는 평가로 자연스러운 실제 상황을 중시한다. 참평가는 학습자들의 지식과 기술을 학교 밖의 실제세계에서 사용하는 것과 동일한 방식으로 적용하도록 요구하는 평가를 의미한다. 수행평가가 학습자들에게 평가될 구체적인 행동 수행을 요구하는 경우라면 참평가는 학습자의 경우 요구된 행동을 완성하거나 드러내는 것이 아닌 실생활의 맥락에서 행동한다. 참평가는 수행평가의 특성일 수 있다.

(3) 직접적 평가(direct assessment)

직접관찰을 통하여 실시하는 평가로 간접평가와 반대 용어로 사용되는 개념이다. 실제 능력이 드러나는 직접적 방식을 강조하는 평가의 의미로 사용되며 학생의 도덕성을 평가할 경우 지필시험이나 구두시험이 아닌 도덕적 행동이 요구되는 상황에서 학생의 실제 행동을 관찰하여 직접적으로 평가하는 방법이 직접적 평가의 적용방안이라 할 수 있다.

(4) 실기중심 평가(performance-based assessment)

실기중심 평가는 지필시험보다 실기시험을 중시하는 개념으로 자주 사용되며 단순히 아는 것에 그치는 것이 아니라 실제로 할 줄 아는 능력을 확인하는 방법이다.

(5) 포트폴리오 평가(portfolio assessment)

학생의 발달과 학습에 대한 기록과 증거물들을 일정 기간 동안 시간의 흐름에 따라 구체적인 목적을 가지고 의도적으로 모아 놓은 것을 이용하는 평가이다. 최종적인 결과도 중요하지만 그러한 결과를 산출하게 된 과정도 중요하게 다뤄진다. 성취도 자체도 중요하지만 학생의 노력이나 향상이 중요하며 일회적이고 단편적인 평가가 아닌 지속적이고 통합적인 평가를 중시하는 방법이다.

2) 수행평가의 도입 배경

수행평가가 한국에 도입된 시기는 1990년대부터로 기존의 지필중심의 평가가 인간의 능력을 정확히 평가하기 어렵다는 문제점으로 인해 제안되기 시작하였다. 학생평가의 가장 큰 특징 중 선택형 문항 시험의 새로운 대안으로 학생평가의 자율화 · 다양화 · 전문화 · 특성화를 지향하는 수행평가가 일선 학교 교육 현장에 도입되기 시작하였다(백순근, 2000). 1980년대 이전까지 학습이론은 행동 주의 학습이론으로, 학습이 일어나는 과정보다는 결과에 중심을 두었으나 인지 주의 학습이론은 학습결과가 나타나게 된 과정에 많은 관심을 기울이며 과정과 결과를 모두 포괄할 수 있는 수행평가를 강조하기 시작하였다.

1999년 교육부에서 공식적으로 전국의 모든 초등학교에 수행평가를 도입하 고 일제고사를 폐지함과 동시에 학업성취도를 점수나 평어 없이 문장으로만 기 술하도록 하여 지금까지 초등학교에서는 일제고사가 시행되지 않고 있다. 또한 초등학교에서 주로 시행하였던 수행평가를 중 · 고등학교에도 도입하여 전국의 초 · 중 · 고에서 수행평가가 공식적으로 도입되었다(교육부, 1999).

2 수행평가와 전통적 평가의 차이

기존의 전통적인 평가와 수행평가는 여러 측면에서 차이점을 갖는데, 전통 적인 평가가 결과 중심, 상대적 순위를 강조하며 선발, 분류, 배치에 목적이 있다 면 수행평가는 과정중심을 토대로 학생들의 부족한 부분을 확인하고 개선하는 데 목적이 있으며 해당 역량을 확인하여 지도, 개선을 위해 평가가 이루어진다.

전통적 평가의 경우 이론적 지식의 습득 여부에 초점을 두어 교사의 역할은 사실적 지식을 전달하는 전달자의 역할을 하게 되고 학생은 지식을 전달받는 수동적인 입장이 된다. 따라서 학습은 교사 중심, 지식의 내면화를 목적으로 기 본 학습 능력을 강조한다. 또한 학습활동과 평가는 분리되어 학습이 종료되는 시점에 평가가 이루어지고, 학습 결과는 선발, 분류, 배치에 활용되어 지필중심 의 평가가 활용되고 이는 객관성, 일관성, 공정성을 강조하는 근거가 된다. 반 면에 수행평가는 지식을 어떤 상황에서 활용할 수 있는지와 관련된 절차적 지 식과 조건적 지식에 관심을 가지며 학습활동의 모든 과정에서 평가가 활용되어 교수학습과 평가는 유기적으로 통합되어 운영된다. 이때 교사는 학습을 안내해 주고 촉진시키는 역할을 하며 학생은 능동적으로 계속적인 지식의 변화를 도모

한다. 이를 하나의 표로 정리하면 〈표 11-1〉과 같다.

 표 11-1 전통적인 평가와 수행평가의 비교

구분	전통적인 평가	수행평가
평가목적	- 선발, 분류, 배치	- 부족한 부분을 지도, 개선
평가내용	- 지식의 내면화 - 수업결과에 대한 확인 - 단계에 따른 학습	- 조건적 지식, 절차적 지식 - 과정중심, 결과확인 - 지식의 내재화
평가방법	- 대규모 표준화 검사 - 선택형 지필평가 - 객관성, 공정성, 일관성 강조	- 실제 수행 관찰 - 학습 진행 과정의 종합적, 지속적 판단
평가시기	- 학습활동 종료되는 시점 - 교수·학습과 평가는 분리	- 학습활동의 모든 과정 - 교수·학습과 평가 통합 운영
평가체제	- 상대적 순위 강조 - 양적평가	- 절대적 기준 충족 - 질적평가
교사의 역할	- 지식 전달자	- 학습의 안내자, 촉진자

3 수행평가의 유형

수행평가는 지필형, 발표형, 실험·실습, 실기 등 다양한 방법으로 학교 현장에 적용되고 있다. 이러한 평가방법들은 수행평가의 목적을 달성하기 위한 하나의 방법으로 활용될 수 있으며 수행평가의 목적에 맞게 유형을 적용할 때 각각의 방법들이 갖고 있는 효율성이 극대화될 수 있을 것이다. 또한 각 과목의 특성에 따라 평가하고자 하는 역량이 다르기 때문에 적용할 수 있는 유형들도 구분될수 있을 것이다. 이를 위해 대표적인 수행평가의 유형을 살펴보고자 한다.

1) 서술형, 논술형 평가

수행평가의 유형 중 서술형, 논술형 평가는 주관식 평가에 해당하는 지필식 평가이다. 해당 유형에서는 정해진 답을 선택하거나 서술하는 것이 아닌, 자신의 생각이나 의견을 직접 서술하도록 하여 학생의 창의성, 문제해결력, 비판력, 판단력, 통합력 등 고차원적 사고능력을 확인할 수 있다는 장점이 있다. 서술형, 논술형 평가를 위해 문항을 작성할 경우 자신의 생각과 의견이 잘 드러날 수 있도록 구체적이고 실생활과 연결될 수 있도록 제시할 필요가 있다. 이때 교사는 사전에 모범 답안, 채점기준표를 만들어 평가가 종료된 후 공개하여 신뢰도를 확보해야 한다.

2) 구술식 평가

구술식 평가는 특정 교육내용이나 주제에 대해 자신의 의견이나 생각을 발표하도록 하여 학생의 준비도나 이해도, 판단력, 의사소통능력 등 종합적인 능력을 평가하는 방법이다. 이때 학생들의 발표에 대한 평가는 내용과 전달이라는 두 영역을 중심으로 이루어질 수 있으며 내용평가 요소로는 목적의 명료한 진술, 내용조직의 명료성, 보조자료의 사용, 적절한 요약 등을 포함할 수 있고 전달요소로는 성량, 시선처리, 언어 표현, 어조, 발음 등을 포함할 수 있다.

3) 토의·토론 평가

교수 · 학습 활동과 평가 활동을 종합적으로 수행하는 대표적인 평가방법이다. 특정 주제에 대해 학생들이 서로 토론하는 것을 보고 평가하는 방식이다. 토론활동을 이용한 평가방법에서는 찬반토론법을 많이 활용하는데, 사회적으로 또는 개인적으로 서로 다른 의견을 가질 수 있는 토론 주제를 통해 개인 혹은 소집단별로 찬반토론을 실시한다. 이때 평가 항목으로는 자료의 다양성과 충실성, 토론내용의 충실성과 논리성, 반대의견을 존중하는 태도와 토론 진행 방법 등을 총체적으로 고려하여 평가한다.

4) 실험·실습·실기 평가

실험 · 실습 · 실기 평가는 각 교과별 특성에 맞게 진행하고 과정이나 결과를 통해 학생의 수행을 평가하는 방법이다. 과정이나 결과에 대한 보고서를 쓰게

하여 제출된 보고서와 함께 담당 교사가 학생들의 실험·실습·실기 과정을 관찰했던 것을 모두 고려하여 평가하는 방법이다.

컴퓨터 교과나 기술·가정 교과에서 실시되는 실습은 각종 실생활과 밀접한 생활기술을 습득하기 위해 직접 경험하고 체험하는 형태의 수업을 진행하고 교육목표인 생활기술을 습득하였는지 등을 평가하는 방법이다(이연숙, 2005). 또한 실기시험은 예체능 교과에서 주로 활용되는데 기존의 실기시험이 통제되거나 강요된 상황에서 학생의 수행 능력을 평가하였다면 수행평가에서의 실기시험은 자연스러운 상황에서의 평가를 추구한다(백순근, 2000).

5) 자기평가

자기평가는 개별 학생 스스로가 특정 주제나 교수·학습 영역에 대하여 학습 과정이나 학습 결과에 대한 자세한 자기평가 보고서를 작성 제출하도록 하여 평가하는 방법이다. 학습자로 하여금 자신의 학습 준비도, 학습동기, 성실성, 성취수준 등에 대해 스스로 생각하고 반성할 수 있는 기회를 제공한다.

6) 연구보고서법

연구보고서법은 개별 과목과 관련되거나 범교과적인 연구 주제 중에서 학생의 능력이나 흥미에 적합한 주제를 선택하여 그 주제에 대해 자료를 수집하고 분석, 종합하여 연구보고서를 작성하고 제출하도록 하는 평가방법이다. 계획부터 결과물이 완성되는 전 과정을 중시하여 학습을 위한 평가, 학습으로서의 평가를 가장 잘 나타낼 수 있는 평가방법이다.

7) 포트폴리오

포트폴리오는 일정 기간 동안 구체적인 목적에 따라 산출된 결과물을 누적하여 평가하는 방법으로 학생의 성장 정도, 변화를 파악할 수 있다는 장점이 있다. 이는 자신의 작품을 지속적이면서도 체계적으로 모아 둔 개인별 작품집 혹은 서류철을 이용한 평가방법으로 학생들은 자신의 강점이나 약점, 성실성 여

부, 잠재 가능성 등을 스스로 파악할 수 있다. 교사는 학생의 과거와 현재의 상
태를 쉽게 파악하여 앞으로의 발전 방향에 대한 조언을 할 수 있다.

4 수행평가 개발 절차

수행평가의 시행 계획은 교육과정을 운영 및 계획하고 교수·학습 및 수행
평가, 학기말 평정 및 기록으로 이루어진다.

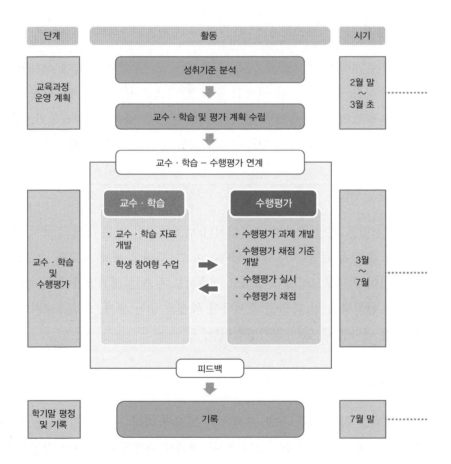

그림 11-1 수행평가 단계 흐름도

출처: 과정을 중시하는 수행평가 어떻게 할까요?(한국교육과정평가원, 2017)

출제 계획 수립 절차는 다음과 같다.

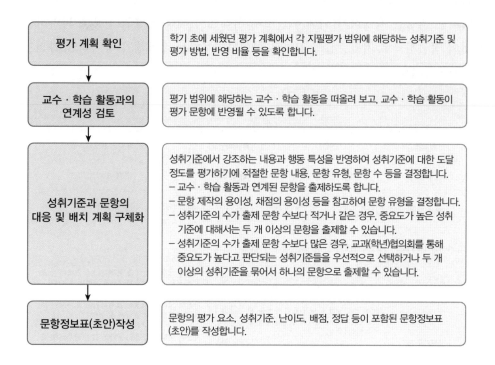

그림 11-2 수행평가 출제 계획 수립 절차

출처: https://stas.moe.go.kr/cmn/page/pageContDtl:M_EVAL_TOOL_PAGE

수행평가의 과제를 개발하기 위해서는 해당 요건들을 갖출 필요성이 있는데, 첫 번째는 실제적인 맥락이다. 수행평가 과제는 실생활에서 발생할 수 있는 문제 상황을 반영한 과제를 개발해야 하며 다양한 지식, 기능, 태도를 통합적으로 활용할 수 있어야 한다. 또한 수행평가 과정에서 학습과 성장의 기회를 제공하는 과제, 문제해결을 위해 다양한 시도와 노력을 할 수 있는 과제로 구성되어야 한다.

수행평가 문항 개발을 위한 문항 정보표 예시는 다음과 같다.

중학교 국어 교과의 수행평가 문항 정보표를 보면 수행평가 유형 중 프로젝트 방식을 사용하는 것을 알 수 있고, 성취기준의 경우 비유, 운율, 상징 등의 표현 방식을 바탕으로 작품을 이해하고 표현하며 다양한 문학적 표현 방식을 활용하여 자신의 생각과 감정을 표현할 수 있는 역량을 보는 것으로, 이에 해당하는 역량을 측정하기 위해서는 실제 사례에서 해당 역량의 적용을 파악하는 것이 적절하므로 지필중심의 평가로 확인하기보다는 수행평가 방법이 효과적일 것으로 보인다.

학교급	중학교	학년/학년군	1학년/중학교 1~3학년군
교과	국어	영역(내용)	문학, 쓰기
평가 유형	□ 서술·논술 □ 구술·발표 □ 토론·토의 ☑ 프로젝트 □ 실험·실습 □ 포트폴리오 □ 보고서 □ 기타 :		
수행평가 과제명	주변을 관찰하여 시를 쓰고 SNS 매체로 소통하기		
성취기준 및 성취수준	2951. 비유, 운율, 상징 등의 표현 방식을 바탕으로 작품을 이해하고 표현한다. 2951-2. 다양한 문학적 표현 방식을 활용하여 자신의 생각과 감정을 표현할 수 있다.(핵심)	상	자신의 생각과 감정을 표현하기에 효과적인 표현 방식을 선택하여 참신하게 표현할 수 있다.
		중	자신의 생각과 감정을 표현하기에 효과적인 표현 방식을 택하여 표현할 수 있다.
		하	자신의 생각과 감정을 문학적 표현 방식으로 표현하였으나 효과적이지 못하다.
	2939-3. 매체의 특성을 고려하여 효과적으로 글을 쓸 수 있다.	상	매체의 특성에 적합하게 글의 형식을 정하여 효과적으로 글을 쓸 수 있다.
		중	매체의 특성에 적합하게 글을 쓸 수 있다.
		하	매체의 특성을 일부분만 고려하여 글을 쓸 수 있다.
핵심역량	비판적·창의적 사고 역량, 의사소통 역량, 공동체·대인 관계 역량		
출제 의도	비유, 운율, 상징 등의 표현 방식을 상호 교수를 통해 익히고 작품 표현과 이에 대한 상호평가를 통해 학습하기 위한 수행평가 문항이다. 이 문항과 관련한 문학의 비유, 운율, 상징 등을 모둠 활동(짝 활동)을 통해 익히는 과정에서 의사소통 역량과 비판적·창의적 사고 역량을 향상시킬 수 있으며 시 창작 활동을 통해 자신의 생각과 감정을 효과적으로 표현할 수 있다. 또한 창작 작품을 상호평가하며 적극적으로 반응하고 표현하는 능력을 신장시킬 수 있으며 SNS 매체를 활용하여 작품을 게시하고 댓글로 소통하는 과정에서 건전한 공동체·대인 관계 능력을 학습할 수 있다.		

그림 11-3   국어과 수행평가 문항 정보표 예시

출처: 수행평가 문항 자료집 중학교 국어(교육부, 2017)

위의 문항 정보표를 토대로 교수 · 학습 과정안을 구성하면 [그림 11-4]와 같다.

1차시

학습 목표	• 비유, 운율, 상징을 이해하고, 각 표현 방식의 효과를 설명할 수 있다. • 작품에서 비유, 운율, 상징이 드러난 부분을 찾아 그 의미를 이해하고 표현의 효과를 평가할 수 있다.		
학습 내용	• 비유, 운율, 상징의 의미를 학습하고 각 내용이 드러난 시 작품을 찾아 함께 나누기		
학습 단계	교수학습 활동	수행평가 활동	유의점
도입	• 비유, 운율, 상징의 표현 방식을 이해할 수 있는 광고 영상 시청		• 우루사 광고(차두리), 박카스 광고(임산부편오스트리아 음주 운전 공익 광고(인쇄 매체, 러시안룰렛)를 보면서 비유, 운율, 상징의 의미 생각해 보기
전개	• 각 모둠별(짝별)로 비유, 운율, 상징의 의미를 학습 • 각 모둠별(짝별)로 비유, 운율, 상징 표현이 드러난 작품을 직접 찾아보기	• 비유, 운율, 상징이 사용된 표현을 찾고 그중 인상적인 표현을 하나 선택해 효과를 생각해 보고 발표하기	• 작품에 대한 감상을 나누면서 각 표현의 효과 이해하기
정리	• 내용 정리 및 다음 차시 예고		

그림 11-4 국어과 수행평가 교수·학습 과정안 예시

출처: 수행평가 문항 자료집 중학교 국어(교육부, 2017)

실제 수업에서 활용하기 위해 수업의 운영에 있어서 도입, 전개, 정리로 나누고 해당 단계에서 활용하고자 하는 내용과 유의점을 정리하고 있다. 이를 토대로 수행평가 과제를 출제하면 다음과 같이 적용할 수 있다.

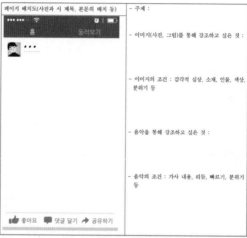

(2) 자신의 SNS 매체에 창작시를 올려 봅시다.

(3) 친구의 SNS 매체를 방문하여 친구의 창작시에 대한 간단한 감상과 평가(① 시의 의도와 음악의 관련성,
② 시의 의도와 이미지의 관련성 중 택일)를 댓글로 남겨 봅시다.

(자신의 앞뒤 학번 친구의 작품은 반드시 감상하여 평가 댓글을 남기세요. 아쉬운 점보다는 잘된 점을
찾아 칭찬하도록 합니다.)

그림 11-5 국어과 수행평가 실제 문항 적용 예시

출처: 수행평가 문항 자료집 중학교 국어(교육부, 2017)

(1)

(2)

(3) 친구의 SNS 매체를 방문하여 친구의 창작시에 대한 간단한 감상과 평가(① 시의 의도와 음악의 관련성, ② 시의 의도와 이미지의 관련성 중 택일)를 댓글로 남겨 봅시다.

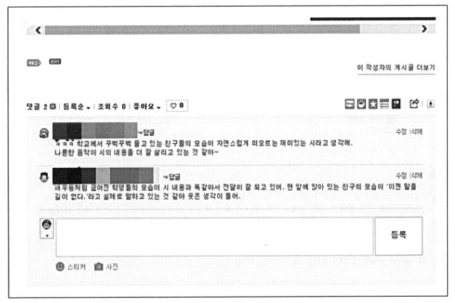

그림 11-6 국어과 수행평가 실제 문항 수행 예시

출처: 수행평가 문항 자료집 중학교 국어(교육부, 2017)

수행평가 채점 시 채점기준을 상세히 작성하여 채점의 공정성을 확보할 필요가 있는데 실제 [그림 11-6]의 채점기준은 [그림 11-7]과 같다.

수행평가과제	평가 요소	배점	4	3	2	1
1	비유, 운율, 상징이 드러난 구절을 제대로 파악하여 찾고 비유, 운율, 상징 중 하나를 선택해 해당 요소의 문학적 효과를 해석할 수 있는가?	4	작품에서 '비유, 운율, 상징'이 드러난 부분을 모두 찾고 '비유, 운율, 상징' 중 하나를 선택해 문학적 효과를 판단하였으며 그 과정에서 타 학생의 의견을 존중하며 소통하였다.	주변 친구와 협동하여 작품에서 '비유, 운율, 상징'이 드러난 부분을 찾아 그 의미를 해석하고, '비유, 운율, 상징' 중 하나를 선택해 문학적 효과를 판단하였으나 타 학생과 의사소통하는 데 어려움을 보인다.	작품에서 '비유, 운율, 상징'이 드러난 부분을 찾았으나 그 의미를 해석하는 데 어려움을 보인다.	작품에서 '비유, 운율, 상징'이 드러난 부분을 찾는 데 어려움을 보인다.
2	적절한 주제를 선정하여 시를 창작하고 다양한 문학적 표현 방식을 활용하여 자신의 생각과 감정을 표현하였는가?	4	관찰한 대상의 속성을 파악하여 관련된 경험이나 생각을 적절하게 연관 지어 주제를 선정하였고 비유, 운율, 상징 중 하나 이상의 표현을 적절히 활용하여 형상화 하였다.	관찰한 대상의 속성을 파악하여 관련된 경험이나 생각을 적절하게 연관 지어 주제를 선정하고, 비유, 운율, 상징 중 하나 이상 표현을 사용하였으나 주제를 드러내는 데 효과적이지 못하였다.	관찰한 대상의 속성을 파악하여 관련된 경험이나 생각을 적절하게 연관 지어 주제를 선정하였으나 비유, 운율, 상징 중 하나 이상의 표현을 사용하지 못하였다.	관찰한 대상의 속성을 파악하여 관련된 경험이나 생각을 적절하게 연관 지어 시를 창작하지 못하였다.
3	자신이 창작한 시의 주제를 효과적으로 전달할 수 있는 음악과 이미지를 찾아 SNS 매체에 표현하였는가? 다른 친구가 표현한 SNS 매체 글의 의도와 음악이나 이미지의 관련성을 찾아 평가할 수 있는가?	4			자신이 창작한 시의 주제를 효과적으로 전달할 수 있는 음악과 이미지를 찾아 SNS 매체에 표현하였다. 다른 친구가 표현한 SNS 매체 글의 의도와 음악이나 이미지의 관련성을 찾아 구체적으로 평가하였다.	자신이 창작한 시의 주제를 효과적으로 전달할 수 있는 음악과 이미지를 연관 짓지 못하였고 SNS 매체에 표현하였다. 다른 친구의 SNS 매체 글의 의도를 파악하지 못하여 음악이나 이미지의 관련성을 찾아 구체적으로 평가하지 못하였다.

● **유의점**

- 발표 시 사용했던 모든 활동지, 보조 자료는 발표 후에 정리하여 제출하게 한다.
- SNS 매체를 통한 발표는 모든 상호평가가 끝난 후에 캡처하여 교사의 이메일이나 학급 공동 카페 등을 활용해 제출하도록 한다.
- 채점 기준이 있는 각 평가 요소의 배점은 교수·학습의 상황과 맥락에 따라 조정한다.
- 3번 문항의 경우 건전한 의사소통 능력을 기르고 상호평가를 통해 작품을 평가하는 능력을 향상시킬 수 있도록 평가 대상의 장점을 찾도록 지도한다.

그림 11-7   국어과 수행평가 실제 문항 채점기준표

출처: 수행평가 문항 자료집 중학교 국어(교육부, 2017)

채점기준을 토대로 학생들의 과제를 평가하고 난 후 수행평가는 학생들의
부족한 부분을 개선 및 지도 하기 위한 목적을 가지고 있으므로 적절한 피드백
을 부여해야 할 필요성이 있다. 이에 대한 피드백은 다음과 같다.

수행평가 과제 3	
상	• 자신이 창작한 시의 주제를 효과적으로 전달할 수 있는 음악과 이미지를 찾아 SNS 매체에 잘 배치하고 표현하였습니다. 다른 친구의 SNS 매체 글에 댓글을 단 내용에서 작품의 의도를 먼저 파악하고 언급하여 음악의 적절성을 객관적으로 잘 분석하였으며, 그 결과 친구에게 좋은 피드백을 주었습니다.
중	• 자신이 창작한 시의 주제를 효과적으로 전달할 수 있는 음악과 이미지를 찾아 SNS 매체에 잘 배치하고 표현하였습니다. 다만 다른 친구의 SNS 매체 글에 댓글을 단 내용에서 '이미지가 잘 어울렸다.'와 같은 단편적인 평가가 아니라 구체적으로 어떤 점을 잘했는지, 어떤 점이 아쉬운지를 자신이 파악한 작품의 주제와 연관 지어서 평가해야 합니다.
하	• 시에서 제시한 '해외여행'이라는 상황이 일치한다는 이유만으로 '비행기'를 이미지로 활용하였는데 시의 중심 생각은 해외여행에서 길을 잃어 공포스러웠던 경험으로 보입니다. '비행기'도 좋지만 시의 중심 감정인 '당혹'이나 '공포'를 잘 표현할 수 있는 다른 이미지를 찾는 것도 고려해볼 필요가 있습니다. 다른 친구의 SNS 매체 글을 평가할 때도 이러한 점을 고려하며 자신이 파악한 작품의 주제와 연관 지어 이미지나 음악을 평가해야 합니다.

그림 11-8 국어과 수행평가 결과 피드백 예시

출처: 수행평가 문항 자료집 중학교 국어(교육부, 2017)

수행평가의 단계별 흐름과 단계별 유의할 내용과 점검 사항은 다음과 같다.

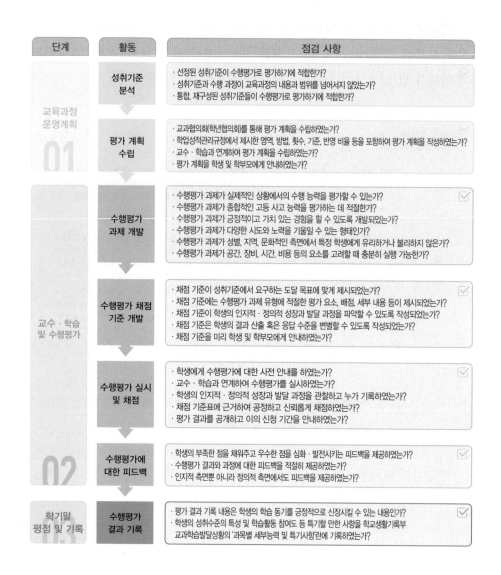

그림 11-9 수행평가 단계별 흐름 및 점검 사항

출처: 과정을 중시하는 수행평가 어떻게 할까요?(한국교육과정평가원, 2017)

5 수행평가의 타당도 및 신뢰도

수행평가는 실제 상황에서 주어진 과제를 해결하는 과정과 결과를 확인하는 평가로 이러한 특징을 확인하기 위해 제작된 과제가 이를 잘 반영하고 있는지를 확인할 필요가 있다. 수행평가의 타당도는 일반적인 표준화 검사에서의 타당도와는 다른 개념을 가지며 Linn, Baker와 Dunbar(1991)가 제안한 기준들을 통해 확인할 수 있다.

- 내용의 질: 수행평가에서 다루어지는 내용영역이 얼마나 가치가 있는지를 확인하는 것으로 다른 내용과 비교할 때 핵심적인 내용들을 반영하는지를 확인한다.
- 내용의 범위: 과제는 교육과정과 연계되어야 하며 교육과정의 핵심적인 요소들을 포괄할 수 있도록 구성되어야 한다.
- 공정성: 수행평가에서 출제되는 과제는 사회 · 문화적 배경을 공정하게 반영하여야 한다. 특정한 경험을 가지고 있는 학생들에게 유리한 방식으로 출제되어서는 안된다.
- 유의미성: 수행평가를 통해 학생이 경험한 것이 성장에 의미가 있는지를 확인하는 것으로 학생들의 학습 흥미를 높일 필요가 있다.
- 전이 및 일반화 가능도: 수행평가에서 다룬 내용들은 추후에 활용 가능해야 한다. 따라서 가능한 유사한 상황에서 학습 결과를 활용할 수 있도록 과제를 보다 구체적으로 제시해야 한다.
- 평가내용의 다면성: 단순한 지식을 묻는 것이 아닌 인지, 정의, 심동의 통합적인 측면을 평가하도록 구성해야 한다.

수행평가 결과의 일관성을 유지하는 것, 즉 신뢰도를 확보하는 것도 중요하다. 수행평가에서는 이를 위해 채점자 내 신뢰도와 채점자 간 신뢰도를 활용할 수 있다.

채점자 내 신뢰도는 한 채점자가 평가 대상에 대해 일관되게 결과를 평가하느냐와 관련된 것으로 채점과정에서 채점자의 일관성이 전제되지 않는다면 채점자 개인의 채점기준이 변화되었음을 의미한다. 채점자 간 신뢰도는 여러 채점자가 평가에 참여할 때 채점자 간의 평가 결과의 일관성을 의미한다. 이를 높이기 위해서는 채점자 교육이 선행되어야 하며 채점기준표를 명확하게 만드는 것도 중요하다.

**핵심단어
정리하기**

수행평가	실기중심 평가
대안적 평가	채점자 간 신뢰도
참평가	채점자 내 신뢰도
포트폴리오	
직접적 평가	

연습 문제

1 다음 중 수행평가에 관한 설명으로 적절하지 <u>못한</u> 것은?(00 중등)

① 교수 · 학습의 결과뿐만 아니라 과정도 함께 중시한다.
② 개개인을 평가하기도 하지만 집단에 대한 평가도 중시한다.
③ 선택형 평가방식을 없애기 위해 도입된 전인적인 평가방식이다.
④ 정답의 선택이 아니라 문제해결의 과정을 행동으로 나타내도록 요구한다.

2 학습자 자신이 지속적, 체계적으로 작성하거나 만든 개인별 작품집 또는 서류철 등을 근거로 평가하는 방법은?(01 중등)

① 심층면접법　② 참여관찰법　③ 실험실기법　④ 포트폴리오

3 수행평가를 실시할 때 유의할 사항으로 가장 옳은 것은?(04 중등)

① 신뢰도를 높이기 위해 채점자 사전 교육을 삼가야 한다.
② 타당도를 높이기 위해 간접적인 평가방법을 사용해야 한다.
③ 실용도를 높이기 위해 수행과제의 수를 많이 포함해야 한다.
④ 객관도를 높이기 위해 동일한 문항을 여러 명이 채점하게 한다.

논의해 보기

• 자신의 전공분야에서 적절한 내용영역을 선정하여 수행평가 문항을 만들어 봅시다.
• 중고등학교에서 경험한 수행평가의 장점과 단점에 대해서 동료들과 논의해 봅시다.

? FAQ

? 수행평가의 다양한 장점 등을 보면 학교 현장에서 선다형 문항 위주의 지필고사를 폐지하고 모두 수행평가를 실시하는 것도 좋을 듯합니다. 이렇게 하는 것이 가능할까요?

수행평가로 인해 우리가 얻을 수 있는 장점과 단점은 지속적인 논의가 필요하고 계속 개선하면서 장점을 극대화하고 문제를 해결해 나가는 것이 필요하다고 생각합니다. 그리고 각 평가방법은 학생을 이해하기 위한 도구일 뿐이므로 어느 하나를 '사용해야만'하는 것이 아니라 상황과 목적에 따라 다양한 평가방법을 합리적으로 사용하는 것이 바람직하기 때문에 선다형 문항 위주의 시험을 폐지하자고 주장할 필요는 없다고 생각됩니다. 다시 말해서 모든 교과나 모든 상황에서 수행평가를 실시하여야 한다는 발상은 위험한 것으로 보입니다.

? 중고등학교 때 선생님들이 실시하신 수행평가를 생각해 보면 좋은 점도 있지만 많은 문제점들이 있었던 것이 사실입니다. 무엇보다도 선생님들이 충분한 시간을 들여서 출제와 채점을 해주셔야 할 텐데 그렇게 하기에는 너무 바쁘신 것 같았습니다. 어떤 대책이 필요할까요?

동의합니다. 교수 · 학습 연계 및 실질적 수업 개선을 도출할 수 있으려면 이를 위한 교육적 여건이 마련되어야 할 것입니다. 먼저 교사가 학생 각자에게 관심을 쏟고 학습 상황을 관찰하여 맞춤형 피드백을 제공하려면, 학기 중 다루어야 하는 학습 분량을 줄이고 학급 당 학생 수를 줄이는 것이 필요합니다. 또한 교사의 불필요한 행정 업무를 줄여서 좀 더 많은 시간을 교육과 평가에 투입할 수 있도록 해야겠지요.

12장

에듀테크를 활용한 교육평가

12장

에듀테크를 활용한 교육평가

 학습목표

✓ 교육평가를 위한 에듀테크 적용 필요성을 이해한다.
✓ 교육평가에서의 에듀테크 적용 방향을 모색한다.
✓ 교육평가와 관련한 구체적 에듀테크 활용 분야를 살펴본다.

1 교육평가를 위한 에듀테크의 필요성

근래에는 전통적인 교실 수업에서 벗어나 온라인 수업에서 교사와 학생이 만나는 것이 매우 흔한 일이 되었고, 향후에는 메타버스에서 교사와 학생이 각자의 아바타를 통해 교수 및 학습을 수행하는 변화가 급속도로 진행될 것으로 예상된다. 이러한 학습 공간의 확장 그리고 시·공간을 초월한 교육은 기존의 분절적 교과 중심의 교육과정, 표준화된 시간표, 강의 중심의 수업, 학급 단위 학습 등과 같은 전통적 방식에서 벗어난 새로운 교육이 시작되었음을 의미한다. 에듀테크란 교육(Education)과 기술(Technology)을 조합해 만든 용어로 빅데이터·메타버스·인공지능·가상증강현실(VR, AR) 등 각종 ICT(정보통신기술) 최첨단 기술을 차세대 교육에서 활용하자는 함의를 갖는다. 새로운 교육은 이러한 에듀테크를 주요 근간으로 하여 미래형 학습 환경을 갖추게 될 것으로 보인다.

교육 분야에서는 이전부터 원격교육이나 디지털교과서[2] 개발 등 다양한 에

---

2 디지털교과서는 기존 서책형 교과서에서 벗어나 컴퓨터 및 태블릿 기기 등을 활용하여 교과 내용에 용어사전, 멀티미디어 자료, 실감형 콘텐츠, 평가 문항, 보충 심화학습 등 풍부한 학습자료와 학습

듀테크적 시도가 있었다. 하지만 2010년대 후반까지 우리의 학교 수업은 교실에서 교과서를 중심으로 대면 강의가 진행되는 전통적 방식에서 크게 벗어나지 못하고 있었다. 그러나 코로나19 사태는 비대면 수업이 반강제적으로 교육 현장에 전격 도입되는 계기가 되었고, 더불어 기초학력미달 및 교육 격차 문제 등으로 개인 맞춤형 수업에 대한 수요가 증대되면서, 에듀테크의 적극적 활용은 교육 문제를 극복할 수 있는 효과적 대안의 하나로 주목받게 되었다(특허청, 2022).

에듀테크의 지향점은 ICT를 활용하여 개별 학생의 학습 수준 및 관심 분야에 적합한 교육 서비스를 제공하는 데에 있다. 개별화 학습(personalized learning)을 구성하는 두 요소는 차별화(differntiated)와 개인화(individualized)라고 할 수 있는데, 결국 다수의 학생에 대한 교육을 한 교수자가 담당하는 기존 교실 수업에서는 이와 같은 개별화 학습을 지향하기가 불가능하기 때문에 그 해결책으로 에듀테크가 주목받고 있는 것이다. 여기서 차별화와 개인화 학습의 의미를 정리하면 다음과 같다.

- 차별화 학습: 각 학생의 다양한 학습적 흥미와 스타일에 따라서 교육과정이 지향하는 학문적 목표(academic goals)가 다를 수 있다. 예를 들어, 예체능 수업에서 어떤 학생은 미술을 혹은 어떤 학생은 음악을 학습할 수 있다. 또한 같은 음악 수업에서도 어떤 학생은 첼로를 어떤 학생은 드럼을 학습할 수 있다.
- 개인화 학습: 특정 학습목표 숙달이나 개념 이해를 할 때 학생 개인마다 그 속도(pace)가 다를 수 있음을 고려해야 한다. 예를 들어, 몇 개의 수학 수업목표를 달성함에 있어서 어떤 학생은 일주일이 걸릴 수도 있고 어떤 학생은 한 달이 걸릴 수도 있다.

결과적으로, 개별화 학습을 구현하자는 것은 각 학생마다 '학습하고자 하는 목표'와 '학습하는 속도'가 다를 수 있음을 인정하고 이에 따른 학습을 지향하자는 의미이다. 말하자면 미래교육에서는 기존 학년과 학급 중심의 전통적 교육과정 운영 방식에서 벗어나 학생의 소질, 능력, 학습 속도 등에 맞는 개별화된

지원 및 관리 기능을 추가하고 다양한 외부자료와 하이퍼텍스트 형태의 연계가 가능하도록 만든 학생용 교과서를 말한다.

교육이 요구된다. 학생 개인을 위한 교육적 목표에 따른 교육과정이 진행될 때 수시로 해당 학생의 현재 학습 수준을 확인할 수 있어야 다시 그에 맞는 교육적 처치가 주어질 수 있을 것이다. 따라서 교육평가 분야에 있어서 에듀테크의 역할이란 교사 및 학생 본인이 현재의 성취 정도를 효율적·효과적으로 파악하도록 돕는 데에 있다고 볼 수 있다. 말하자면, 다양한 교육내용 혹은 교과 과목에 대하여 인공지능의 관리를 받는 디지털화된 형성평가 및 교육적 중재 수단이 존재한다면 교사 입장에서는 어렵지 않게 개별 학생의 학업 수준을 빠르게 파악하고 실시간으로 각 학생에게 필요한 피드백을 제공할 수 있을 것이다.

2 교육평가 분야에서 에듀테크의 적용 방향

에듀테크 활용이 교육에 끼치는 가장 긍정적인 효과는 학습자 중심 교육, 학습자의 수준별 교육, 학습자의 흥미를 고려한 교육의 기초를 마련해 줄 수 있다는 점에 있다. 학습자 개별 맞춤형 교육은 개별 학습자의 교육적 요구(수요)에 맞춘 학습 과정 및 평가, 학습 프로그램(교수–학습 설계) 제시, 에듀테크 플랫폼(애플리케이션 활용) 등을 통해 가능할 것이다. 이와 같은 학습자 개별 맞춤형 에듀테크를 학교에서 활용하려면 어떤 요건이 갖추어져야 할까? 우선적으로, 충분한 속도의 인터넷 환경, 학습자 1인 1스마트 기기, 학습자 개별 맞춤형 교육을 위한 물리적 공간 등이 필요하다. 또한 학습자별로 학습데이터를 관리하면서 교사의 업무 경감에 도움을 줄 수 있는 학습관리시스템(LMS) 역시 구축되어야 한다(김성희, 2121). 그리고 인공지능의 도움을 교육 현장에서 실질적으로 받을 수 있다면 학생의 역량 및 학습 수준에 대한 진단과 분석, 적합한 학습목표 설정, 학습해야 할 내용 안내 및 관리가 함께 이루어질 것으로 기대된다.

인공지능 활용을 통한 학생평가와 관련 후속 조치 제안에 관한 한 예시는 한국교육과정평가원(2020, p.22–25)의 보고서에서 찾아볼 수 있다. 이 예시에서는, 학생에게 교과별 진단평가 문항을 풀도록 하고 그 풀이 결과와 기존 빅데이터와의 비교를 통해 현재 성취 점수, 향후 예상 성취 점수는 물론 교과별 취약점 등을 분석해 준다. 이러한 학습분석 결과를 토대로 다음 학습을 위해 교과별로 취약한 부분과 관련한 학습 내용 및 문항을 제공한다. 각 교과에 대한 학생의 학습 과정 변화는 아래와 같은 누적 학습 결과 리포트를 생성하여 살펴볼 수 있다.

[누적 학습 결과에 대한 리포트 내용]

1. 학생들의 학업 성취도, 학습 태도, 학습 시간, 정답률 및 학습 이력 등을 누적·관리하여 학습 과정을 통한 변화를 확인할 수 있는 정보를 제공함. 일자별, 주차별, 단원별 리포트를 누적적으로 생성하여 학습 이력에 대한 포트폴리오를 제공하고 있음
2. 비슷한 수준의 학생들과의 학습 현황 비교, 과목별, 영역별 강·약점 비교, 동학년 학생들이 많이 풀어본 문제, 일자별 학습 수준 변화 현황 등을 제공함
3. 학습 결과 리포트는 사용자에 따라 학생용, 교사용, 학부모용, 관리자용으로 생성함

이하에서는 교육평가 분야에서 에듀테크가 어떻게 활용될 수 있는지를 살펴보기 위하여 미국 교육부(2010, 2016)가 제시하는 '교육공학적 기술에 의하여 증강된 학습 모형(a model of learning powered by technology)'의 내용을 정리한다. 사물인터넷(IoT), 클라우드, 빅데이터에 인공지능(AI)이 결합되는 형태의 테크놀로지는 산업·경제·문화적으로 큰 변화를 일으킬 것으로 예상되고 있다. 이와 같은 테크놀로지는 학교 교육 현장을 혁신할 수 있는 주요 도구로 활용될 수 있을 것이며, 앞에서 언급한 바와 같이 이를 에듀테크라고 부르고 있다. 교육 분야에서는 서구 사회에서 19세기 이후 전체 국민을 대상으로 하는 공교육이 시작된 이래 수준별 수업을 통한 개인 맞춤형 교육을 구현하기 위한 시도가 항상 존재해 왔다. 그러나 그러한 노력에도 불구하고 그 성과가 미미했던 이유는 학생 개개인을 위한 교육의 개별화가 기술적으로 불가능했기 때문이다. 예를 들어, 한 과목에 대하여 상중하 정도로 제한된 수의 수준별 학급을 운영하는 노력 등은 같은 수준의 학급 내에서도 학생들의 실력에 큰 편차가 존재하기 때문에 교사 입장에서 어느 수준에 맞추어 수업을 진행해야 할지 난감할 수밖에 없었고 결국 실패로 귀결되는 것이 대부분이었다.

미국 교육부(2010)는 개별화 학습의 구현이 [그림 12-1]에 제시된 바와 같이 개별 학생을 둘러싼 교육공학적 테크놀로지의 적극 활용을 통하여 가능할 것이

라고 보고, 이를 교육공학적 기술에 의하여 증강된 학습 모형(a model of learning, powered by technology)이라고 불렀다. 이 그림에서 짙은 색깔의 선은 오프라인을 통한 연결 그리고 옅은 색깔의 선은 온라인을 통한 연결을 의미한다. 이러한 모형하에서 교육공학적 테크놀로지는 학생, 교사, 학부모, 동료, 상담자 및 코치 등을 효과적으로 연계시켜 개별 학생을 둘러싼 일종의 학습 공동체를 형성하도록 한다. 즉 발전된 기술들을 통하여, 기존 교실에서만 이루어지던 교수·학습을 확장하고 보다 유연하게 만들어서 교사, 학부모, 동료, 상담자 및 코치 모두를 각 학생을 위한 "교육자(educators)"로서 참여하도록 만드는 것이다. 예를 들어, 역사 과목에 대하여 게임-기반 학습 과정(game-based courses)을 구성하여 개별 학습자가 이와 같은 교육공동체 안에서 핵심적 주제와 교육내용을 이해하고 기억하도록 지원하는 체계를 만들 수 있다.

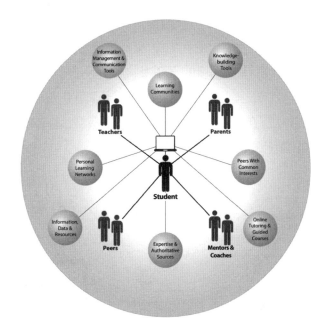

그림 12-1   교육공학적 테크놀로지에 의하여 증강된 학습 모형

출처: https://www.ed.gov/sites/default/files/netp2010.pdf, p.11

교육공학적 테크놀로지 즉 에듀테크를 통하여, 개별 학습자는 자신의 학습에

대한 진정한 주체가 되는 기회를 누릴 수 있을 것으로 기대된다. 학생 스스로 관리할 수 있는 디지털화된 학습 포트폴리오(student-managed electric learning portfolios)는 지속적인 학습 기록을 형성할 수 있으며 학습자가 무엇을 공부할지를 스스로 파악할 수 있도록 도울 수 있다. 즉 자신의 강점, 약점, 그리고 성취 이력 등을 파악하여 그들을 관리하는 책임을 스스로 갖는 것이며, 관심을 공유하는 다른 학생 동료들과 네트워크를 구성한다. 또한 앞서 말한 교육자들(educatiors)은 이러한 포트폴리오를 통하여 각 학생의 발전을 손쉽게 파악하고 지도할 수 있을 것이다.

미국 교육부(2016)는 이러한 교육공학적 테크놀로지를 학생에게 그저 제공하는 것만으로는, 즉 디지털 격차(digital divide)의 해소만으로는 미래 교육에 대비할 수 없으며 실제 에듀테크 활용 역량과 경험이 갖추어져야 한다고 보았다. 다시 말하여, 평생 학습 맥락에서 창의적 · 생산적으로 학생 개개인이 교육공동체 안에서 테크놀로지를 활용할 때 디지털 사용 격차(digital use divide)를 해소할 수 있다고 강조하였다. [그림 12-2]는 이와 같은 디지털 사용 격차의 해소가 테크놀로지의 능동적 활용을 통하여 이루어질 수 있음을 표현하고 있다. 정리하자면, 컴퓨터 코딩 역량, 가상 세계에 대한 몰입형 경험, 동영상 등 미디어를 생산하는 크리에이터 역할 수행, 전문가와의 상호작용, 글로벌한 연결을 통한 자료 공유와 문제해결, 디자인 역량, 동료와의 협동 역량 등을 실제로 갖추도록 하는 것이 미래 교육의 한 목표가 되어야 한다.

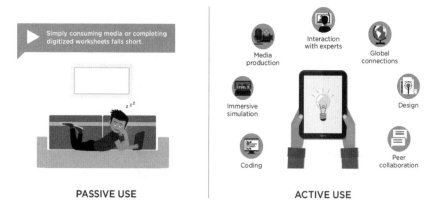

그림 12-2 　교육공학적 테크놀로지의 능동적 사용: 디지털 사용 격차의 해소

출처: http://tech.ed.gov/files/2015/12/NETP16.pdf

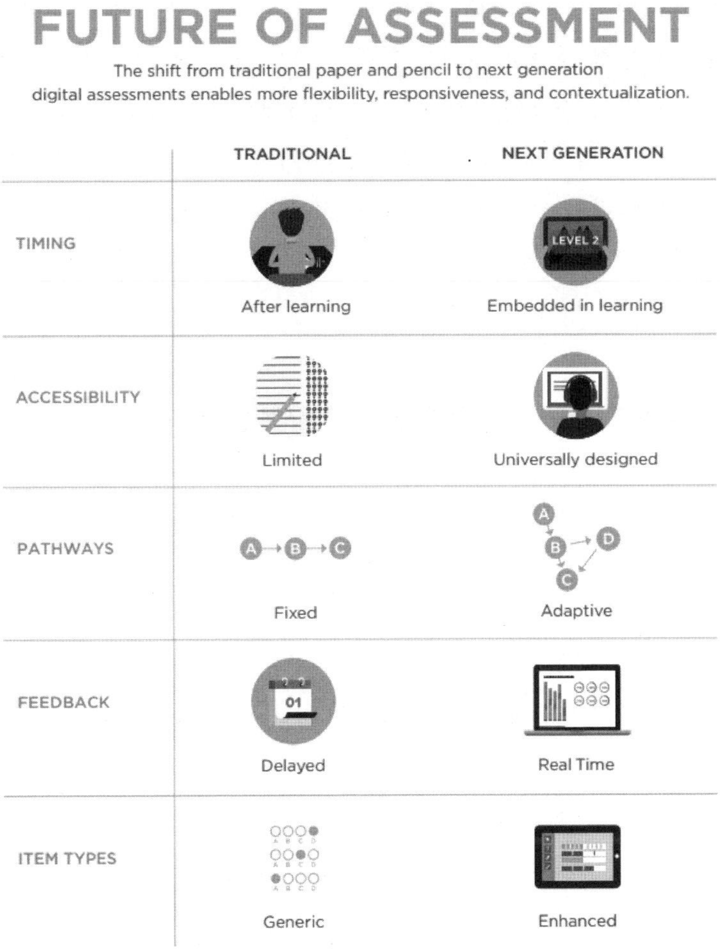

FUTURE OF ASSESSMENT

The shift from traditional paper and pencil to next generation
digital assessments enables more flexibility, responsiveness, and contextualization.

	TRADITIONAL	NEXT GENERATION
TIMING	After learning	Embedded in learning
ACCESSIBILITY	Limited	Universally designed
PATHWAYS	Fixed	Adaptive
FEEDBACK	Delayed	Real Time
ITEM TYPES	Generic	Enhanced

그림 12-3 교육공학적 테크놀로지 기반의 미래 교육평가

출처: http://tech.ed.gov/files/2015/12/NETP16.pdf

　　교육평가와 관련하여, 미국 교육부(2016)는 전통적 평가에 대비한 에듀테크 활용 미래 교육평가를 [그림 12-3]과 같이 제시하고 있다. 이러한 에듀테크 기반 미래 교육평가의 특징은 형성평가, 수시평가, 개인 맞춤형 평가 등으로 요약할 수 있다. 첫째, 교육과정 종료 후 치러지던 총합평가 위주에서 교육과정 속에 내재된 평가가 되어야 한다. 둘째, 학교 교실에서만 이루어지는 등 접근성이 매우 제한된 평가에서 언제 어디서든 활용 가능한 평가가 되어야 한다. 셋째,

교실 수업 전체의 진도에 맞춘 고정된 순서를 따르는 평가에서 학생의 특성과 수준에 따른 적응적 평가가 되어야 한다. 넷째, 평가 후 교사의 채점과 피드백 생성에 일정 시간이 소요될 수밖에 없는 평가에서 실시간 피드백이 가능한 평가가 되어야 한다. 다섯째, 정형화된 유형을 가진 지필검사 형태의 문항 사용에서 벗어나 멀티미디어 요소의 포함 및 응시자의 다양한 조작이 가능한 문항을 사용하는 평가가 되어야 한다.

3 교육평가와 관련한 에듀테크 활용 분야

신안나(2022)가 정리한 바에 따르면 교육평가에서 에듀테크가 활용되는 분야는 다음과 같이 크게 5가지로 볼 수 있다.

- 자동 문항 생성(automated item generation): 시험 및 검사의 문항을 사람이 직접 개발하는 것을 넘어서 컴퓨터 알고리즘 및 인공지능을 활용하여 작성하는 것을 말한다. 자동 문항 생성의 초기 단계에서는 내용 전문가가 문항의 기본구조(문두 혹은 stem), 선택지(options), 보조정보(auxiliary information) 등에 대한 설계를 맡아서 일정한 문항 모형(item model)을 개발하면 이렇게 사전 설정된 규칙에 따라서 컴퓨터 알고리즘이 다수의 문항을 자동으로 생성하는 방식이었다. 하지만, 최근에는 인공지능이 다양한 텍스트를 직접 처리 및 이해하여 이를 바탕으로 평가 문항을 생성하는 시도가 활발히 이루어지고 있다. [그림 12-4]에서는 삼각함수에 대한 학습을 제공하고 이어서 자동 문항 생성 기법을 활용하여 형성평가 문제를 반복하여 제시하는 예시를 제시하고 있다.

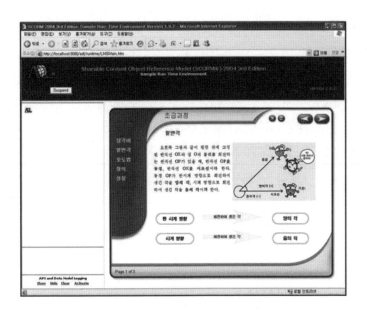

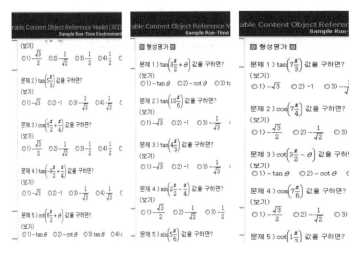

그림 12-4 삼각함수 학습화면과 자동 생성된 형성평가 문항 예시

출처: 백영태, 이세훈, 정재철(2009, p.207)

- 자동 채점(automated scoring): OMR 카드 등을 활용한 선택형 문항에 대한
  자동 채점은 기존에 활발히 이루어지고 있었다. 근래에는 논술 및 말하기
  등에 대한 채점 역시 사람이 아닌 컴퓨터 알고리즘에 의해서 이루어지는

사례가 다양하게 나타나고 있다. 이는 컴퓨터 공학 분야에서 자연어 처리 기법(natural language processing) 및 음성 인식(automated speech recognition) 등이 발달하고 이를 바탕으로 기계 학습(machine learning) 등의 인공지능 기법이 결합하면서 자동 채점 알고리즘 연구가 활발히 수행된 덕분이라고 볼 수 있다. 예를 들어, ETS가 주관하는 토플(TOEFL) 시험의 경우 말하기(speaking)와 쓰기(writing) 관련 모든 문항 채점에 있어서 실제 사람 채점관(human rater) 1명과 인공지능에 의한 자동 채점 시스템인 "SpeechRater" 혹은 "e-rater"가 독립적으로 채점을 하여 그 결과를 종합하고 있다. 사람 채점관의 경우 전체적인 답안의 내용과 의미 그리고 언어 사용 위주로 평가하며, 자동 채점 시스템은 좀 더 분석적인 방법으로 언어학적 관점에서 평가하는 것으로 알려져 있다. [그림 12-5]에서는 ETS의 e-rater 소개 웹사이트를 제시하고 있다.

그림 12-5 ETS의 e-rater 소개 웹사이트

출처: https://www.ets.org//erater/about.html

또한 ETS에서는 영어 단문형 자동 채점 프로그램으로 c-rater를 개발하였는데 이는 학생 답안이 의미 측면에서 정답과 얼마나 유사한가를 평가하여 점수

를 부여하는 방식을 사용한다. c-rater는 크게 모범 답안 구축, 언어 처리, 개념 인식(원문 함의), 점수 산출의 4단계 절차로 구성된다. 출제자가 제공한 정답 문장에서 개념만을 추출하여 정규화된 형태로 표현하는 것을 정답모델이라고 하며 이 과정을 통하여 한 문항에 대한 다양한 모범 답안이 구축될 수 있다. 학생이 작성한 답안은 자연어 처리 기법을 이용하여 디지털 정보로 인식된 뒤 주요 개념이 추출되며 이는 정답모델과 비교되며 그 일치 정도에 따라서 점수가 부여된다. 이러한 과정은 [그림 12-6]에 표현된 바와 같다. c-rater의 성능은 미국에서 실시되는 대규모 시험에서 인간채점과의 비교를 통하여 확인되었는데, 인간채점 결과와 일치도는 0.84로 나타났다(시기자 외, 2014)

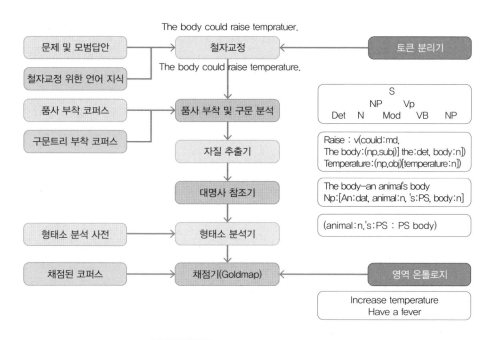

그림 12-6 ETS의 c-rater 시스템 구조

출처: Sukkarieh & Blackmore, 2009, p. 292; 시기자, 박도영, 임황규, 2014, p. 75.

- 자동 문항 추천(automated item recommendation): 컴퓨터 공학과 문항반응이론의 결합으로 교육평가 분야에서는 컴퓨터 개별적응 검사(computerized adaptive testing, CAT) 기법을 발전시켜 왔다. 이러한 검사 방식을 활용하게 되면 피험자가 검사에 응하는 동안 그 수행의 질에 기초하여 자동화된 문항 추천이 이루어지는데, 이는 함께 시험을 본 여러 명의 피험자가 각기 다른 문항들로 구성된 검사 도구로 평가를 받게 된다는 의미이다. 문항반응이론에서는 문항의 특성과 피험자 특성의 함수 관계에 의해서 피험자가 주어진 문항에 정답 반응할 확률을 수학적으로 계산하는 측정 모형을 제공하고 있다. CAT에서는 이러한 문항반응이론의 특성을 활용하여 피험자가 검사 도중에 새로운 문항에 반응할 때마다 해당 피험자에게 가장 적합한 수준의 다음 문항이 무엇일지 계산해 내어 활용한다.

[그림 12-7]은 CAT가 작동하는 원리를 설명하기 위한 순서도를 제시하고 있다. CAT를 통해 시험을 치르게 된 피험자에게는 우선 3-4개 문항이 제시된다. 그리고 이들 문항에 대한 응답 결과를 분석하여 해당 피험자의 초기 임시 능력(initial ability)를 추정하게 된다. 다음 추정된 능력에 가장 걸맞은 난이도 수준을 가진 문항이 문항은행(item bank)로부터 추천된다. 이어서 이 문항에 응답한 결과를 바탕으로 다시 피험자의 능력을 재추정(re-estimate)하게 된다. 이렇게 추정된 결과가 CAT 종료 조건을 충족(충분히 신뢰할 수 있는 결과라고 판정되거나 혹은 충분히 많은 수의 문항에 응답했거나 등을 충족하였을 때를 말한다. 여기서 충분히 신뢰할 수 있는 정도와 충분히 많은 수의 문항 개수 등은 검사 제작자가 결정할 문제이다)하면 최종 능력 수준(혹은 피험자에게 제공할 점수)이 확정되고 검사가 종료된다. 하지만, 이러한 종료 조건이 충족되지 못한다면 다시 현재 재추정된 능력 정도에 가장 걸맞은 수준의 문항이 다시 선택 및 실시된다.

- 학습분석 연계 평가: LMS나 온라인 학습 플랫폼 등을 통해 획득한 정보를 이용하여 개별 학습자의 학습 패턴을 분석할 수 있다. 학습분석 연계 평가란 이러한 분석 결과를 바탕으로 해당 학습자의 학업 수준 혹은 성취도를 예측하고 그에 걸맞은 평가를 제공하여 학습을 돕고자 하는 시도를 말한다. 학습분석을 위해서는 다양한 출처로부터 수집된 데이터가 활용될

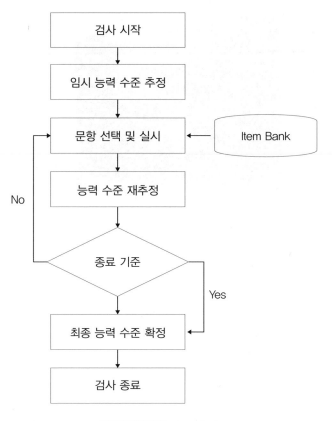

그림 12-7 CAT 순서도

수 있는데, 학습자와 교수자의 상호작용 텍스트와 기존에 부여된 성적뿐만 아니라 로그데이터(접속 횟수, 학습 시간 등)와 생체데이터(시선 추적, 동공 확장, 뇌파 등) 등도 포함된다. 시선 추적과 뇌파 데이터는 [그림 12-8]에서 볼 수 있는 실험 환경을 갖추면 획득이 가능하다. 학습분석과 이와 연계된 평가의 활용을 통하여 학습 성공에 영향을 미치는 주요 특성을 추출해 낼 수 있다면, 개별 학생에게 특화된 맞춤형 교육 제공에 유용할 것으로 기대된다.

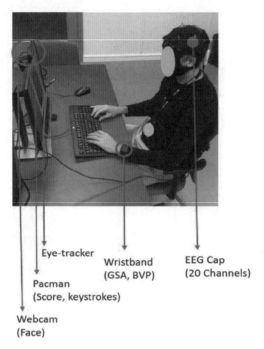

그림 12-8 학습자의 생체데이터(시선 추적, 동공 확장, 뇌파 등) 획득을 위한 실험 환경

출처: 신안나(2022)

- 확장현실(XR) 활용 실제적 평가: 실제 상황과 유사하게 구성된 가상 및 증
 강 현실(virtual reality, augmented reality)을 활용한 평가를 말한다. 학습자가 학
 습한 내용을 실제 상황에서 적절하게 수행할 수 있는지 직접적으로 평가
 하는 것을 참평가(authentic assessment)라고 한다. 평가목적을 위하여 이와 같
 은 실제 상황을 만드는 것은 많은 경우 쉽지 않지만, VR과 AR 등을 활용
 하게 되면 현실 세계와 매우 유사한 시뮬레이션 환경 속에서 학습자의 수
 행을 관찰하고 평가할 수 있다. 예를 들어, 의학 교육 분야에서 수련의의
 외과 수술 역량을 평가하기 위해서 실제 환자를 수술하도록 하는 것보다
 수술 시뮬레이션 평가를 시도해 볼 수 있을 것이다. [그림 12-9]에서 제
 시된 바와 같은 방식을 통하여 정확한 수술 역량 평가가 가능하다면, 환
 자의 안전을 보장할 수 있을 뿐만 아니라 반복적 수술 훈련 실시 등 다양
 한 추가적 이점이 있을 수 있다.

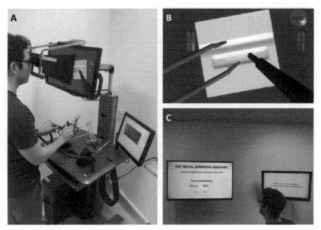

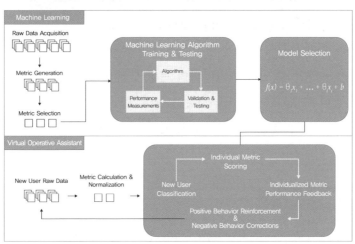

그림 12-9 뇌종양 제거 수술 시뮬레이션 평가 예시

출처: Mirchi et al., (2020); 신안나(2022)

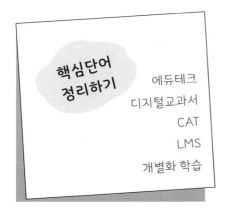

연습 문제

1 다음 컴퓨터 개별적응 검사(CAT)의 사용을 통하여 모든 피험자의 능력
을 비슷한 정도의 정확도로 측정할 수 있도록 해주는 직접적 이유로서
가장 적합한 것은?

① 다양한 능력에 맞는 교수–학습 피드백의 고려
② 충분한 수의 문항을 포함하는 문항은행의 존재
③ 흥미를 유발할 수 있는 멀티미디어 문항의 사용
④ 임시 능력 추정과 능력 수준에 맞는 문항의 제시

논의해 보기

• 자신의 전공분야에서 에듀테크를 적용할 수 있는 방안을 논의해 봅시다.
• 중고등학교 혹은 대학교에서 자신이 경험한 에듀테크 기법을 소개하고 장단점을 논의해 봅시다.

? **FAQ**

? CAT는 피험자의 능력, 특성을 '같은 정도로 정확하게 측정할 수 있다'고 들었습니다. 그런데 '같은 정도로'의 의미를 잘 모르겠습니다.

고전검사이론에서의 신뢰도(크론바흐 알파 등)는 한 개의 검사에 하나의 신뢰도 값을 구하고는 있지만, 사실 특정 검사가 모든 피험자를 동일한 정도로 정확하게 측정하고 있는가라고 묻는다면 그렇다고 답하기 어려운 측면이 있습니다. 나와 내 친구가 둘 다 수학을 매우 잘하는 편이고 능력이 비슷하지만 그래도 내가 조금 낮다고 가정해 봅시다. 그럼 정확한 혹은 신뢰할 수 있는 시험이라면 여하튼 내 점수가 조금이라도 높게 나와야겠지요? 그런데, 이번 수학 중간고사의 문항들이 모두 너무 쉬웠다면 어떻게 될까요? 친구와 내가 둘 다 100점을 맞거나 혹은 실수 여부에 따라서 점수가 조금 다른 정도라서 나보다 친구의 점수가 높을 수도 있겠지요. 하지만 이렇게 쉬운 검사라면, 능력이 낮으면서 비슷한 두 다른 친구의 수학 점수를 비교적 정확하게 측정해 낼 수 있답니다. 정리하자면, 쉬운 검사는 능력이 높은 학생들의 점수를 정확하게 측정하지 못하고 능력이 낮은 학생들의 점수를 상대적으로 더 정확하게 측정할 수 있습니다.

이처럼 검사의 난이도 등이 검사 신뢰도에 영향을 미치기 때문에 한 개인의 능력 수준에 따라서 사실은 검사의 정확도 혹은 신뢰도가 다를 수 있는 것이 사실입니다. 이 점에서 고전검사이론이 비판받고 있는 것이고요, 현대검사이론으로서의 문항반응이론이 그러한 문제를 해결했다고 말하는 것입니다. IT 기술 및 IRT(문항반응이론)에 기반한 CAT를 실시하게 되면 각 학생이 모두 자기의 능력 수준에 맞는 난이도를 가진 문항들 위주로 시험을 보게 되기 때문에 비슷한 정도의 신뢰도 혹은 정확도로 시험을 보게 된다는 뜻입니다. 즉, 각 개인 입장에서 자기에게 지나치게 쉽거나 어려운 문항을 풀지 않게 된다는 의미이기도 합니다.

CAT의 종료 기준 2가지는 능력의 추정이 정확한가의 기준이 충족되었을 때, 최대문항 수를 다 풀었을 때라고 배웠습니다. '능력의 추정이 정확한가'라는 것이 학생이 일정한 수준의 문제를 지속적으로 맞힐 때라고 이해했는데 이것이 맞는지 궁금합니다. 또한, 최대문항 수까지 푼다는 것은 그만큼 정확도가 충족되지 않은 것이기 때문인데 이러한 경우 검사 결과 분석을 하는 것이 의미가 있는지 궁금합니다.

능력의 추정이 충분히 정확한지를 알기 위하여 문항반응이론에 의존하여 '능력추정의 표준오차'라는 것을 계산할 수 있습니다. 이 값이 특정 기준보다 작게 나오면 충분히 신뢰할 수 있게 측정이 이루어졌다고 본다는 것입니다. 즉 오차 정도에 대한 이러한 계산된 수치를 이용하게 됩니다. 이러한 기준이 충족되지 못하였는데 최대문항 수만으로 종료하는 것이 무슨 의미가 있냐는 질문이 매우 타당한 것으로 보입니다(좋은 질문입니다!). 즉 신뢰할 수 있는 능력 측정이 이루어지지 않았기 때문이지요. 심리측정학적 관점에서 보자면 맞는 말인데요, 다만 시험이라는 것은 실제적 혹은 행정적 요소도 감안을 해야 한답니다. 따라서, 심리측정학적으로는 만족스럽지 않지만 마냥 시험 시간을 늘리거나 학생들의 피로도를 무시하고 계속 문항을 풀도록 강요할 수는 없기 때문에 정책적 결정으로 특정 문항 수까지만 풀도록 하는 것입니다.

강태훈(2011). 문항반응이론에 의한 초6-중3 성취도 점수간 수직척도화. 한국교육 과정평가원 세미나: 학교교육 성과 평가를 위한 학업성취지표와 평가모형 개발.

강태훈, 송미영(2012). 초6-중3 학업성취도 검사의 IRT 수직척도 개발을 위한 탐색 연구. 교육평가연구, 25(2), 287-315.

경상남도교육청(2015). 과정중심 수시평가 안착을 위한 2015. 평가문항 제작 역량 강화 연수. 경남교육 2015-183.

곽기상(2018). 중학생이 지각한 모의 양육태도와 학교학습태도의 관계에서 학업적 정서조절의 매개효과. 학습자중심교과교육연구, 18(15), 527-552.

교육과학기술부(2011). 중등학교 학사관리 선진화 방안. 교육과학기술부.

교육문화연구소(2019). Retrieved from https://www.edulabkorea.com/reference/ psychology.php?ptype=view&code=psychology&idx=628&category=

교육부(1999). 초·중·고등학교 학교생활기록부 전산처리 및 관리 지침. 교육부 훈령 제587호. 교육부.

교육부(2013). 2017학년도 대입제도 확정 보도자료(2013. 10.25).

교육부(2017). 학생의 성장을 돕는 과정중심평가 수행평가 문항 자료집 중학교 국어. ORM 2017-29-1.

교육부, 17개 시도교육청, KOFAC, AMEC(2021). 과정중심 평가 실천 사례집. Retrieved from http://buseo.sen.go.kr/web/services/bbs/bbsView.action?bbsBean. bbsCd=94&bbsBean.bbsSeq=8584&ctgCd=199

김상호(1998). 정의적 특성 측정을 위한 도구 개발의 과제. 한국교육문제연구, 12(13), 189-212.

김성훈(2014). 동등집단 설계를 사용하는 수직척도화에서 공통 능력척도의 개발을 위한 IRT 추정 방법의 비교. 교육평가연구, 27(4), 925-944.

김성희(2021). 디지털 빅데이터 교실에서 스마트교육의 실제와 활용: 에듀테크를 활용한 학습자 중심 교육. Journal of Korea Entertainment Industry Association,

15-4, 279-286.

김수진(2014). TTCT 도형A 검사 독창성 항목의 채점기준에 대한 비판적 논의. 인천대학교 박사학위논문.

김순남(2020). 과정 중심 평가 개념 분석 및 적용 방안 탐색. 교육문화연구, 26(5), 317-334.

김순남, 강이희, 김병찬, 박삼철, 유진은, 이은송, 전명남, 조훈희(2013). 창의인재 육성을 위한 학생평가 정책연구: 국제 사례를 중심으로. 한국교육개발원 현안보고 OR 2013-09.

김신영(2017). 교실평가 결과의 활용과 학교생활기록부의 발전 방향. 교육과정평가연구, 20(4), 121-144.

김진규(2009). 교육평가의 탐구 이야기. 서울: 동문사.

김춘경, 이수연, 이윤주, 정종진, 최웅용(2016). 상담학 사전. 서울: 학지사.

김희정, 고은성, 이동환, 조진우, 조형미, 최지선, 한채린, 황지현(2020). 수학 학습 어려움 진단을 위한 평가 문항 개발. 한국과학창의재단.

미국 교육부(2010). Transforming American education - Learning powered by technology. National Education Technology Plan 2010. Retrieved from https://www.ed.gov/sites/default/files/netp2010.pdf

미국 교육부(2016). 2016 Future ready learning - Reimaging the role of technology in education. 2016 National Education Technology Plan. Retrieved from http://tech.ed.gov/files/2015/12/NETP16.pdf

박도순, 홍후조(2008). 교육과정과 교육평가. 용인: 문음사.

박미숙(2013). 평가문항 작성의 실제. 대구광역시서부교육지원청.

박인용(2013). 지역독립성 가정의 위배가 IRT 수직척도의 척도변동성에 미치는 영향. 교육과정평가연구, 16(2), 149-174.

박 정(2013). 형성평가의 재등장과 교육 평가적 시사. 교육평가연구, 26(3), 719-738.

박 정(2017). 수업에서 학생 평가 의미 탐색, 교육평가연구, 30(3), 397-413.

박지현, 송미영, 남민우, 최길찬(2020). 학생 평가의 타당도 제고를 위한 문항 특성 분석 기법 활용 방안. 연구보고 RRE 2020-1. 충북: 한국교육과정평가원.

백순근(2000). 수행평가의 원리. 서울: 교육과학사.

백영태, 이세훈, 정재철(2009). SCORM 기반 반복 학습 콘텐츠 및 문항 생성 시스템 설계. 한국컴퓨터정보학회 논문지, 14(2), 201-209.

변희진(2021). 다중지능이론과 홀랜드이론을 활용한 기초조형에 관한 연구. 한국디자인리서치, 6, 118-127.

서민희, 김경희, 이재원, 전성균, 김슬비, 이빛나(2021). TIMSS 결과로 본 우리나라 초·중학생의 정의적 특성과 변화 추이. 한국교육과정평가원 연구보고 ORM 2021-40-17.

서울특별시교육청교육연구정보원(2020). 2020 고등학교 교육과정-수업-평가-기록과 서·논술형 평가문항.

성태제(2014). 현대교육평가. 서울: 학지사.

성태제, 시기자(2020). 연구방법론. 서울: 학지사.

신안나(2022). 에듀테크 시대의 교육평가 연구동향과 이슈. '교육평가 이야기 광장 4차 포럼', 한국교육평가학회 연구개발분과.

송인섭(1998). 인간의 자아개념 탐구. 서울: 학지사.

송인순(2008). 자아개념과 불안이 특성화고 학생의 진로성숙도에 미치는 영향. 연세대학교 석사학위논문.

시기자, 박도영, 임황규(2014). 대규모 영어 단문형 쓰기 평가를 위한 자동채점 프로그램의 적용 가능성 탐색. 교육과정평가연구, 17(2), 71-97.

심예은, 최은실, 정승철(2021). 성격 5요인검사 단축형(BFI-SF) 타당화 연구. 인지발달중재학회지, 12(3), 105-134.

심유리, 정의철(2016). 길포드 지능구조 모형 이론을 통한 디자인 사고력 체계화 제안. 한국디자인학회 학술발표대회 논문집, 70-71.

양길석, 민경석, 손원숙, 이명애(2006). 대학수학능력시험의 안정적 등급 산출을 위한 요건 탐색. 교육과정평가연구, 9(1), 69-88.

이연숙(2005). 가정과 교육의 이론과 실제. 서울: 신광출판사.

이지민(2008). 담임교사의 사회적 지지도와 초등학생의 학업성취도 및 자기효능감 간의 관계. 창원대학교 석사학위논문.

이지운, 노지화(2020). 형성평가, 수행평가, 과정중심평가에 대한 재고찰. East Asian mathematical journal, 36(4), 515-535.

이홍우(2009). 교육의 개념. 서울: 문음사.

임은영(2017). 과정 중심 평가의 개념과 의미. 행복한교육 2017년 02월호.

임창재(2005). 수업심리학. 47. 서울: 학지사.

전경희(2016). 과정중심 수행평가의 방향과 과제. 한국교육과정평가원 이슈페이퍼 CP 2016-02-4.

정택희(1991). 교육정상화를 위한 고등학교 내신제도 개선방안 연구. 교육문제연구, 3. 159-173. 고려대학교 교육문제연구소.

지은림(2016). 수행평가의 개념과 효과. 행복한 교육 2016년 04월호.

추소영(2021). 객관적·주관적 학업성취도에 대한 영향요인 연구. 부산대학교 석사학위논문.

특허청(2022). 기술과 손잡은 교육 '에듀테크'를 아시나요? 대한민국 정책 브리핑. Retrieved from https://www.korea.kr/news/visualNewsView.do?newsId=148900094

한국교육과정평가원(2013). 고교 보통교과 성취평가제 2013학년도 1학기 시범학교 운영 자료집 - 사회과 -. ORM 2013-16-4.

한국교육과정평가원(2017). 과정을 중시하는 수행평가 어떻게 할까요? 중등. ORM 2017-19-2.

한국교육과정평가원(2019). 수업과 연계한 과정 중심 평가, 어떻게 할까요?

한국교육과정평가원(2020). 고등학교 학생평가 톺아보기.

한국교육과정평가원(2020). 학교 교육에서 인공지능(AI)의 개념 및 활용. 연구자료 ORM 2020-21-3. Retrieved from https://www.kice.re.kr/boardCnts/fileDown.do?fileSeq=b9123bad965574bded7f876521082666

한국교육평가센터(2004). 교육평가 용어사전. 서울: 학지사.

홍세희, 노언경, 정송, 조기현, 이현정, 이영리(2020). 교육평가의 기초와 이해. 서울: ㈜피와이메이트.

황경선(2018). 예비유아교사의 인성과 교직적성이 교사효능감에 미치는 영향. 중앙대학교 석사학위논문.

AERA, APA, & NCME (1985). Standards for educational and psychological testing. Washington, D.C.: American Psychological Association.

AERA, APA, & NCME (1999). Standards for educational and psychological testing. Washington, D.C.: American Educational Research Association.

AERA, APA, & NCME (2014). Standards for educational and psychological testing. Washington, D.C.: American Educational Research Association.

Allen, M. J., & Yen, W. M. (2001). Introduction to measurement theory. Waveland Press.

Anderson, J. R. (2000). Learning and memory: An integrated approach. John Wiley & Sons Inc.

APA (1954). Technical recommendations for psychological tests and diagnostic techniques. Psychological Bulletin, 51(2, Pt.2), 1–38. https://doi.org/10.1037/h0053479

Bloom, B. S. (1971). Handbook on formative and summative evaluation of student learning.

Bloom, B. S. (1976). Human characteristics and school learning. New York: McGraw-Hill.

Carlson, J. E. (2017). Unidimensional vertical scaling in multidimensional space. ETS Research Report Series, Vol. 2017 Issue 1.

Cohen, R. J., & Swerdlik, M. E. (2018). Psychological testing and assessment: An introduction to tests and measurement(9th ed.). New York, NY: McGraw Hill.

Farber, B. A. (2000). Treatment strategies for different types of teacher burnout. Journal of Clinical psychology, 56(5), 675–689.

Gable, R. K., & Wolf, M. B.(2012). Instrument development in the affective domain: Measuring attitudes and values in corporate and school settings (Vol. 36). Springer Science & Business Media.

Gardner, H. (1993). Multiple Intelligences: The Theory in Practice. New York: BasicBooks.

Hambleton, R. H.(2001). Setting performance standards on educational assessments and criteria for evaluating the process. In G. J. Cizek(Ed.), Setting performance standards: Concepts, methods and perspectives. Mahwah, NJ: Lawrence Erlbaum Associates, Inc.

Harris, D. J., & Hoover, H. D. (1987). An application of the three-parameter IRT model to vertical equating. Applied Psychological Measurement, 11(2), 151–159.

Hidi, S. (2006). Interest: A unique motivational variable, Educational Research Review, 1, 69–82.

Kolen, M. J., & Brennan, R. L. (2014). Test Equating, Scaling, and Linking: Methods and Practices (2nd ed.). New York: Springer.

Linn, R. E., Baker, E. L., & Dunbar, S. B. (1991). Complex, performance- based assessment: Expectations and validation criteria. Educational Researcher, 20(8), 15−21.

McMillan, J. H. (2015). Classroom assessment: pearson new international edition: principles and practice for effective standards−based instruction. Pearson Higher Ed. [손원숙, 박정, 강성우, 박찬호, 김경희 역 (2015). 교실평가의 원리와 실제: 기준참조수업과의 연계. 서울: 교육과학사].

Mills, C. N., & Melican, G. J. (1988). Estimating and adjusting cutoff scores: Features of selected methods. Applied Measurement in Education, 1(3), 261−275.

Oosterhof, A. (2001). Classroom applications of educational measurement. Prentice−Hall, Inc., Upper Saddle River, New Jersey 07458.

Reckase, M. D. (2010). Study of best practices for vertical scaling and standard setting with recommendations for FCAT 2.0. Retrieved from http://www.fldoe.org/core/fileparse.php/5663/urlt/0086369−studybestpracticesverticalscalingstandardsetting.pdf

Schofield. H. L. (1981). Teacher effects on cognitive and affective pupil outcomes in elementary school mathematics. J ournal of Educational Psychology, 73, 462−471.

Skaggs, G., & Lissitz, R. W. (1988). Effect of examinee ability on test equating invariance. Applied Psychological Measurement, 14(1), 23−32.

Stevens, S. S. (1946). On the theory of scales of measurement. Science, 103, 677−680.

Sukkarieh, J. Z., & Blackmore, J. (2009). c−rater: Automatic content scoring for short constructed response. In Proceedings of the 12th International Conference on Artificial Intelligence in Education, Amsterdam, Netherlands.

Tong, Y., & Kolen, M. J. (2007). Comparisons of methodologies and results in vertical scaling educational achievement tests. Applied Measurement in Education, 20(2), 227−253.

Udofia, D. N., & Uko, M. P. (2016). Vertical scaling in standards−based edcatial assessment and accountabity in educational systems. IOSR Journal of Research & Method in Education, 6(4), 65−75.

Yen W. M. (2007) Vertical scaling and No Child Left Behind. In N. J. Dorans, M. Pommerich, & P. W. Holland (Eds) Linking and aligning scores and scales (pp. 273−283). New York: Springer.

연습문제 정답

1장

②, ①

2장

④, ③, ㄴ ㄷ, ④, ③, ③

3장

③, ④, ②, ②, ④, ③, ③, ①

4장

④, ③

5장

④, ②, ②, ③, ④

6장

③, ③, ②, ①, ①

7장

③, ②, ②, ②, ②, ④, ③, ④

8장

②, ①, ④, ②, ④, ④, ③, ②, ①

9장

④, ②, ①, ②, ②, ③, ①

10장

④, ②, ②

11장

③, ④, ④

12장

④

표준정규분포표

z	0.00	0.01	0.02	0.03	0.04	0.05	0.06	0.07	0.08	0.09
0.00	0.5000000	0.5039894	0.5079783	0.5119665	0.5159534	0.5199388	0.5239222	0.5279032	0.5318814	0.5358564
0.10	0.5398278	0.5437953	0.5477584	0.5517168	0.5556700	0.5596177	0.5635595	0.5674949	0.5714237	0.5753454
0.20	0.5792597	0.5831662	0.5870644	0.5909541	0.5948349	0.5987063	0.6025681	0.6064199	0.6102612	0.6140919
0.30	0.6179114	0.6217195	0.6255158	0.6293000	0.6330717	0.6368307	0.6405764	0.6443088	0.6480273	0.6517317
0.40	0.6554217	0.6590970	0.6627573	0.6664022	0.6700314	0.6736448	0.6772419	0.6808225	0.6843863	0.6879331
0.50	0.6914625	0.6949743	0.6984682	0.7019440	0.7054015	0.7088403	0.7122603	0.7156612	0.7190427	0.7224047
0.60	0.7257469	0.7290691	0.7323711	0.7356527	0.7389137	0.7421539	0.7453731	0.7485711	0.7517478	0.7549029
0.70	0.7580363	0.7611479	0.7642375	0.7673049	0.7703500	0.7733726	0.7763727	0.7793501	0.7823046	0.7852361
0.80	0.7881446	0.7910299	0.7938919	0.7967306	0.7995458	0.8023375	0.8051055	0.8078498	0.8105703	0.8132671
0.90	0.8159399	0.8185887	0.8212136	0.8238145	0.8263912	0.8289439	0.8314724	0.8339768	0.8364569	0.8389129
1.00	0.8413447	0.8437524	0.8461358	0.8484950	0.8508300	0.8531409	0.8554277	0.8576903	0.8599289	0.8621434
1.10	0.8643339	0.8665005	0.8686431	0.8707619	0.8728568	0.8749281	0.8769756	0.8789995	0.8809999	0.8829768
1.20	0.8849303	0.8868606	0.8887676	0.8906514	0.8925123	0.8943502	0.8961653	0.8979577	0.8997274	0.9014747
1.30	0.9031995	0.9049021	0.9065825	0.9082409	0.9098773	0.9114920	0.9130850	0.9146565	0.9162067	0.9177356
1.40	0.9192433	0.9207302	0.9221962	0.9236415	0.9250663	0.9264707	0.9278550	0.9292191	0.9305634	0.9318879
1.50	0.9331928	0.9344783	0.9357445	0.9369916	0.9382198	0.9394292	0.9406201	0.9417924	0.9429466	0.9440826
1.60	0.9452007	0.9463011	0.9473839	0.9484493	0.9494974	0.9505285	0.9515428	0.9525403	0.9535213	0.9544860
1.70	0.9554345	0.9563671	0.9572838	0.9581849	0.9590705	0.9599408	0.9607961	0.9616364	0.9624620	0.9632730

z	0.00	0.01	0.02	0.03	0.04	0.05	0.06	0.07	0.08	0.09
1.80	0.9640697	0.9648521	0.9656205	0.9663750	0.9671159	0.9678432	0.9685572	0.9692581	0.9699460	0.9706210
1.90	0.9712834	0.9719334	0.9725711	0.9731966	0.9738102	0.9744119	0.9750021	0.9755808	0.9761482	0.9767045
2.00	0.9772499	0.9777844	0.9783083	0.9788217	0.9793248	0.9798178	0.9803007	0.9807738	0.9812372	0.9816911
2.10	0.9821356	0.9825708	0.9829970	0.9834142	0.9838226	0.9842224	0.9846137	0.9849966	0.9853713	0.9857379
2.20	0.9860966	0.9864474	0.9867906	0.9871263	0.9874545	0.9877755	0.9880894	0.9883962	0.9886962	0.9889893
2.30	0.9892759	0.9895559	0.9898296	0.9900969	0.9903581	0.9906133	0.9908625	0.9911060	0.9913437	0.9915758
2.40	0.9918025	0.9920237	0.9922397	0.9924506	0.9926564	0.9928572	0.9930531	0.9932443	0.9934309	0.9936128
2.50	0.9937903	0.9939634	0.9941323	0.9942969	0.9944574	0.9946139	0.9947664	0.9949151	0.9950600	0.9952012
2.60	0.9953388	0.9954729	0.9956035	0.9957308	0.9958547	0.9959754	0.9960930	0.9962074	0.9963189	0.9964274
2.70	0.9965330	0.9966358	0.9967359	0.9968333	0.9969280	0.9970202	0.9971099	0.9971972	0.9972821	0.9973646
2.80	0.9974449	0.9975229	0.9975988	0.9976726	0.9977443	0.9978140	0.9978818	0.9979476	0.9980116	0.9980738
2.90	0.9981342	0.9981929	0.9982498	0.9983052	0.9983589	0.9984111	0.9984618	0.9985110	0.9985588	0.9986051
3.00	0.9986501	0.9986938	0.9987361	0.9987772	0.9988171	0.9988558	0.9988933	0.9989297	0.9989650	0.9989992
3.10	0.9990324	0.9990646	0.9990957	0.9991260	0.9991553	0.9991836	0.9992112	0.9992378	0.9992636	0.9992886
3.20	0.9993129	0.9993363	0.9993590	0.9993810	0.9994024	0.9994230	0.9994429	0.9994623	0.9994810	0.9994991
3.30	0.9995166	0.9995335	0.9995499	0.9995658	0.9995811	0.9995959	0.9996103	0.9996242	0.9996376	0.9996505

저자 소개

강태훈(성신여자대학교 교육학과 교수)
University of Wisconsin-Madison 교육심리학(양적방법론) 박사(Ph.D)
전) 성신여대 교육혁신원장, CRESST/UCLA Senior Research Associate

김명연(건국대학교 강의초빙 교수)
성신여자대학교 교육학(교육측정 및 평가) 박사(Ph.D)

이해하기 쉬운 교육평가

초판발행	2023년 7월 31일
중판발행	2024년 8월 20일
지은이	강태훈 · 김명연
펴낸이	노 현
편 집	김다혜
기획/마케팅	조정빈
표지디자인	Ben Story
제 작	고철민 · 조영환
펴낸곳	㈜ 피와이메이트
	서울특별시 금천구 가산디지털2로 53, 한라시그마밸리 210호(가산동)
	등록 2014. 2. 12. 제2018-000080호
전 화	02)733-6771
f a x	02)736-4818
e-mail	pys@pybook.co.kr
homepage	www.pybook.co.kr
I S B N	979-11-6519-421-5 93370

copyright©강태훈 · 김명연, 2023, Printed in Korea

* 파본은 구입하신 곳에서 교환해 드립니다. 본서의 무단복제행위를 금합니다.

정 가   20,000원

박영스토리는 박영사와 함께하는 브랜드입니다.